中譯版編按

1.本書中有關穆斯林或伊斯蘭的名稱，除了古蘭經中常見的譯名外，大致以本社慣用的百科全書為準。若另有一般專書中常見者，恕不一一並列、標出。

2.回教徒自稱為穆斯林，稱回教為伊斯蘭。但在國內，回教的名稱仍在通行，如回教協會，所以本書中仍按照習慣用法稍加保留舊名稱。另外，基督教在國內通常指宗教革命後的基督新教，以示與羅馬天主教區別。但本書涉及伊斯蘭教與整個基督教世界的互動，其中包括天主教、基督新教、東正教等；為顧及新、舊用法起見，在翻譯上兼採「基督教」或「基督宗教」，為各個基督教派之統稱。

3.本書中小標為譯者所加，以便提示讀者章節內容。另外，在讀者可能較為陌生的地名之前，譯者也以加括號的方式加註了國名或區域名，省得另加譯註。

5

曾經，穆斯林雄視歐洲（原書名：穆斯林發現歐洲）

The Muslim Discovery of Europe

【目錄】本書總頁數共520頁

謹紀念

與啟發者、良師、益友等人之間的珍貴回憶

阿卜杜爾哈克・阿德南・阿迪法爾

（Abdülhak Adnan Adivar）

阿齊茲・阿赫默德

（Aziz Ahmad）

穆吉塔巴・米諾維

（Mujtaba Minovi）

穆罕默德・努外希

（Muhammad al-Nuwaihi）

新世紀叢書

當代重要思潮・人文心靈・宗教・社會文化關懷

4. 本書原註多為作者參考書目和所引資料出處，作者和書籍多無中文譯名，考慮讀者查詢之便，直接附上原文註釋，不另翻譯。另原註中有助了解內容之訊息，已以譯註的形式加入正文之中。

作者（Bernard Lewis）按

有關阿拉伯文和波斯文的標音方式，筆者按照伊斯蘭教法學者最常用的系統。至於鄂圖曼文，採用現代土耳其文的標準拼字法。根據這方法，c 代表 jest 中的 j，ç 代表 church 中的 ch，ş 代表 sheet 中的 sh，而 ı 代表介在 will 中的 i 以及 radium 中的 u 之間的音。筆者在正文中用 j 取代土耳其名稱中陌生的 c，但注釋和參考書目則不在此限。

二〇〇一年平裝版序

一七三三年，約翰生（Samuel Johnson，譯註：十八世紀英國大學者，一七〇九—八四）當時年方二十四，他在自己的處女作中寫道：「最能凸顯心靈的廣大精微的，莫過於好奇心（curiosity）；最適用於這種好奇精神的領域，則莫過於考察異邦的法律及風俗。」近半個世紀後，約翰生和他的好友包斯威爾（James Boswell，譯註：也是約翰生的傳記作者，一七四〇—九五）談話時，回到了這個話題。包斯威爾表示：「我想去遊歷一些大不同於我們所知的國家；如土耳其，那裡的宗教及各種文物，都和我們的不同。」約翰生答覆道：「不錯，有兩個值得鑽研的對象——基督教世界及回教世界。其他地方不妨視為化外之地。」①

約翰生誤將亞洲及其他文明國視為「化外之地」，自是大謬不然，但卻頗能代表當時人們的無知與成見。更值得注意的是，他將伊斯蘭教視為具有宗教意義的文明，與基督教等量齊觀，因而值得加以研究。

由於這兩者的鬥爭由來已久，歷經數個世紀乃至上千年，兩者間重要的親緣關係反而常遭忽略。當中有許多共通點，這些共通點，自然比約翰生視為「化外之地」的遙遠國度要來得多。**兩者在猶太和希臘傳統，以及更古老的中東文明中，具有共同的根源。就希臘的哲學和科學，以及猶太教的預言和啟示而言，兩大文明都曾為它們增添了其他的異質要素：兩者的信徒懷抱著堅定信仰，自視為神的終極真理的唯一擁有者，因而賦有向全人類宣教的使命，而不管手段為何。**

在這兩個要求權力的宗教之間，在歷史上彼此糾纏，神學方面大同小異，地理上相互比鄰，因此，衝突實是在所難免。

在回教出現不久後，基督教就察覺到這個來勢洶洶的新信仰，該信仰以勝利的姿態，從阿拉伯祖國向東擴張到印度和中國邊境，向西延伸至北非、地中海的島嶼，乃至歐洲。絕大多數改宗這新宗教的人（含伊朗西部），都是基督教徒。地中海東、南岸的國家原來屬於基督教羅馬帝國，後來也變成回教領域的一部份，並從此底定下來。這個進展仍然勢不可擋，囊括了西西里島（直到十七世紀末才回歸基督教統治），和伊比利半島（一四九二年，基督徒收復格拉納達，才結束兩教八個世紀之久的戰爭），這是回教勢力於西班牙的最後據點。當穆斯林軍一路由西班牙跨越庇里牛斯山脈而進軍法國，另一路由西西里進入義大利半島時，一時之間整個歐洲彷彿風雲變色。八四六年，阿拉伯艦隊甚至從西西里進入（義大利中部）台伯河，掠奪者席捲奧斯蒂亞（Ostia，義大利古城）和羅馬。回教徒進軍西歐，後來是被逐退了，但來自東方其他的威脅勢力——即同化於回教的俄國韃靼人以及（更重要的）突厥人（於一五二九和一六八三年兩度征服全希臘和巴爾幹半島），包圍了維也納，這裡可是基督教歐洲的心臟地帶。

難怪，**中世紀時歐洲基督徒總在密切注意回教徒的威脅——具有征服和改宗的雙重威脅**。若干明智之士表示，大家應向來犯者學習若干事務，對其宗教亦然。歐洲各國的學者（主要是基督教教士）向伊斯蘭學習，充實知識，以求駁倒其教義。其中的一塊里程碑，就是一一四三年七月《古蘭經》（一譯《可蘭經》）拉丁文譯本的問世，由英國學者基頓的羅伯特（Robert of Ketton，一一一〇—六〇），在（法國）克呂尼（Cluny）修道院長尊敬的彼得（Peter the Venerable，一〇九二—一一五六）的贊助下完成的。

但歐洲基督徒學習阿拉伯語文並不僅限於爭辯教義，這不過是出於一時需要。就長遠來看，還有另一更重要的動機。**中世紀時阿拉伯回教世界的文明，在在都超乎基督教歐洲。在數學、醫學乃至整個科學方面，學會阿拉伯文就可接觸到當時最先進的知識**，尤其是歐洲失落已久的典籍譯本，以及回教科學家在研究與實驗方面的新資訊。

中世紀結束時，上述兩個動機都不再有力量。歐洲科學家這時已迎頭趕上回教世界的同僚，另外，對於回教武力及其教義的試探，基督教（至少在西歐）已經不覺得大受威脅。但對阿拉伯語文及其文化的研究卻是有增無減，不過這次有新的動力——文藝復興時期的好奇精神，以及（加以增色的）傳統典籍縝密的考據成果。西方各國有不少阿拉伯語文及相關學科的機構發展起來，這些在十六世紀和十七世紀初納入了大學課程。

現今的觀察家或許要問，何以阿拉伯文如此受人矚目，而土耳其（突厥）文卻不然，當時土耳其文在中東乃至北非不也是官方與商業用語？在西方的史料中，像是阿爾及爾（Algier）和突尼斯（Tunis）統治者的信函，多為土耳其文，而阿拉伯文不過是當地人民的語文（譯者注：「突厥」和「土耳其」同義，指的都是同一個經過歷史變遷的實體。「土耳其」著重在現代的政權和地理的層面，「突厥」一詞著重在古代的種族和政治勢力的方面。但在本書前幾章中，仍按一般習慣而多半使用「土耳其」一詞）。

理由很簡單。就像在歐洲各大學中沒有英文、法文或德文的教席一樣，在此也沒有土耳其文的教席。就學者的教學與研究而言，當代的語文並非恰當的對象。而阿拉伯文卻是古典的書寫語文，其地位不亞於拉丁文、希臘文及《聖經》的希伯來文。

基督教歐洲對中東語言及文化興致盎然，是有箇中理由的。除了豐富的古文明的魅力，以及（更重要的）強大敵手進犯的威脅外，還有宗教的召喚。基督徒（就連北歐的也）相信，他們宗教的真正重鎮是在聖地，但聖地在七世紀之後就是回教徒的領土。基督徒所崇奉的《聖經》和信仰，來自於中東，並多以中東語文書寫，記載中東各國的事件。其朝聖的地點——耶路撒冷、伯利恆（Bethlehem）、拿撒勒（Nazareth）——皆為回教徒領土，除十字軍東征的短暫時段外，朝聖者身分的基督徒要有回教徒的許可才能入境。

回教徒對基督教歐洲的關切，並不對等。他們的宗教始於阿拉伯半島；先知為阿拉伯人；天經是阿拉伯文（譯註：回教徒稱《古蘭經》為天經）；而朝聖地點麥加和麥地那（Medina），也安全無虞地坐落在回教徒當地。此外，使回教徒來到歐洲的誘因也甚少，歐洲最早出口到回教世界的是奴隸，本身為歐洲人；直至現代初期，歐洲文物能引其興趣或好奇的，實在很少。他們對若干古希臘遺產，雖是興致勃勃，但僅止於實用：醫學、化學、數學、地理、天文學以及哲學，這些在當時都被視為實用的學問。中世紀回教徒翻譯了許多古希臘典籍及科學資訊（後多散失）；但他們對古希臘詩人、劇作家或史家，卻不曾表示興趣。

他們對當時的歐洲文物，也看不出有何學術價值。就阿拉伯人在西班牙和西西里、韃靼人在俄國，及之後土耳其人在巴爾幹的數個世紀中，卻無任何跡象，顯示他們對歐洲古典或地方語文感興趣。至於實際用途所需的譯者，回教統治者皆能在其基督教或猶太人民，或是改宗的人之中找到。所以可以說：回教徒自恃為世上最先進、開化的文明，最豐富且進步的語言的擁有者。所有值得閱讀或知悉的典章制度，盡在其語文中，或是可藉由移民或洋人取得。這種態度，在許多現代人來說並不難理解。

到了十九世紀初，回教徒（先在土耳其，後在其他地方）開始意識到某種勢力的消長，不僅在霸權、也在知識方面，並首度認為有必要花功夫學歐語。一八〇八年，鄂圖曼史家阿須姆（Asim）記載道：「若干濫情主義者忘卻宗教忠誠，時而向他們（法國人）學習政事。若干熱中語言者，跟著法國教師學習其慣用語，並在其鄙俗的言談中……自我炫耀。」②在進入十九世紀之前，看不到任何以中東語文撰寫的文法書或辭典，使當地人得以學習西方語文。即使有，主要還是由於兩種不速之客——帝國主義者和傳教士的提倡。這種顯著的差別，使人不禁要問：何以回教徒如此漫不經心？

筆者以為，這是提錯了問題。心態正常的是回教徒，而非歐洲人。對他國文化漫不經心，實屬人之常情。對於沒有確切關係的異國文化，顯示這類的興趣，這是歐洲人的特性，確切而言，是西歐史上某時期的西歐人的特性。此等好奇精神，不免啟人疑竇，特別是對不具這種精神的人們而言（譯註：指回教徒）。

中世紀大部分時間，伊斯蘭世界各大城中的政要和學者，視歐洲為缺乏正信的化外之地，興趣缺缺而不予重視。有時，回教使節、商賈或俘虜會將見聞帶給一般漠不關心的同胞，講述那裡奇特而粗俗的風土民情。只有在這兩種社會的相對情勢產生劇變時，回教徒才開始深自警惕，產生新的興趣或（確切地說是）關切。

初版序

在西方的傳統歷史中，「發現」一詞通常是用在描述這樣的過程，即歐洲（尤其西歐）人由十五世紀開始，汲汲於發現世界各個角落。本書的主題則有別於此，亦即「發現」的意義有所不同。這個「發現」開始得較早，但延續到較晚，在該過程中，歐洲人並非發現陌生、遙遠地方蠻族的人，而是本身是受到來自回教國家的勘察者所發現與觀察的化外之民。以下的篇章，是想檢視回教對西方認知的來源和性質，及其各個發展的階段。這段歷史始於回教徒首度入侵歐洲，並隨即引起西方基督教對回教的大反攻，及其導致回教收復失土的聖戰；接著，回教徒和基督教地中海岸間的貿易及外交關係恢復並擴大；再（在中世紀結束後）繼之以在土耳其、伊朗和摩洛哥新的回教君主，及其對歐洲的試探性勘察。這段歷史，以歐洲第一階段的大規模衝擊作為尾聲，時間自十八世紀後半起於中東回教的心臟地帶，並開啟新的時代，穆斯林在該時代的發現歐洲，是被迫的、大規模的，且一般而言是飽受折磨的。

本書分成三個部分。第一部分探討伊斯蘭和西歐之間的對待關係，以不尋常的觀點（穆斯林的觀點）來處理廣為人知的事件。在看待圖爾和普瓦捷的戰役（譯註：西元七三二年，一路所向披靡的阿拉伯軍入侵高盧南部，但法蘭克王鐵鎚查理分別在今日法國的Tours和Poitiers大破阿拉伯軍，成功阻止回教勢力向歐洲擴張，為歐洲史上最重要的兩場戰役）時，筆者不再從鐵鎚查理（Charles Martel，譯註：法蘭克王查理，綽號「鐵鎚」，喻其作戰風格冰冷強硬）的觀點，而是由阿拉伯敵營的觀點來評價；從土耳其人的觀點看勒班陀戰役（Lepanto，譯註：一五七〇年，鄂圖曼帝國出兵奪取威尼斯領土塞浦路斯，歐洲聯軍在希臘的勒班陀與之發生海戰）；而維也納之圍（譯註：一六八三年，鄂圖曼帝國部隊以回教為號召，由小亞細亞西部迅速進逼至維也納城下），則是包圍者的觀感。這段敘述著重的，是設法理解回教徒的世界觀，和伊斯蘭在該觀點中的地位。

第二部分著眼於媒介與中間人；和在回教徒與歐洲人之間溝通時使用的語言，其中包括了筆譯與口譯等問題，還有出入境者的問題，亦即包含商人、使節、特務，和其他由回教國家來到歐洲的人。之間還注意到一些角色，像是戰俘、回教國家中的非回教人民，和由歐洲徵調到回教國家的新兵等等的中間人。這個部分的尾聲，是稍加瀏覽西歐在回教學者心目中的形象，特別是以其歷史與地理著作來考察。

本書的第三部分，則探討特殊的主題——經濟事務、政府與正義、科學與技術、文學與藝術，和人民與社會等等。

近年來，大家主要是從歐洲人的觀點來看伊斯蘭。但在這些文章中，回教徒似乎都是安靜而被動的受害者。然而**就伊斯蘭和歐洲之間的關係而言，不管是平時或戰時，卻從來都是對話，而非獨白：亦即這個發現的過程是雙向的。回教徒對西方世界的觀感之值得研究，其實並不亞於西方對伊斯蘭的觀感，只不過長期以來較少受到注意。**

本書經過長時間的醞釀。二十五年前，筆者對該課題發生興趣，並於一九五五年在羅馬舉辦的史學國際研討會中，提交第一篇報告。後來則有一些處理這類觀點的文章，以及在北非、中東及其他地方的大學（包括數所美國大學）和學會發表的演講。一九五七年在ＢＢＣ的教育電台的系列廣播節目中，發表了較大篇幅的文章，晚近則於一九八〇年五月，在法蘭西學院做了五次公開的講座。筆者要感謝上述所有的邀請者和聽眾，他們提供筆者發表演講、乃至改進文章的機會。

最後，面對各以不同方式促成本書的完成和問世的人，筆者在此表示由衷的謝意。要特別感謝普林斯頓大學羅絲芭（Dorothy Rothbard）小姐，和高級研究所柯拉可（Peggy Clarke）小姐，將手稿轉成打字稿與清校稿的用心和技巧，她們有時還得克服極為不利的條件；W. W. Norton 出版社柯諾薇芝（Cathy Kornovich）小姐對最後打字稿一絲不苟、價值非凡的編輯作業；四位普林斯頓的研究生，即馬夢（Shaun Marmon）小姐和馬可夫斯基（Alan Makovsky）先生的大力協助（尤其在最後的完成階段），愛森伯格（David Eisenberg）先生的校閱及多方查證，以及雅瑞森（James L. Yarrison）先生的若干建言；倫敦不列顛圖書館蒂忒莉（Norah Titley）小姐和多倫多大學歐文斯（Glyn Meredith Owens）教授，在找尋為本書增色的適當圖片資料時的協助和建議；也感謝我的朋友兼同事伊撒威（Charles Issawi）教授最後的校稿，提供了許多高見。

一九八一年四月二十於普林斯頓

1

接觸與衝擊

Contact and Impact

回教史家看歷史性戰役

西元七世紀前半葉，先知穆罕默德於阿拉伯開始宣教時，整個地中海區都還是基督教的領域。就連歐洲、非洲乃至亞洲沿岸，居民幾乎都分屬基督教的各宗派。在希臘羅馬世界的其他宗教中，只有兩種宗教還延續著，即猶太教和摩尼教，它們被這塊土地上的少數人信奉著。位於地中海東部的東羅馬帝國，即所謂拜占庭帝國，仍極強盛，以君士坦丁堡為國都，統治著敘利亞、巴勒斯坦，和部分北非、小亞細亞和東南歐。地中海西部的羅馬政權已衰落，各蠻族及其王國從羅馬的廢墟崛起，皈依了基督教，並以若干成果，維持羅馬國家和基督教會的門面。但基督教版圖並不僅限於地中海地區，在拜占庭帝國東境的美索不達米亞，包含波斯帝國的大城及西部主要省份，在七世紀初葉仍奉基督教，這是羅馬世界以外的基督教領域。除羅馬和波斯邊境外，就連阿拉伯信奉不同教的居民中，也有少數基督徒和猶太人（譯註：一般而言，猶太人就等同於猶太教徒）。

穆罕默德歸真（意即過世，六三二年）後，短短幾十年間，繼位者就跨出阿拉伯半島，侵入拜占庭和波斯，使這兩大帝國讓出之間的中東地帶，奪得廣大的疆土。波斯帝國受到全面的征伐與滲透。這些阿拉伯人從羅馬世界拿下敘利亞、巴勒斯坦、埃及和部分北非，從而成為進佔西班牙和地中海島嶼（尤其是西西里）的跳板。只要再打敗拜占庭及蠻族部隊，即可將各國合併成伊斯蘭帝國，使基督教國家腹背受敵。就東疆而言，來自敘利亞和伊拉克的阿拉伯軍進逼安那托利亞，接著到了希臘、基督教國家（Christendom，一譯基督宗教國，或基督王國）和拜占庭帝國心臟地帶，而西疆的阿拉伯軍和（北非）柏柏爾（Berber）軍，則從已佔領的西班牙越過庇里牛斯山脈，覬覦西歐。沒多久，穆斯林軍就佔領西西里島和義大利南部，而對著整個羅馬帝國虎視眈眈。

就西方傳統的史觀來看，遏阻回教徒的進逼並保全西歐基督教的關鍵戰役，是圖爾戰役與普瓦捷戰役（Battle of Tours and Poitiers）。七三二年，鐵鎚查理（Charles Martel）所率領的法蘭克軍重挫了伊斯蘭軍，這可說是歐洲史上救亡圖存的第一個轉捩點。（英國史家）吉朋的《羅馬帝國衰亡史》，有段膾炙人口的話，顯示西洋人對該戰役的觀感，及其扭轉命運的意義：

「常勝軍的路線由直布羅陀海峽到（法國中部）羅亞爾河，綿延一千英里（一千六百公里）；阿拉伯人擴張到波蘭和蘇格蘭高地；萊因河和尼羅河或幼發拉底河同樣遭受到威脅，阿拉伯艦隊或許不需要經過戰鬥，就可長驅直入泰晤士河。如今牛津的小學可能要教起《古蘭經》，佈道壇則用於對行過割禮的人（譯註：即改宗的信眾或回教徒）宣講穆罕默德受真主降示的神蹟與真理。」①

吉朋接著表示：「幸虧此人（譯註：即鐵鎚查理）的才能和運勢，基督教才得以脫離此般不幸。」

對於鐵鎚查理的成就，和圖爾及普瓦捷兩戰役的結果，回教傳統則反映不同的觀點。阿拉伯人擁有豐富的歷史文獻，對吉哈德（jihād，即為了信仰對不同教者展開的聖戰）若干成果大書特書，並忠實記載對手的挫敗（甚或勝利）。

不消說，阿拉伯人也很清楚，他們的西向擴張到了法國就遭遇瓶頸，一些作者提到了納博那（Narbonne），即阿拉伯人堅守到西元七五九年的城池，「回教徒攻克法蘭克版圖的最後據點」（譯註：當時穆斯林通稱西歐人、甚至稱歐洲人為法蘭克人）。日後某作者以慨嘆的口吻，引述納博那紀念碑上的碑文：「掉過頭去吧，易司瑪儀（Ishmael，譯註：即以實馬利，回教天房的建造者）之子孫，這是你的極限。若你們質疑，我將答覆，但倘若你們不肯回頭，就將會相互廝殺，直到末日審判。」②但中世紀阿拉伯史家不曾提及圖爾或普瓦捷二詞，對鐵鎚查理也一無所知。戰役叫做Balāṭal-Shuhadā'，即取名為殉道者的光輝大道，記載成小規模的遭遇戰。該詞彙無人加以求證，直至十七世紀，才出現在西班牙阿拉伯史家的著作。在阿拉伯人的東方史學中，對此事件頂多是一筆帶過。撰著阿拉伯人征服北非和西班牙史事的權威史家伊本·阿布達·哈坎（Ibn ʿAbd al-Hakam，八〇三至八七一年），只有以下寥寥幾句：

「烏貝達（ʿUbayda，北非統治者）將西班牙統治權交給阿卜杜勒·拉赫曼（Abd al-Rahmān ibn ʿAbdallah al-ʿAkkī）。此人因出征法蘭克人而名重一時，他們是離西班牙最遠的敵手。他打敗法蘭克人，擄獲許多戰利品……隨後，他繼續遠征，並和所有戰友為伊斯蘭而慷慨犧牲。他……歸真於回曆一一五年（西元七三三到七三四年）。」③

其他史家的態度也相仿。值得注意的是，最重要的東方阿拉伯史家塔百里（Tabarī，九二三年歿），及回教西班牙史最傑出的史家伊本·奎提亞（Ibn al-Qūṭiya，九七七年歿），對這兩場戰役均隻字未提。

相對於穆斯林史學傳統的略之不論或不予重視，其對於當時阿拉伯人一心想攻佔君士坦丁堡，倒是大書特書。這些未有斬獲的包圍和攻擊，在正史和野史中受到肯定，其中有些事件的細節還透露末世論的氛圍，預言救世主時代的來臨。

然而，就這種厚此薄彼的歷史評價而言，若說穆斯林史家的觀點比後世西方史家翔實，其實並不必太懷疑。法蘭克人在普瓦捷戰役中所遭遇到的，是離家鄉數千里來遠征的掠奪者。他們所擊倒的，乃是瀕臨瓶頸、精疲力竭的部隊。相反地，君士坦丁堡希臘的守城將士，所面臨的是哈里發（caliph，譯註：為伊斯蘭王朝統治者的稱呼）部隊的精銳，是直接由本國基地出發、對敵國首都發動的主要攻勢。換言之，希臘人在此抗擊的伊斯蘭軍，是未經損耗且強而有力的。就如吉朋所說，其路線從直布羅陀海峽到羅亞爾河河岸，長達一千英里；而直布羅陀海峽離阿拉伯有數千英里之遙。阿拉伯人認為，經中歐到萊因河的路線較短——比取道烏滸水（Oxus，譯註：現今的阿姆河，流經北阿富汗匯入鹹海）和中國邊境省力許多。因此，使東、西方基督教得以延續的，是阿拉伯軍攻佔君士坦丁堡的挫敗，而不是他們在圖爾和普瓦捷戰役中攻略作業的失利。

回教政權重心的轉移與分散

阿拉伯人十分清楚東、西方基督徒的差別。他們通常用 Rūm（魯姆）這個阿拉伯語詞稱呼拜占庭人，之後，波斯人和土耳其人也沿用這個語詞來代表羅馬。拜占庭人稱羅馬帝國，自稱為羅馬人。當時的伊斯蘭語，以 Rūm 來涵蓋希臘人，而拜占庭帝國之前的疆域，則以 Rūm 國而為人所知，希臘語則稱之為 Rūmī。事有湊巧，連希臘人自己也常以 Romaike（本指基督教）一詞指稱拜占庭的事物。對於在義大利也有個叫羅馬的城市這件事，阿拉伯地理學者也略有所聞。不過，相較於博斯普魯斯海峽附近的羅馬城，義大利的羅馬城似乎就較不重要而少有人知了。

儘管穆斯林軍在君士坦丁堡遭挫，卻仍繼續從東、西邊境包夾該帝國，但此時的擴張行動已是後勁不足。在西疆方面，征服西西里島是唯一的輝煌戰果（八二七至九〇二年）。在東疆，回教徒於印度和中國邊境陷入膠著。在正中央，拜占庭邊疆相安無事，攻克君士坦丁堡的計畫就此順延下去。

回教徒這第一階段的聖戰，已確實告一段落。早期的征伐狂熱已大受損耗，其飢渴（不管對戰利品或對殉教）已得到滿足。新的哈里發時代——阿拔斯王朝（the Abbasids），在八世紀中期接替伍麥葉王朝（the Umayyads），首都由敘利亞東遷至伊拉克。如此一來，這片廣大領土就轉型為重亞洲、輕地中海的帝國。此時對於聖戰的興致就變得可有可無，對西部邊疆的關切也降至最低。

以地中海各國為主的新回教國家，曾與歐洲基督徒進行過長時期的鬥爭。但不久後，對於反異教徒（譯註：異教徒在此指不同宗教的信徒，即基督徒，不是指沒有宗教的異議份子，下同；另外，《古蘭經》中稱不同宗教的信徒為「不信道的人」，或「以物配主者」，即指偶像崇拜者）聖戰的熱衷，就轉移到處理內部問題上。在伊斯蘭世界中，很早就出現教義分歧，遜尼派奉巴格達的阿拔斯哈里發為正統，後來成為主流，其他不同教派大都鬆散地統轄在什葉派名下，挑戰遜尼派的見解及其哈里發的正統。十世紀時，一不同教派的哈里發（法蒂瑪地方王朝，the Fatimids）先是在突尼西亞（Tunisia），後來在埃及崛起，向阿拔斯王朝爭奪全回教世界的領導權。在法蒂瑪王朝之前，回教各國中也出現過其他自主、獨立的統治者，不過，他們大都樂於在口頭上承認遜尼派的阿拔斯哈里發的宗主權。法蒂瑪王朝則加以否認，主張本身就是伊斯蘭唯一正統的哈里發，有權罷黜阿拔斯的僭位。於是乎，回教世界的哈里發由一位變成兩位，之後又成了三位，因為西班牙科爾多瓦（Cordova）的伍麥葉王公，感到法蒂瑪擴張與顛覆的威脅，就在領土上自封哈里發。所以，宗派分歧與政權傾軋，就成為回教世界的主要關切，原先的邊境衝突就被拋諸腦後。遜尼派與什葉派和衷共濟的大時代已然過去，伊斯蘭和基督教的分立彷彿就此底定，而伊斯蘭一些相互承認的形式，以及與非回教國家間的關係，也就應運而生。

若說回教聖戰已暫告一段落，那麼基督徒的聖戰才正要開始。基督徒始終記得，回教帝國中的大部分國家，曾是皈依基督教的，其中還包括基督教起源的聖地本身。基督徒反攻伊斯蘭，是受到回教世界中明顯的積弱與內訌的刺激。不消說，有人趁動亂從中漁利。但發動攻擊、進犯回教版圖的人，既不是基督徒，也非回教徒，而是外教者——東方的土耳其人及西方的維京人，只不過這些活動為期甚短。其中更重要的，是基督教權力的恢復和收服基督教失土的決心。

回教徒看基督教反攻

基督徒的收復失土運動肇始於西、東邊陲。西班牙的各小公國原本就想將版圖推進到伊比利半島以北，當時便開始集中力量，從事擴張，期間得到法蘭克人的支援，後來諾曼人襲擊回教國家，也成為一股助力。在東疆，來自高加索的喬治亞人和亞美尼亞人的基督教部族，也開始反叛其穆斯林君主。到了十世紀後半，拜占庭人也開始對美索不達米亞、敘利亞、希臘諸島等的回教徒發動反攻，收復許多失土。

十一世紀期間，基督教部隊常打敗伊斯蘭軍。在東方，基督教的喬治亞王國，成功抗阻回教徒的入侵，並開始對外擴張，掌控黑海與裡海之間的高加索隘路。在地中海方面，基督教部隊收復薩丁尼亞和西西里，使其脫離回教統治者的掌控。在伊比利半島方面，捲土重來的部隊持續南進，將（西班牙）托萊多（Toledo）和（葡萄牙）孔布拉（Coimbra）收回基督教的版圖。

其後，來自西歐的基督教部隊於一〇九八年發兵，在一連串征討下，很快攻克了敘利亞和巴勒斯坦海岸平原，此即所謂基督教的十字軍東征。

這場東征對回教徒而言，並非那麼家喻戶曉。在當時穆斯林的著作中，「十字軍」和「十字軍東征」二詞甚為罕見，該語詞相當晚近才收入阿拉伯人有關基督教的著作中，之前在阿拉伯文或其他伊斯蘭的語文中，其實是找不到對應詞的。就當時的穆斯林觀察家而言，這批十字軍不過是法蘭克人或烏合之眾——即擅自入侵伊斯蘭世界的眾多異教徒和蠻族之一，其特徵就在驍勇善戰，才僥倖成功的。就這點而言，歐洲基督徒和回教徒差別不大，他們也是許久都不願承認伊斯蘭是足以平起平坐的宗教，視回教徒為異教徒、不信教者，或最多是以阿拉伯人或摩爾人、土耳其人或韃靼人的種族名來稱呼。

十字軍的成就，大半要歸諸於回教徒的積弱。早在十一世紀中期，伊斯蘭文明就顯露某些病徵。在內政問題和政權分立下，各部領土主要是巧取豪奪的結果，這種裡裡外外（在回教徒眼中）都是蠻族的情況，持續將近三個世紀。在非洲方面，新的宗教運動使摩洛哥南部和塞內加爾—尼日（Senegal-Niger）等地的各柏柏爾部族團結起來。該運動持續擴大，形成包括西北非大部及穆斯林西班牙的新柏柏爾王朝。東方的伊斯蘭國，遭到中亞及以東的草原部族（先是突厥人，後是蒙古人）的侵略，他們的遷徙和征服，改變了整個中東社會的種族、社會和文化型態。甚至帝國內部行政組織的腐敗，也利於貝都因人（the Bedouin）和其他游牧族，出沒於曾受到灌溉栽培的土地上。

不過，當中卻沒有任何一股勢力，能給回教世界造成巨大、難以彌補的損害。因為柏柏爾人和貝都因人畢竟都是回教徒，而突厥人則很快就成為伊斯蘭有史以來最強壯的戰士。第一個對伊斯蘭形成致命威脅的，是來自於北方（即歐洲）的蠻族。

當時大馬士革的官方史家伊本·開拉尼希（Ibn al-Qalānisī），記錄了回曆（譯註：即以穆罕默德遷徙之年為回曆元年）四九〇年時（西元一〇九六到九七年間）十字軍的到來如下：

「今年，彙報不斷傳來，在君士坦丁堡方位出現了法蘭克部隊，兵員多到不計其數。消息接連不斷，在四處傳播後，民心開始不安……」④

在百餘年後，遙遠的（伊拉克）摩蘇爾（Mosul）大史家伊本·阿西爾（Ibn al-Athīr），以更開闊的眼光看待這事件：

「法蘭克人的帝國之首度出現，其權力的擴大，侵犯伊斯蘭版圖和佔領若干領土，是發生在（回曆）四七八年（西元一〇八五到八六年間），他們拿下托萊多及安達魯西亞的一些城池，這是之前就開始的。之後在四八四年（一〇九一到九二年間），他們襲擊並佔領西西里島，這也是筆者之前提過的。後來他們甚至登上非洲海岸，奪取若干領土，但也可說是收復。再來他們就征服了其他現今眾所周知的地方。到了四九〇年（一〇九六到九七年間），他們進攻敘利亞……」⑤

十字軍以無堅不摧的凌厲攻勢，將敘利亞到巴勒斯坦海岸、托羅斯山脈（Taurus）丘陵地帶往西奈（Sinai）山隘路等等的法蘭克人、基督徒、封建諸侯連成一氣。回教版圖上的這些基督教城市遺址，還要兩個多世紀才被回教聖戰所清除。

起初，伊斯蘭王朝態度冷淡地接見這些遠道而來的洋人，而前不久，拉丁民族（譯按：似指十字軍）才在敘利亞—巴勒斯坦詭譎多變的政局中贏得地位。原先的吉哈德早已落幕，聖戰精神似乎也早已被忘卻。當時正值暴力與動亂的時期，伊斯蘭國遭受各方的夾擊，亦即中亞、柏柏爾人的非洲和基督教國的夾擊。巴勒斯坦和敘利亞的陷落，一開始即使在大馬士革、開羅和（敘利亞）阿勒坡（Aleppo）也只稍稍引人注意罷了，在其他地方簡直可說是不為人知。十三世紀初，伊本．阿西爾記錄了十字軍佔領期間，第一批巴勒斯坦難民逃到巴格達的經過，談到他們流離失所並請求支援，卻不見任何後續措施。這樣的消息可見諸於當時的伊拉克詩人，他哀悼耶路撒冷陷落與回教徒失敗，並諷喻其防禦措施，其中還提到Rūm，即拜占庭征服者⑥。不管是東方或西方的回教統治者，都樂於和新友邦往來，甚至在必要時和他們聯盟起來鬥爭穆斯林同胞。在兩百多年間，處在敘利亞和巴勒斯坦的回教徒與法蘭克人你來我往，有時交戰，有時也進行通商、外交，甚而結盟。十字軍東征結束後，西洋的貿易商和朝聖者，在埃及和黎凡特（the Levant，譯註：地中海東部諸國及島嶼，含敘利亞、黎巴嫩在內的、自希臘至埃及的地區）暢行無阻，回教統治者也接連與往來的西方各國簽署貿易合約。

在遠東方面，基督教收復失土運動最後獲得了全盤勝利。西班牙和葡萄牙的穆斯林君主甚至人民遭到驅逐，而西班牙人和葡萄牙人更乘勝追擊，進入非洲追逐他們先前的統治者。在東疆方面，由於不斷有歐洲調兵增援，十字軍一時得以立於不敗之地，不過在回教徒連續反攻下，逐漸耗弱，後來到一二九一年，拉丁勢力的最後堡壘——巴勒斯坦的阿卡（Acre）港，最終落入馬木路克（the Mamluk）蘇丹（sultan，一譯素檀）之手。

十字軍的一些影響

某種十字軍精神，一時之間仍遺留歐洲，並促成若干無謂的遠征，討伐埃及馬木路克王朝，以及鄂圖曼土耳其（the Ottoman Turks，一譯鄂圖曼突厥，或奧斯曼突厥）的新興勢力。不過到了中世紀晚期，基督教歐洲就失去興致而忙於其他事務，在基督徒忘卻十字軍東征時，回教徒則念念不忘吉哈德，再次發動信仰聖戰，開始收復並保衛之前落入基督教侵略者手中的失土，並在節節勝利中，將伊斯蘭信息和力量，帶給不曾聽聞過這些的陌生國家和民族。

說到十字軍對於統治近兩個世紀的國家之影響，一般來講是相當小的。他們在這些國家中形成的，不過是西歐天主教的少數統治階層——貴族、教士、商賈及各部幕僚和屬下。絕大多數居民都是本地人，其中包括回教徒、各東方教會的基督徒和一些猶太人。十字軍既然離開了，這些國家就輕易回復到先前伊斯蘭的社會及政治結構。

不過，十字軍仍在兩方面留下長久的印記。一是回教各國中非穆斯林臣民的處境之惡化。此種困境源於伊斯蘭和基督教之間的長期鬥爭、在回教徒和基督徒雜居地帶的安全需求（當時正值宗教忠誠動輒得咎之時），和由基督教的國王和主教所進行的殺雞儆猴等等，這些都促成對回教徒的嚴峻態度。自此之後，回教徒及其基督教和猶太人民之間的關係，就變得更疏遠，甚至更棘手⑦。

另一影響長遠的改變，是中東與歐洲間的關係。在西元七世紀之前，這種關係還大受局限。十字軍各國給這種關係創建新的結構，這也是一般穆斯林繼位者認為值得保存的。在十字軍統治期間，歐洲商人（尤其義大利人）於近東地區設立幾個港口，在此形成有組織的社會，擁有自己的地方首長和法律規章。相對地，穆斯林主政者也盡量不打擾他們，任其自由通商，這不僅對從事的人們有利，也對統治者本身有所幫助。歐洲商人繼續在之前十字軍的各個據點做生意，甚至還往來於埃及，和其他十字軍未曾征服的地方。

這些和歐洲新的聯繫，也影響到生活在中東回教徒治下的基督教少數族群。從此之後，他們與西方的接觸漸增，這一方面是透過與歐洲貿易商的往來，另方面也透過講阿拉伯話的基督徒不同教派之間的聯繫，這些基督徒就是脫離東方教會（Eastern churches，一譯東正教教會，下同），而與羅馬教會往來密切的東儀天主教（Uniate）教團。貿易和宗教的往來，促成一小批略通歐語、且與歐洲人有所接觸的當地阿拉伯人。日後，這些具有西方視野的中東基督徒，扮演了重要的歷史角色。不過話說回來，當時他們和僑居的西洋商人，在中東城市的地位卻是多受局限。從十字軍時期開始，此種社會隔閡就迫使當地非回教徒由穆斯林社群（community，譯註：回教徒的群體特稱為社群，一譯共同體）分離出來，也影響到西方商人的在地族群，使其與穆斯林社群的接觸，限制在最低限度的商業與（偶爾的）政治往來。

一一七四年，（埃及兼敘利亞蘇丹）薩拉丁（Saladin）修書給巴格達的哈里發，為在他（從十字軍手中）所收復的土地上的基督教商人商議條件。他表示，他和他們已經有所協商，可以改善原本受制於回教徒優勢的通商條件：

> 「……（義大利）威尼斯人、比薩人和熱那亞人常會過來，有時是打劫，此種傷害是難以包容，但此等火勢卻也撲滅不了；有時則作為旅行商，想以貨品與伊斯蘭交易，但以吾國嚴峻的教規而言，是難以配合的……現今

他們帶給吾國的，盡是大、小戰爭使用的武器，還將其所製造與繼承的精品送給了吾國……」⑧

薩拉丁指出，解決的辦法是建立往來和商談條件：「諸如吾人所喜而其所惡者，或是吾人所需而其所棄者。」

基督教會的教義也相類似，不過開除教籍的譴責和教規，卻阻斷不了基督教與回教世界之間通商的恢復和擴大。諷刺的是，撇開一些堡壘不談，回教世界與西洋之間貿易的恢復，或許是由來到東方的十字軍所留下的、唯一具深遠影響的事物。

土耳其人與蒙古人的相繼崛起

在西方貿易發達興旺時，其軍事行動卻遭到一連串挫敗。各征服地的十字軍遭到逐退，迄今基督教的大片江山，再度落入穆斯林軍之手。回教徒就像早期伊斯蘭一樣，再度發動反基督教的聖戰。他們此次的軍事行動，挺進到歐洲的心臟地帶。

這場打敗十字軍從而予以逐退的聖戰，既非來自於其所佔領的國家，也非由其所征服或威脅的民族所發動的。這股新動力來自更東方的回教新勢力——土耳其人，該部族具有東亞血統（即突厥），在九到十一世紀之間，徙入哈里發的領土，並成為回教軍事與政治方面的領導者。其遷徙早於十字軍東征。可以說，十字軍征服敘利亞時，也使得他們躍躍欲試。

土耳其統治時期，回教世界儲備了新的戰鬥精神，從事新的吉哈德，結果在擴張版圖方面大有斬獲，有些還延續至今。首先被土耳其取代的基督教領土，主要是安納托利亞東部及中部，這本是拜占庭帝國長久以來摒擋回教徒進犯的大本營。塞爾柱土耳其人在十一世紀末葉與十二世紀的征服和定居過程中，將安納托利亞變成了土耳其與回教國家，後來還成為回教侵犯歐洲的第二個、且更具威脅的基地。

不過，於此同時，回教徒本身也遭到來自東方、新的致命敵手之征伐。十三世紀初葉，（後來聲名大噪的）蒙古部族領袖成吉思汗，經過慘烈的鬥爭，成功統一蒙古各游牧族，並發動大規模征討。到了一二二〇年，他就掌控整個中亞，次年，蒙古軍就橫渡烏滸水，以進犯伊朗。一二二七年，成吉思汗過世，戰事暫時擱置，但繼任的新大汗隨即又準備發動攻勢。到了一二四〇年，蒙古軍拿下伊朗西部，並進犯喬治亞、亞美尼亞和美索不達米亞北部；一二四三年，蒙古軍在安納托利亞對上塞爾柱土耳其蘇丹的部隊，並予以制伏。

十三世紀中期，蒙古人又精心策畫新的西進運動。成吉思汗之孫旭烈兀，奉大汗之命，跨過烏滸水，覬覦遠至埃及的所有回教版圖。短短幾個月，披頭散髮的蒙古騎兵，就如秋風掃落葉般橫掃波斯，並於一二五八年一月攻下巴格達城。他們在該座古都燒殺擄掠，一二五八年二月二十日，末代哈里發慘遭誅連九族。這是自先知時代以來，回教心臟地帶首度遭非穆斯林民族的侵犯，他們摧毀哈里發的典章制度，並在信徒們頭上建立起異教統治。如今只有馬木路克蘇丹的埃及還屹立不搖，摒擋蒙古人進入非洲大陸。

蒙古軍繼續朝北方挺進。由中亞西進時，騎兵朝裡海和黑海北端和南端前進，所囊括的版圖，包括現今俄國的大部，遠達波蘭、匈牙利，以及（中歐）西里西亞（Silesia）邊境。在黑海以北的土地上，蒙古征服者首度為在此出沒的草原民族（主要是突厥人）打造了政治體制。但屬於極少數的蒙古統治階層，相當倚仗這些為數甚多的突厥子民，因他們在西向的遷徙中到得較早。他們廢除自己的蒙古語，操起突厥語，並與突厥人融合。這在東歐草原上是件大事，突厥各部族在此成為居民的重要份子。這種突厥—蒙古居民一般稱為韃靼人，該詞彙就狹義而言僅指各部族中的一族，但廣義而言則是泛稱所有這些部族。在俄國史上，該部族的統治時期稱為「韃靼之軛」（the Tatar yoke，譯註：「軛」表示奴役）。在大汗的帝國瓦解後，領土分裂成各小國，所有大汗都自稱成吉思汗的正統後裔。東歐的蒙古國在俄國名氣大噪，且自此以後，該詞彙也在歐語中被視為金帳汗國（即欽察汗國）。隨著十三世紀末、十四世紀初蒙古族土耳其化，和金帳汗國人皈依回教，該穆斯林土耳其國握有從波羅的海到黑海的整個東歐，並向古俄羅斯帝國王公，及其他斯拉夫統治者要求朝貢。到了十五世紀，金帳汗國逐漸衰落；該汗國後來在一五〇二年被推翻，並分裂為位於喀山（Kazan）、阿斯特拉汗（Astrakhan）和克里米亞的小汗國。這標誌著回教徒東歐霸權的結束，後來被古俄羅斯帝國取代。

再往南，蒙古人於伊朗和伊拉克落地生根，並掌控安納托利亞的塞爾柱國。不過他們仍打不倒馬木路克蘇丹，埃及的回教帝國仍得以延續。為了埃及的殊死決戰，伊朗的蒙古統治者於是向西方尋求盟軍，以打擊共同敵人。在歐洲方面，基督教各君王善意回應，熱中於新十字軍的構想，這次是與回教帝國外的非回教強權結盟，以使回教帝國腹背受敵。蒙古大汗與基督教歐洲間的外交活動開始活絡。蒙古使節（以東方基督徒居多）出使到羅馬、法國甚至英國，英王愛德華一世對於結盟提案也略表興趣。同一時間，歐洲基督徒（商賈、使節與教士）也訪問大汗的波斯領土。其中有若干人，像是名聞遐邇的馬可波羅，就得益於此蒙古和平時期（pax Mongolica），由陸路經亞洲遊歷到蒙古和中國。

鄂圖曼勃興時的回教徒史觀

塞爾柱土耳其的西向聖戰，因安納托利亞的塞爾柱蘇丹國之瓦解而中斷（即所謂的Rūm蘇丹國）。繼之而起的是鄂圖曼帝國。鄂圖曼國本是由駐軍所組成的公國，為安納托利亞的塞爾柱蘇丹國各後進國之一。「鄂圖曼」（Ottoman）一詞根源於「奧斯曼」（Osman）的訛傳，此是一二九九到一三二六年的首位統治者之名（譯註：所以Ottoman也譯為「奧斯曼」）。

第一個鄂圖曼國，處在安納托利亞的回教和基督教的邊境。其統治者的稱呼，為酋長或（有時為）將軍，即聖戰中邊塞駐軍的領導者。十四世紀土耳其詩人所寫的鄂圖曼傳奇，是最早的鄂圖曼史料，他將聖戰駐軍（gazi）形容為「真主宗教的配備……真主的清洗者，洗去大地上多神崇拜的污穢……真主堅定的彎刀」⑨。隨著鄂圖曼部隊的推進及其勢力的迅速擴張，原本的公國成為王國，之後躍升為帝國。不過由於聖戰的使命感，該帝國始終是散發著這種氣息的政治實體。

鄂圖曼人及許多回教徒都認為，歐洲是聖戰的疆土，這種觀感就像十六至十八世紀歐洲人看美洲一樣。在西部與北部邊疆，有著肥沃而未開拓的土地，戰士們的神聖使命，就是散播宗教與文明、秩序與和平——而拓荒者和邊疆民照例要收取報酬。鄂圖曼的停止擴張（底定版圖），同時也使帝國本身和對邊疆的觀感產生深遠的影響。

鄂圖曼帝國時代，蘇丹自稱拜占庭帝王的正統後裔，從其通用的稱號可見一斑：Sulṭan-iRūm，即羅馬的蘇丹。後世所謂的征服者（the Conqueror）——穆罕默德二世（Mehmed II）蘇丹，於一四五三年攻克君士坦丁堡時，為其紀念拱門放上壓頂石。古帝國的兩大江山——亞洲和歐洲皆為他所有，如今他的寶座就在該古帝國的首都。

難怪，土耳其官方史家會對攻佔君士坦丁堡（即今之伊斯坦堡）多所著墨。最早的史料（聖戰士及其代表之故事）是平鋪直述的。聖戰軍隨軍御史歐魯奇（Oruç）有如下的描述：

「在埃迪爾內（Edirne，譯註：即伊斯坦堡以西的亞得里亞堡），火龍般的巨砲已經鑄好，火槍也準備就緒。穆罕默德蘇丹帶著這些火砲，動身前往伊斯坦堡。火砲就定位，從四面八方開始射擊，破壞各個要塞的塔樓和城牆，使異教徒求勝不得。伊斯坦堡將領英勇作戰，誓死不屈。該城神甫表示，據福音書記載，此座城堡將屹立不搖。有鑑於此，該城將領在各方位設置火砲和火槍，進行防禦。其部眾進塔樓後，開始說三道四。他們忽視真主，破壞先知威望，胡言亂語。全能的真主於是降下災變，以懲其傲慢。穆拉德（Murad）蘇丹之子穆罕默德受虔誠感召，表示「奉真主之名」，下令屠城。聖戰軍從四面八方包圍，後在要塞某處發現砲轟的缺口，將其內的不信道者就地正法。其他部將也循此進入，他們穿越護城河並架設攻城梯，將這些梯子推進到塔樓牆邊並攀爬而上。登樓後，便滅了其內的不信道者，並進入內城，大事洗劫。聖戰軍奪其財物並擄其子女為奴。穆罕默德蘇丹還下令進入家屋搜括，如此才能盡得其所有。該城自建城以來兩千四百年的寶物，皆為穆斯林所奪，並為聖戰軍所有。搜括三日後奉令停止。伊斯坦堡是在回曆八五七年三月二十一日禮拜二（即西元一四五三年五月二十九日）攻下的」。⑩

這種記敘文字，是以普通土耳其文提供給一般大眾，反映了邊塞駐軍的觀點。十六世紀的鄂圖曼史料則較為雕琢，呈現某種不同的畫面。

「這方土地，強固而高聳的城池……已由暗無天日的迷誤淵藪，轉為光輝榮耀的首都。穆罕默德蘇丹的德政，使不知悔改者的靡靡鐘音，代之以穆斯林的叫拜聲，一日五番親切的教儀與唱頌，聖戰子民的耳中，縈繞叫拜的旋律。城中教堂的卑鄙偶像清除了，骯髒污穢的偶像崇拜也已洗淨；拆除偶像、建立伊斯蘭的禮拜龕與宣教壇後，寺院與會堂成為令人欣羨的樂園。偽信的神殿化為正信的清真寺，伊斯蘭的光輝，驅除卑鄙不信道者處所的愚昧，正信的燦爛，取代壓抑的晦暗，奉天承運的蘇丹，成為新版圖的最高長官……」⑪

定都君士坦丁堡後，回教繼位者自然就將西方的異教徒和基督教羅馬視為下一目標。鄂圖曼勢力前進到亞得里亞海兩端。在北端，鄂圖曼騎兵隊攻到威尼斯附近，在南端，肅清了阿爾巴尼亞海岸，並奪取鄰近島嶼。一四八〇年八月，鄂圖曼海軍元帥葛迪克．阿赫默德（Gedik Ahmed），率領艦隊由阿爾巴尼亞的瓦洛納（Valona）啟航，拿下奧特朗托海峽（Otranto）的義大利海港。次年春，元帥集結新的遠征軍，以鞏固據點，並擴張在義大利的版圖。

「（原註：官方史家記載，）（回曆）八八四年，葛迪克．阿赫默德元帥，率領大批艦隊到（阿）普利亞（Apulia）半島。在真主和真主庇蔭之蘇丹的助力下，元帥抵達時隨即展開攻擊，突破儼然類似於君士坦丁堡的防禦工事，拿下許多領土。偶像的殿堂化成伊斯蘭清真寺，五番拜（穆罕默德的叫拜，願主賜福之，並使其平安）也隨之響起。」⑫

不過，征服者穆罕默德蘇丹不久即歸真，中斷了元帥的大業。稍後的土耳其史家表示：

「蘇丹歸真後，元帥才從阿普利亞開始大規模征討，穆罕默德歸真後，元帥訪問巴耶塞特（Bayezid）蘇丹，當地的不信道者給穆斯林帶來不少麻煩。結果是，不信道者奪回阿普利亞，當地穆斯林有的死亡，有的千辛萬苦才得以逃脫……」⑬

在巴耶塞特二世新蘇丹及親兄弟葉姆（Jem）爭奪繼承權之時，鄂圖曼部隊撤出奧特朗托海峽，征服義大利的計畫順延，後來取消。其中的難易程度，可以從稍後一四九四到九五年間的法軍行動得知，他們不費太大功夫，就接連征服義大利各國，這就表示，若堅持下去，要拿下大半（或整個）義大利並非難事。一四八〇年代，土耳其人若是征服了義大利（當時正值文藝復興之初），世界史將大為改觀。儘管如此，鄂圖曼開疆拓土的使命感仍然很強，部隊還挺進到歐洲深處。

他們的目的地還更遙遠。自十六世紀起，盛傳遠方有座傳奇城市，稱為Kizil-elma，也就是紅蘋果。據說該城中矗立一座黃金圓頂的大教堂。紅蘋果之城就是土耳其回教徒遠征的最終目標，一旦取得此城，就表示吉哈德的完結與伊斯蘭的最終勝利。土耳其部隊的標的，都是這類基督教大都城，先是君士坦丁堡，接著是布達佩斯特，後來則為維也納和羅馬。不容諱言，土耳其人曾攻下君士坦丁堡，佔領布達佩斯特一個半世紀，兩度圍攻維也納，並對羅馬造成過威脅。

蘇萊曼大帝（蘇丹）統治期間（Süleyman the Magnificent，一五二〇—一五六六），帝國勢力達到顛峰。鄂圖曼軍在歐洲已掌控希臘和巴爾幹，並橫越匈牙利，於一五二九年包圍維也納。在東疆，鄂圖曼將士在印度洋挑戰葡萄牙人，而在西疆，北非的回教統治者（摩洛哥除外），也向鄂圖曼伏首稱臣，於是穆斯林海軍進入西方海域、甚至大西洋，成為穆斯林海盜，在北非和英倫三島之間出沒。

一如往昔，回教的擴張，對基督教再度形成致命的威脅。十字軍已成過去，吉哈德方興未艾。伊利莎白時期，土耳其史史家諾爾斯（Richard Knolles）在談到土耳其帝國時，以「當時世界的恐怖事物」，來表示歐洲人的一般觀感⑭。就連遙遠的冰島，人們也在路德派的祈禱書中求告上帝，使他們不致落入「教皇的陰謀與土耳其人的恐怖」。這不是空穴來風，一六二七年（北非）柏柏里穆斯林海盜（Barbary Corsairs）曾出現在冰島，擄得數百人賣到（北非）阿爾及爾的奴隸市場。

蘇萊曼大帝的勝仗，是土耳其風波的高潮，但也是退潮的開始。鄂圖曼部隊撤出維也納，海軍也撤離印度洋。然而部隊的氣勢，一時還能掩蓋其國家與社會的衰落。在匈牙利，土耳其人和基督徒繼續對陣，到了一六八三年，土耳其人還能再度圍攻維也納。然而大勢已去，這次是一敗塗地。在其他地區（主要是熱帶非洲和東南亞），回教繼續有所進展。不過在歐洲，回教逐漸敗退，鄂圖曼勝利的光芒，日益黯淡。

葡萄牙之反攻

歐洲基督宗教在面對首度大規模的吉哈德時，以收復失土和十字軍東征作為回應。面對第二波攻勢的回應，即是所謂歐洲帝國主義。這自然是從歐洲的隸屬於穆斯林的兩個邊疆開始——伊比利半島和俄國。之後逐步擴張，乃至幾乎擴及整個伊斯蘭世界。

一四九二年，穆斯林在西班牙的最後根據地，遭到（阿拉貢王）斐迪南（Ferdinand）和（卡斯提爾女王）伊莎貝拉（Isabella）部隊的攻陷，同時，歐洲部隊的反攻也進展順利。葡萄牙之收復早在一二六七年完成，早於西班牙將近兩個半世紀。一四一五年，葡萄牙人佔領了摩洛哥北部海港休達（Ceuta），將戰事推進到敵方。十六世紀期間，葡萄牙人在摩洛哥大事鞏固。他們一時佔領了丹吉爾（Tangier），在南部若干據點還維持更久。不過，葡萄牙在北非的苦心經營，到一五七八年告終，他們在 al-Qaṣr al-Kabīr（伽比爾宮？）戰役中，敗在摩洛哥人手下。

西班牙人也為了收復失土，從歐洲循著前人腳步來到非洲，於一四九七到一五一〇年間，在北非海岸佔領由摩洛哥梅利利亞（Melilla）、東到的黎波里的許多地方。這場經營就像葡萄牙人一樣，終究是白忙一場。他們的究竟目的僅止於——從根本防範穆斯林的再度進犯，並保護海岸和船隻不受穆斯林海盜襲擾。當鄂圖曼海軍開始掌控地中海，西班牙不再汲汲於攻略北非時，他們便像葡人一樣，僅止於以少數駐軍保衛若干據點。

西歐之所以反攻東方，乃另有來歷。（葡人）達伽馬抵達（印度）卡利卡特（Calicut）時表示，他是為了「尋找基督徒和香料」。葡萄牙人來到亞洲也是基於此因，或許也有對抗吉哈德的因素，可以說，葡萄牙人的遠航是極為延遲的回應。在這些人心目中，基督徒的使命感是很強烈的。地理大發現仍可視為宗教戰爭，為十字軍與收復失土的後續，對抗的是同樣的敵手。在東方海域，穆斯林統治者（埃及、土耳其、伊朗及印度）為葡人的主要對手，其統治權被他們所終結。西洋其他的海員緊隨其後，在非洲與南亞共同建立西歐優勢，並維持到二十世紀。

歐洲人統治之穩固，甚至使他們可以為地方勢力的一時利益，在東方戰場上互相拚搏。其中有個事件頗為轟動。一六二二年，葡萄牙人在奪取波斯灣霍爾木茲（Hormūz）港後，波斯軍在英國支援下又將之驅逐。這場勝利記載在波斯史詩中，當時的波斯史家證實了此次結盟：

> 現在情勢逆轉，因為最近有群英國人在拜見薩非（Safavid）王朝時表示，只要沙王（Shah）有心取回霍爾木茲，他們隨時可以出兵相助。英國人對沙王說明，他們是葡人的死敵，此種彼此仇恨，部分是源於教派分歧。奪回霍爾木茲後，英人表示，由英國管轄的其他港口的船隻，將確保葡人無從奪回根據地。阿拔斯（`Abbās）沙王遂接受英人的助攻提案。有云：
>
> 「儘管沾惹基督徒的海水皆為不潔，
> 但若能清洗猶太屍體，又何足懼哉？」⑮

一五八〇年，鄂圖曼地理學者在著作中警告蘇丹，歐洲人在美洲、印度及波斯灣的經營，將危害伊斯蘭國土，且擾亂其通商。他提議：

「在地中海和（埃及）蘇伊士港之間開鑿運河，並在該港安置大批艦隊；佔領印度和（巴基斯坦）信德省（Sind）的海港後，欲驅逐這些不信道者，並將當地財寶運回首都，就輕而易舉矣。」⑯

可惜，這個早於威尼斯人的先見之明，並沒有受到採納。相反地，鄂圖曼蘇丹和其基督教死敵，即西班牙國王協議休兵，好讓彼此安心整肅異己——蘇丹討伐伊朗什葉派；國王則懲治北歐清教徒。幾世紀後，蘇伊士運河才得以開通，而為另一帝國所用（譯註：運河於一八六九年開通，所謂的帝國指英國）。十六世紀，派到印度洋的鄂圖曼海軍，敗給葡萄牙優良的船艦和部隊。

俄國人的復興與擴張

此種重新整編且回頭反攻的模式，可追溯到中世紀時受穆斯林征服與統治的另一歐洲國家——俄國。相較於西班牙的摩爾人（Moor）統治，金帳汗國在俄國的統治為期甚短，影響有限（譯註：摩爾人原先是阿拉伯人和北非柏柏爾人的混血，信奉伊斯蘭，後來進入西班牙，成為統治階層）。不過此段「韃靼之軛」時期，給俄國人留下不可磨滅的記憶。

俄國人的收復失土稍晚於伊比利半島人（譯註：即西人和葡人），一三八〇年，莫斯科公爵德米特里（Dmitri Donskoy）在庫利科沃（Kulikovo）平原的對陣中打敗韃靼人。儘管俄國正史和野史大書特書，但這場勝仗卻不具決定性，兩年後，韃靼騎兵再度北侵，蹂躪俄國領土，攻佔莫斯科，強行納貢。到了一四八〇年，穆斯林地方首長才批准莫斯科伊凡大帝，免除所有貢賦和從屬地位。

俄國人也像西、葡人一樣，擺脫了奴役後，在踵繼前賢中，其戰果則更為輝煌。在與窩瓦韃靼人漫長而慘烈的鬥爭後，俄國人於一五五二年攻克喀山。這場勝仗後，俄人就順窩瓦河而下，於一五五六年拿下港都阿斯特拉汗。於是乎，俄人掌控窩瓦河而到達裡海。他們抵擋了穆斯林南下的大部攻勢，從而直接侵襲鄂圖曼和克里米亞韃靼的領土。

鄂圖曼人知此威脅，並予以抗擊。主力部隊出動，攻打阿斯特拉汗以作為伊斯蘭防衛基地。此外，計畫開挖一條連通頓河和窩瓦河的運河，使鄂圖曼艦隊得以往來於黑海和裡海之間。藉此，鄂圖曼人也得以與中亞的穆斯林統治者互通聲息，從而有效抵擋俄國向南或向東的進路云云⑰。

該構想並無任何成果。克里米亞的韃靼大汗尚能擊退俄人的攻擊，並與鄂圖曼諸蘇丹保持聯繫，奉鄂圖曼為宗主國。黑海暫時仍是突厥（土耳其）穆斯林的轄區，在克里米亞和伊斯坦堡之間，也有重要貿易往來，尤其是食品和東歐血統的奴僕。不過此條開放路線，如今為俄人大舉入侵亞洲所用。

當西歐航海商人繞過非洲，居留於南亞和東南亞沿海城市時，俄國軍人與行政官員也跟著其商人和農人沿陸路到達黑海、裡海、帕米爾山，乃至太平洋。東、西歐人也藉先進的軍事和技術之助，在亞、非洲進行擴張。俄人在東進路線上阻力不大；西歐強權為衝破大西洋風浪所造的船，在航海技術與武力裝備上，使亞洲國家瞠乎其後。

伊斯蘭勢力的消長

在歐洲大陸上只有一方土地——穆斯林國（鄂圖曼帝國），即伊斯蘭衰微時期中最強者，持續摒擋基督教歐洲往巴爾幹、愛琴海及君士坦丁堡的推進。然而即使不斷抗拒，鄂圖曼人仍發現到，本身仍漸受歐洲影響，甚至為了防範，而不得不採取許多歐洲的風俗習慣。

該變局迫使穆斯林為適應而疲於奔命。原本習於以正信與強權地位居高臨下的他們，如今卻發現到，一向受到鄙視的異教徒已然坐大。就穆斯林的歷史觀來看，他們賦有真主的真理與使命，將正信帶給全人類，他們的伊斯蘭王朝，乃是真主的意欲在塵世中的體現。其國君為先知的傳承者及真主降示的信息之守護者。伊斯蘭國為世上唯一的正統權力，伊斯蘭社群為真理和啟示的唯一寶庫，餘者皆不過是蒙昧與邪教。真主降賜給社群的，是他們在世上的權力與勝利。自先知時代以來，莫不如此。

這些信念，自初期穆斯林以來一脈相承，十五、十六世紀鄂圖曼國力鼎盛時，更加強化，直到十八世紀還因穆斯林軍短暫但重大的勝利而復甦。然而，一旦事件進程是由基督教敵手而非伊斯蘭權勢所決定，一旦回教國家的存續還不時仰賴若干基督教統治者的協助乃至善意時，穆斯林對這種世界是難於適應的。

當俄國哥薩克騎兵和葡萄牙輕桅帆船，分別從北、南兩路覬覦伊斯蘭版圖時，由中亞經中東到北非等的心臟地帶，仍保持獨立狀態。十六至十九世紀，歐洲由兩端擴張之期間，伊斯蘭世界出現五個政權中心：印度、中亞、伊朗、鄂圖曼帝國和北非。在印度方面，儘管穆斯林居少數，卻維持過政治優勢。十六世紀，來自中亞的入侵者偉大的巴巴爾（Babar）建立新王朝。在巴巴爾及其繼位者，和所謂的蒙兀兒（Mogul）帝國治下，印度的伊斯蘭勢力進入最終且最偉大的階段，而以與西歐致命的接觸告終。

在中亞以北，伊斯蘭化的蒙古汗國崩潰，在裡海和中國之間的大地留下許多穆斯林小國。這些小國也常遭遇來犯的歐洲人，這次則是俄羅斯人，久而久之終被併入俄羅斯帝國。

在伊斯蘭世界的另一端，即北非方面，摩洛哥維持了數世紀的獨立君主國，而阿爾及利亞、突尼西亞和利比亞，則一邊奉鄂圖曼為宗主國，一邊卻由地方首長主政。這些國家都在十九世紀末、二十世紀初遭到法國、西班牙及義大利的兼併。其中只有兩個國家得以倖免——土耳其與伊朗。儘管這兩國屢遭侵犯，但卻不曾喪失獨立。

在受葡萄牙鼓舞後，西歐人在亞洲的活動僅止於商業和航海，後來才逐步導向建立政權統治。儘管在當時，這也僅限於南亞、東南亞及東非，其對中東的影響也只是間接的。在此一中東地區，論到政治與戰略的利益，長期以來，西歐強權的威脅畢竟小於中歐與東歐的強權。

伊斯蘭權勢的歷史轉捩

話說葡萄牙和（後來）英國及荷蘭強權在亞、非洲的擴張，就意味著中東（包括伊朗和鄂圖曼帝國）遭到嚴密包圍，俄國在北疆，西歐各國在兩邊。可以說這種包圍對香料貿易的影響，比先前的葡人繞行非洲還來得大。數世紀以來的通商路線，是穿越紅海和波斯灣，抵達地中海和歐洲，也繁榮了附近中東地區；如今則轉為遠洋路線，兩端受到西洋人的箝制。

這種變化極緩慢，其影響也非一朝一夕能理解。駐伊斯坦堡大使奧吉爾・奇塞林（Ogier Ghiselin de Busbecq）在一五五五年的信札中表示，當突厥人危害歐洲基督教時，歐洲人也在「大洋中的東印度群島及（紐西蘭東南）對蹠群島（Antipodes）」大肆劫掠⑱。

直到十七世紀末，這種威脅尚未過去。一六八三年，突厥人（the Turks，譯註：鄂圖曼出現後，所謂的突厥人即等同於鄂圖曼人，下同）終於再次包圍維也納。數週之後，鄂圖曼部隊被迫撤軍，隨後遭到重挫。當時鄂圖曼官方史家，以簡單明瞭的筆法記錄了這段經過：

「俘虜受到訊問。他說奧國皇帝已修書給各方，請求基督教各國國王的援軍，當中只有波蘭王（這位可恥的叛教者叫索比斯基〔Sobieski〕）前來援助，計有正規部隊立陶宛的士兵和指揮官，三萬五千員騎兵，及波蘭異教步兵。奧國皇帝也派出他所能徵調到的其他基督教部隊，有八萬五千位德國精兵（含騎兵和步兵），另有騎兵四萬員，步兵八萬員，總計十二萬位不信道的兵員。各部會師於此，據說是要打擊維也納周邊壕溝的伊斯蘭戰士……」⑲

該史家也沒有隱瞞整個挫敗過程：

「……我軍的所有物件，即軍餉、裝備及寶物，間接落入邪人之手。邪軍的攻勢（願其瓦解）分成兩路。一路沿多瑙河岸進入要塞，攻擊我軍壕溝。另一路攻打我軍營寨。敵軍殺害壕溝中若干殘兵，俘擄其餘兵士。壕溝殘軍約一萬人，已無能作戰，並受步槍、大、小砲、佈雷、石塊及其他武器的傷害，士兵們有的斷手、有的斷腿，也有若干敵軍執起刀劍，砍斷數千員戰俘的桎梏，予以釋放。其擄獲的軍餉和軍需不計其數，而無暇追擊伊斯蘭戰士，否則就無法得手。願真主保佑。此乃鄂圖曼有史以來最嚴重的挫敗。」⑳

一五二九年，突厥首度圍攻維也納，儘管未能成事，至少在媾和後，鄂圖曼軍還能直擊歐洲心臟。但一六八三年的圍攻和撤退就大異其趣。這次不僅兵敗如山倒，還喪失領土和城市。當時流行的一首哀歌，透露一六八六年（匈牙利）布達（Buda）遭基督徒收復時鄂圖曼人的傷感。

「寺院的禮拜不再，
噴泉也無人淨身，
熱鬧地方而今如許荒涼，
奧國人佔去美麗的布達。」㉑

在奧國人佔領期間，一位鄂圖曼軍官來到（塞爾維亞）貝爾格勒，發現當政者已有所更動：若干清真寺成為營房，有些則成彈藥庫。叫拜塔還在，但其中有一座被改裝為鐘塔，淨身的澡堂也還在，但卻被變成住所。只有一座澡堂還在使用。多瑙河畔的住宅和商店，都被變成酒館。他指出，臣民中的窮人變得弱不禁風，受德國人的欺壓㉒。

一六九九年一月二十六日簽訂的卡爾洛維茨（Carlowitz）和約，不僅是鄂圖曼和哈布斯堡王朝關係的轉捩，也為基督宗教和伊斯蘭教帶來深遠影響。幾個世紀以來，鄂圖曼帝國向來是伊斯蘭的龍頭，與西方基督教鄰邦持續著千年的抗衡。伊斯蘭勢力在各方面已然落後歐洲，但雙方一時都還察覺不出這種消長。不過，自維也納撤退及軍事與政治的挫敗以來，新關係呼之欲出。突厥問題依舊存在，但重點卻已是本身的積弱，而非外部武力的威嚇。伊斯蘭已不再與基督教會分庭抗禮，如今連軍事都不再構成威脅。就突厥而言亦然，他們警覺到邊疆之外的地方，不但沒有有待征服、改宗，乃至欺壓的化外之民，而儼然是威脅到該王朝未來的勁敵。

此消彼長下的新鄂圖曼政策

十六世紀初葉，西洋海軍的意圖已昭然若揭。蘇萊曼的路特菲帕夏（Lûtfi Pasha，譯註：帕夏為大臣或高官之謂）指出，謝利姆（Selim I，一五一二—一五二〇在位）一世（征服敘利亞與埃及者）蘇丹告訴其國師：「朕想拿下法蘭克（即歐洲）人版圖。」國師答覆道：「陛下國都的優勢是靠海。若海上不安寧，就無船過來；若無船來，伊斯坦堡就不再繁華矣。」謝利姆蘇丹當時已來日無多，也就無所作為。帕夏向蘇萊曼提起這樁往事，並告知：「昔者有多位蘇丹制陸，而鮮有人制海。就海戰而言，不信道者略勝一籌。吾人務須勝之。」㉓突厥人並未辦到。一五七一年，鄂圖曼海軍在勒班陀（Lepanto）海戰中遭到重創。

而鄂圖曼人也並沒有粉飾太平。當時突厥的文獻，以精簡的史筆，記載了阿爾及爾的貝勒貝（Beylerbey）王朝艦隊「遭遇到可恥的不信道者艦隊，真主的意欲另有安排」㉔。

值得注意的是，在歐洲史料中，這場戰役以戰場附近的希臘海港為名，但在突厥官方史中，卻叫做singin，即「慘敗」之意。不過這場戰役純屬個別事件，鄂圖曼海軍尚能整軍經武，保全地中海區。突厥官方史家記載，謝利姆二世蘇丹（一五六六—七四在位），問索科盧．穆罕默德（Sokollu Mehmed）帕夏打造新艦隊要多少花費時，帕夏答覆道：「若有心，王朝財力之雄厚，能以銀船錨、絲纜繩、緞船帆，配備整批艦隊。」㉕

鄂圖曼軍在歐洲的失敗，更為慘重而顯而易見。其結果是主要行省之喪失，新勢力的出現，乃至（更為重要者）其王朝及鄰邦與敵手間關係的徹底轉變。

突厥人為扭轉頹勢，首度採納新的外交策略——即求助西歐國家（英國和荷蘭），藉此制衡鄰邦的敵對勢力。

之前，突厥人和西歐強國也有過這種調停。蘇萊曼曾與法國法蘭西斯一世（Francis I）達成某種共識，對抗哈布斯堡王朝，法國人（連同其歐洲敵手）也向王朝謀求結盟。

突厥人看法稍有不同。十六世紀，某突厥文人寫道：

「法國總督（Bey of France，原註：使君主降格為王朝省長的封號），向來表示其對樂園門檻的從屬（intisab，原註：突厥文，通常表示主從關係），及對高門（Sublime Porte，譯註：意即政府，相當於我們所謂的天朝）政令的擁戴——發現自己受到包圍，並問過群臣後，發現最佳良策是尋求庇護，便與權傾天下的蘇丹建交。」

於是法國總督便派遣特使至伊斯坦堡，其求援的內容如下：

「狠毒之敵，受惡貫滿盈的匈牙利王之助，壓制吾民，萬望陛下不吝出兵，驅逐吾人對手之可惡援軍，使吾民能與敵搏鬥，挫其惡念。吾人將不勝感

激，鞠躬敬表順服之意，以報皇恩之浩蕩。」㉖

史家指出，雍容大度的蘇丹為之動容，決意援助時運不濟的法國人，於是發兵懲治可恥的匈牙利人。

一五五二年，甚至有法、土聯軍合攻西班牙海港，這只在若干鄂圖曼史料中有概略提及。

直至十六世紀末，英王伊利莎白一世多所投入，這也包括必要時統一對抗共同敵人西班牙的陣線。不過交涉過程甚為曲折，提案主要來自西方。突厥人既不感迫切，也無任何結果。但在維也納二度挫敗後，新外交政策隱然成形。十八世紀期間，鄂圖曼人始發覺伊斯蘭王朝不再與基督教國度分庭抗禮，而只是眾國之一，可為敵亦可為友。但該觀念並不易受採納，直到十八世紀末，國內還是多有阻力。突厥同時也與俄國和奧國作戰。有個有力提案表示，最好和瑞典結盟，該國已向奧國宣戰，也可與普魯士結盟，該國可從後方擾亂奧國。於是突厥分別在一七八九和一七九〇年，和兩國簽約，承諾軍事同盟。要習於與歐洲強國共存，甚至保持其所謂「友好」和「友誼」，對突厥人乃大不易。歐洲人偶或將此關係視為結盟；突厥人則不然，與基督教國家結盟的想法，就算是為對抗其他基督教強國，也是陌生乃至可恥的。軍法官沙尼查德（Şanizade）主張，此乃大逆不道，並引《古蘭經》經文為證：「信道的人們啊！你們不要因我的敵人而和你們的敵人為朋友……」㉗（譯註：英文原文和現行《古蘭經中文譯解》譯文有出入，現依英文原文譯出），此為教法說明官（Mufti）漢米迪查德．穆斯塔法額芬迪（Hamidizade Mustafa Efendi）所駁回，額芬迪引述先知的話：「真主將以伊斯蘭之道，幫助未皈依伊斯蘭者。」（譯註：英文原文和現行《古蘭經中文譯解》譯文大有出入，現依英文原文譯出）和其他經文與論據㉘。該見解（結盟）獲勝，儘管仍有許多人感到難以接受。

強權林立時的伊斯蘭聖戰遺風

舊式吉哈德只在某一處延續——地中海西部。摩洛哥獨立王國和阿爾及利亞、突尼西亞、的黎波里坦尼亞（Tripolitania）三公國等的柏柏里國，仍奉鄂圖曼為宗主國。反攻基督教的聖戰，在此至少還有理論上的優勢。聖戰主要是透過海軍，而非陸軍進行，海軍向來為基督教國的心腹之患。歐洲人認為，北非國家的水手無異於海盜。這些人自許為聖戰戰士，其實不過是私掠者。歐洲人視為公海上之打劫，北非人民則認為是對抗信仰的死敵之海上吉哈德。所得酬勞包括一艘俘虜船與換算載貨所發給的獎金，以及歐洲私掠者的俘虜等額外好處。根據伊斯蘭教法，聖戰中所擄得的異教徒，可合法轉賣為奴。俘虜可按市價將自己贖回，但也可留在新主人處做奴僕。

北非國家的私掠行動持續了整個十八世紀，該行動受到容忍，有時還因為與歐洲強國對抗而受到鼓勵。美國獨立與拿破崙戰爭再度助長這些行動，在歐洲交戰國的競爭下，為博取善意、利用裝備，也使私掠者坐大。不過一八一五年後需求消失，西方強國（當時包括美國）便採取斷然措施，中斷彼此的交通運輸。

當時，西方政府與柏柏里穆斯林海盜間的關係，可參考一七八七至八八年間派駐馬德里的鄂圖曼特使之彙報。身為蘇丹代表（阿爾及爾總督的宗主國代表），他急於關切該總督與西班牙國王在近日簽署的協定，並趁機與該特使交換意見，總督特使對他做出若干保證：

「阿爾及爾人與西班牙簽署的停戰協定，對阿人大有好處。據該協定，西人須以每位一千雷阿爾（real，貨幣單位）贖回其在阿爾及爾的一千兩百五十位戰俘。有趣的是，簽約後贖金送達，阿人照單全收，人質卻皆已遇害，但西人卻也莫可奈何。不僅此也，除贖金外，西班牙國王還要給阿爾及爾總督五百袋禮金、珠寶及其他物品作為贈禮，並支付媾和的高額款項，輸送其海軍及彈藥庫所需物資……此外，在西班牙亦有一百餘位阿爾及爾戰俘，根據協定，阿人也應支付贖金。但他們卻表示：「吾人不須這些叛徒和懦夫——若非此等人，自不致遭俘擄。」受到為難的西班牙人，對他國封鎖該消息。為解決此事，他們私下致函給摩洛哥主政者，表示：「若不嫌棄，吾人樂於為陛下釋放俘虜。」鑑於伊斯蘭兄弟情誼，該主政者同意此事，俘虜被解送到摩洛哥。分發若干生活費和衣物，遣返阿爾及爾。為保住顏面，西人散播消息為，該舉措乃回應摩洛哥主政者要求。簡言之，阿爾及爾人的堅定信仰，令不信道者刮目相看，並迫使西人就範。某日於馬德里，筆者與阿爾及爾某政要談話，並詢問：「既然能佔諸多便宜，何以猶與之媾和哉？」他答覆道：「確實為偌大便宜。和平關係至多維持三年，期間吾人即持有先前好處，兩三年來，吾人已佔盡好處，絕不致吃虧。」他表示，所謂媾和無異於水面上劃字（譯註：喻漫無實效）㉙。

儘管伊斯蘭國有若干成就，但大致說來，十八世紀時他們處境艱難，各方面跡象也都顯示，穆斯林地位已有所改變。該改變是幾項因素的結果。在與歐洲往來時，中東強國面臨的情勢日趨複雜，導致武裝與戰爭的高昂代價。國際貿易和國內經濟在十六、十七世紀時，因通貨膨脹而大受影響。該影響又因中東國家在各方面（科技、農業、工業、運輸）的落後（或停滯），而更加惡化。

西方特權氾濫和新技術之引進

價格方面的大浮動，似乎自十六世紀後半就已開始。這反映中東經濟在美國金、銀流入後遭到破壞。對重金屬的購買力，鄂圖曼帝國強過西方，卻弱於伊朗和印度。波斯貨（尤其是波斯絲綢），在鄂圖曼國土及歐洲的需求都很大，但相對而言，鄂圖曼產品卻乏人問津。穀物和紡織品是鄂圖曼外銷歐洲的大宗物品。紡織品曾是主要的產品，但這項貿易日益萎縮，後來，由中東外銷西洋的貨品，只剩棉布還暢銷一時。貿易內容產生劇變，後來歐洲輸出紡織產品（包括印度布料）到中東，並輸入原料如棉花、毛海，特別是絲綢（以伊朗為大宗）。難怪，儘管有西方金、銀的流入，鄂圖曼官方資料仍顯示，貴金屬日漸不足，甚至不敷鑄造硬幣所需。

當其農業由西方引進新作物（菸草及玉米）而得利時，科技和經濟卻仍處於停滯。歐洲農業及工業革命乃獨步當時，但對中東國家卻並無影響。中東產業偏重手工業，發達到十八世紀後半，但技術方面卻少有改進。

上述變化也影響到鄂圖曼維持軍事供應的實力——取得所需原料以造船、鑄槍，乃至調製火藥。鄂圖曼武力的衰微，這自然是因素之一，即該帝國逐漸落後於敵手的漫長過程之一。發現新世界（New World，譯註：即美洲新大陸，下同）與殖民之後，世界貿易重心由大西洋轉移至南非和南亞周遭的公海，地中海和中東世界儘管在若干方面仍不容小覷，但經濟地位大為下滑，尤其是位處三大洲（歐、亞、非洲）的居間地位所帶來的利益大為減少。海路開通後，地中海及中東地位大不如前。鄂圖曼帝國、地中海，及中東國家國力也就相對衰微。

歐洲在中東的經濟優勢，是以多種方式把持的。相對於中東產品進口西方受到限制（有時還因保護關稅而遭排斥），西方對中東的通商，還受特惠條款的庇護，保障其不受限制、自由進口的特權。特惠條款一詞（拉丁文 capitula 為逐條登載的文件之意）始於鄂圖曼時代，鄂圖曼及其他穆斯林主政者所頒佈的、相對優於其他基督教國家的特權，特許其人民在伊斯蘭領土上自由居住與通商，不受當地主政者加諸在非穆斯林人民的特殊限制。該特權原本為強大君王對卑微請求者恩賜與施惠的姿態。該君臣關係見之於文獻中的措詞，受惠者應有忠誠、順服乃至奴性的應對進退㉚。隨著伊斯蘭國家衰微及其與基督教鄰邦關係改變，特惠條款也逐漸氾濫，這包括當地司法和稅收的豁免權，使特惠國人民，只須對其領事法庭負責。到了十八世紀末，這種最惠待遇，為歐洲人帶來商業與財務的重大利益，而在外交使節所使用的文件和證書等的保護，也日趨浮泛。這些證書原意只在保護歐洲領事在當地雇用的官吏和代表。但在濫用、轉賣或授與下，得到特權的地方商人人數漸增。

一開始，突厥（土耳其）人認為，國力衰弱僅止於軍事，因而謀求在該方面補強。基督教部隊已在戰場上證實優於穆斯林部隊；因而採納戰勝者的武器、技術和訓練，勢必有所幫助。

許多鄂圖曼官吏和文人都寫文章力促此事。其中，匈牙利一位論教徒（譯註：Unitarian，即相信上帝只有一位，並否定基督的神性之教徒）改宗伊斯蘭者易卜拉欣．穆特斐里卡（Ibrahim Müteferrika）的著作，於一七三一年在伊斯坦堡出版，這是易卜拉欣創辦的第一個土耳其的出版社發行的第一本書。該書著重在行政與戰略問題，分為三部分。第一部分側重歐洲良好的政治體制，及其現有的不同類型。第二部分強調地理知識是了解本國和鄰國的關鍵，也是戰爭藝術和後勤支援的必要部分。在第三部分，作者講述在歐洲國家武力的不同型態、訓練方式、指揮機制、作戰手段和軍事法規。在探討到法蘭克（歐洲）人的異教作風時，易卜拉欣委婉表達不滿。不過他也明白表示，法蘭克軍較強、較優秀，若鄂圖曼軍謀求生存，就要加以仿效㉛。

這種主張得到了理解。一七二九年，法國伯爵波納瓦（de Bonneval）來到土耳其，皈依伊斯蘭教，取了阿赫默德（Ahmed）的教名，進入鄂圖曼政府任職。一七三一年，他負起整編砲兵團的任務。一七三四年，軍事工程學院建校，次年波納瓦晉升為帕夏（即高級官員），授予官階和官銜「砲兵團長」。這項實驗並無進展，但一七七三年，航海工程學院也開辦了。

引進西方軍事教官（除法國外，也有其他歐洲國家），使突厥軍官接受新的戰爭訓練之同時，也帶來許多重大成果。穆斯林本習於鄙視這些異教徒，如今學生們要尊重這些老師，學習建立新的關係。穆斯林不僅要接受指導，且還要學習之前認為不必要的外語。他們要學習聽懂教官授課，讀通訓練教材及砲術指南。然而一旦學會法語，就會發現其他更有趣且具爆炸性的讀物。

值此同時，也有其他重要的新奇事物問世——印刷術，引進期間，穆特斐里卡擔任要角。十五世紀末，歐洲猶太難民將印刷技術引進土耳其，猶太印刷廠在伊斯坦堡、（希臘）薩洛尼卡（Salonika）及其他城市設置。隨後就有亞美尼亞人和希臘人，也在鄂圖曼城市以其母語設立印刷廠。不過由於官方條件嚴苛，突厥文或阿拉伯文書籍並未印行。直至十八世紀初才解禁，這主要是賽義德．伽勒比（Said Çelebi）的功勞，他是一七二一年派駐巴黎的特使之子。一七二九年二月，第一本書籍問世。在該印刷廠於一七四二年遭到破壞之前，已有十七本書出版，主題側重在歷史、地理和語言。一七八四年，印刷廠重新開辦，當時印刷術已遍佈中東。

十八世紀穆斯林看待歷史變局

不過話說回來，西方長期以來影響不大，主因是其觀念只能觸及極少部分人；就連這些有限的衝擊，也會因反動而受限甚或逆轉，例如上述一七四二年土耳其第一家印刷廠遭破壞。若說軍事挫敗是促成接受西方觀念的重大刺激，但其在十八世紀初的影響仍相當微弱，當時鄂圖曼人有時還打勝仗。但到了十八世紀末，該刺激在軍事對壘中就越發明顯。第一次震撼，是一七七四年凱納甲湖（**Küçük Kaynarja**）條約，鄂圖曼慘敗在俄國手下，並損失許多領土、政治及商業利益。第二次震撼是一七八三年俄國兼併克里米亞，儘管這已非首次割地，但卻顯示重大變化。前次損失，是讓給基督信徒和一小撮突厥統治者及移居者。克里米亞則不然。該地人民是操突厥語的穆斯林，其在該地的淵源，可上溯至十三世紀乃至更早的蒙古拓殖。割讓這塊穆斯林長久以來落地生根的土地，對穆斯林是前所未有的奇恥大辱。

第三次衝擊來自法國，十字軍東征以來，這是首度針對中東伊斯蘭心臟地帶發動的軍事侵略。一七九八年，拿破崙率兵登陸埃及，之後只克服少許阻力，就拿下鄂圖曼行省。佔領期間為期甚短，埃及隨即恢復穆斯林統治。但該事件卻已暴露出阿拉伯國家的戰略地位及軍事弱勢，只是這些都還在鄂圖曼的帝國聲威籠罩之下。

該事件的重大結果，是法國革命新精神滲入伊斯蘭國。歐洲的思想運動首度突破信仰壁壘，對日後穆斯林思想及行為產生深遠影響。這個超越先前運動的思想成就，主因自然在於法國革命是入世的——這個歐洲史上社會與智識的重大轉變，力求以非關宗教的措詞，做意識型態的表述。之前的歐洲運動，如文藝復興、宗教改革、科學革新、啟蒙運動等，都不曾對伊斯蘭世界產生影響，甚至還乏人問津。或許其中最重要的因素，就是基督宗教的表達方式，在伊斯蘭的思想攻防戰中，是不得其門而入的。這類關乎宗教的世俗主義（secularism）對穆斯林自然不具魅力，但是無關基督宗教的意識型態，卻能使穆斯林以平常心看待，而不覺涉及敵對的宗教教條。這種對宗教保持中立的意識型態，穆斯林或許期待從中發現若干法寶，在不危及自身傳統與生活方式的條件下，一窺西方知識與進步的奧妙。

不過，突厥統治菁英一開始並不是如此看待該事件的。當革命由法國擴散到其他歐洲國家時，這些菁英還以為是法國或（最多是）基督宗教的內部事務。身為回教國家的鄂圖曼王朝，並不受基督宗教變局的攪擾，也不受基督宗教病症的感染。若干人士甚至視之為可趁之機。一七九二年一月，蘇丹的大總管阿赫默德額芬迪（Ahmed Efendi，譯註：額芬迪為大官之意）在日誌中寫道，革命轉移了歐洲強國的焦點，並設下吸引其貪慾的誘餌，從而使鄂圖曼人較為好過。他虔誠地表示：「願真主讓法國的動亂，像梅毒一樣傳給其他敵國，讓他們彼此鬥爭下去，從而造就有利於天朝的結果。誠心所願。」㉜

正是這種事不關己的想法，使突厥人拒絕俄國呼籲共同抵制法國的提案，甚至由奧國、普魯士和俄國特使共同提出的請求，即禁止在土耳其的法國人別戴新的三色帽章，也同樣遭拒。鄂圖曼史家耶夫德特（Jevdet）帕夏引述了一段談話：

「某日，奧國譯員總領找大總管額芬迪表示：『願真主適當懲治這些法國人：他們讓我們感到痛心。行行好——要是您讓他們把帽章拿下來的話！』大總管答覆道：『老兄，我們已多次表示，鄂圖曼帝國是伊斯蘭國家。我們沒有人會認真看待他們的這些徽章。我們把友邦的商人看作來賓。他們儘可以配戴任何帽飾或勳章。就算他們頂著一籃葡萄，也無關乎天朝之道，無須過問的。您這是自尋煩惱。』」㉝

世變之初的後知後覺

一七九七年十月，法國人根據坎波福爾米奧（Campo Formio）條約，歸還威尼斯城邦，並將其領土割讓給奧國。法國人自己則兼併了（希臘西部）愛奧尼亞群島，及鄰近的阿爾巴尼亞及希臘海岸若干地區。法國和突厥數世紀以來的友好關係，如今成了鄰邦，於是乎關係趨於緊繃。隨著法國共和的希臘公民與鄂圖曼希臘的rayahs（譯註：希臘穆斯林的在地稱謂）比鄰而居，差異就無從隱瞞，接觸也難於避免。不久之後，（希臘南部）摩里亞（Morea）半島鄂圖曼總督開始傳送令人不安的彙報到伊斯坦堡。他指出，儘管法國人聲明對政府表示友好，但背地裡卻加以反對，身為威尼斯人的子孫後代，他們甚至打算要求歸還其他先前的威尼斯領土，如克里特島和摩里亞半島。不僅此也，據彙報指出，就在帝國邊境，有若干集會和儀式，講演關於自由、平等乃至恢復古希臘的榮耀㉞。當新俄國公使談到這些事，及法國事件對當前政權所造成的威脅時，帕夏們都專心聆聽，而額芬迪大總管就寫了份備忘錄給國家最高會議，就奧、俄共同邀請鄂圖曼結盟，以防範法國革命情緒的蔓延。由於這是個需要詳加說明的新思維，額芬迪煞費苦心申述道：

「綜上所述，問題可歸結如下：天朝是否已面臨到其他國家遭遇的同等威脅呢？誠然，在該衝突之初，天朝即已選擇中立之道，也未吝於表示友好與善意，給予法國共和實質協助，致使各國不斷提出抗議。每當法國陷入困境，遭遇饑饉時，天朝就由真主眷顧的國度輸出豐富物資，運送至其各港口，使其免於饑荒。但作為回報，法國共和及其將領，卻透過言行來顛覆天朝子民。尤其在瓜分威尼斯期間，該將領們奪取大陸上（希臘）阿爾塔（Arta）附近島嶼和四座城市（分別為Butrinto、Parga、Preveza和Vonitza）；其紀念古希臘政治體制之活動，在該地建立獨立自主政體，異心昭然若揭，無庸多所說明。」㉟

此處再度顯示，帝國中易受影響的，是希臘及其他基督宗教人民，而非穆斯林。然而一七九八年七月一日，拿破崙的埃及遠征軍在亞歷山大港登陸，開展了伊斯蘭史的新時代。

當時，穆斯林的後知後覺與不予採信，也反映在埃及官方史家賈巴爾蒂（Jabarti）對該前所未有的事件的紀事上：

「禮拜天，即今年（回曆一二一三／西元一七九八年）拉瑪丹聖月（九月）十九號，亞歷山大港的信差抵達（開羅）並遞交信件。信件內容為，禮拜四時，即本月八號，十艘英國船舶抵達海港，並於港民視線範圍內碇泊，稍後又有十五艘船來到。港口人們密切注意下，一艘小艇靠岸，十名乘員登岸之後，與城中要人及總督（賽義德．穆罕默德．阿里姆，al-Sayyid Muhammad Karīm）授權的酋長代表會面……被問到此行目的時，他們表示，他們是英國人，要找帶著開拔的大部隊、前往未知目的地的法國人。他們表示：『我們並不確知其意圖，也擔心他們會攻打你們，你們卻無從防禦、阻止其登陸。』

賽義德．穆罕默德．阿里姆並不接受該說法，並懷疑其中有詐。他答覆得不留情面。對此，英國代表表示：『我們將回船上靜觀其變，除淡水和食品外，別無其他要求，這些東西我們會付費。』但仍遭拒斥：『此處為蘇丹領土，與法人或其他人無涉。故請速離開此地。』於是英國代表回船上，收錨啓航，另覓他處尋求食物，任真主示顯其意欲……當月二十號禮拜三，亞歷山大港來信，羅塞塔（Rosetta）和達曼胡爾（Damanhūr）也表示，十八號禮拜一，為數甚夥的法國船隻抵達……在不為港民所知的情況下，大批士兵和作戰武器登陸，隔天，他們就像蝗蟲般包圍該城。」㊱

賈巴爾蒂及其埃及同胞，儘管以若干篇幅記載拿破崙遠征軍來埃及、進行活動，及後來的離開，但對法國本身的歷史，卻未表興趣或關切，更遑論其他歐洲國家。法國人來了，待了一段時間，做了若干事，後來又走了。沒有人費心追問（更遑論追查）他們到來與離去的原委。異教徒的到來，被視為某種天災，難以掌控，所以不須說明。其中只有一位名叫尼古拉．土爾克（Nicola Turk）的黎巴嫩基督信徒，對法國大革命做過簡評（卻也是阿拉伯史上首位），作為其埃及一七八九至一八〇四年間歷史的導言：

「筆者以法國人殺害其國王後，共和時期在世界史中出現作為開端，時間是西元一七九二年初，回曆一二〇七年。這一年，法國人民群起反抗國王和王公貴族，要求新的秩序與治理，排斥國王時代的既成秩序。他們堅稱，絕對王權是國內動亂之源，王公貴族享盡榮華富貴，升斗小民卻可憐卑微。有鑑於此，他們群起一致表示：「吾人堅決主張，國王遜位，建立共和」。此乃巴黎的偉大日子，國王、文武百官、王公貴族皆擔驚受怕，人民俱來

到國王處，告知其意圖……」㊲

尼古拉接著以中肯、精確的筆法，記敘之後在法國及歐洲各國的事件。

法國滲透到穆斯林中東的心臟區，和英國爭奪世界強權的姿態，都使穆斯林的故步自封受到震撼。不僅如此，英、法活動擴及地中海東部時，俄國人也持續南進。一七八三年，克里米亞遭吞併，開始新的階段。俄人可由此沿黑海北岸向兩端迅速推進，以征服先前由突厥人、韃靼人及穆斯林統治與定居之處。於是，一七九二年末，俄國與突厥發生戰爭，鄂圖曼人只好承認俄國兼併韃靼汗國，劃（高加索西北）切爾克斯（Circassia）庫班河（Kuban River）為俄國與鄂圖曼國界。至此，俄人結束穆斯林在黑海的數世紀的統治，於其東、西兩邊境形成威脅。俄人也同時進逼伊朗，其在不久前建立卡札爾王朝（the Qājārs），企圖收復俄人先前佔領的高加索版圖，卻告失敗。古基督教喬治亞王國若干人民，在面臨波斯進犯下，向俄國尋求保護，沙皇則於一八〇一年一月宣告，將喬治亞納為俄國版圖。一八〇二年並重組達吉斯坦（**Daghistan**，喬治亞與裡海間的領土）作為俄國保護領，不久後就納為外高加索的（**trans-Caucasian**）另一小國。如今，進擊伊朗的路線清除了，一八〇四年，俄國兼併亞美尼亞和亞塞拜然北部。

此時，法國人已離開埃及，但大家仍擔心其將復返。英國勢力的存在，帶來少許心安。尼古拉日誌明白反映，穆斯林逐漸感到來自西、東歐的雙重威脅：

「本月（一八〇四年二月），其他各地的彙報來到，指出法國人已派出大批船隻和部隊到地中海，向東航行……東部人們大為恐慌，並盛傳英國人也要派出船隻和人員到亞歷山大港……以抵抗法國人，保護埃及國土……謠言四起，埃及人為歐洲各國感到不安，因埃及人見識過其驍勇善戰。大家都說在法蘭克諸王中，有人即將奪取埃及國土，因他們知道，伊斯蘭教徒之作戰和對陣皆已欲振乏力，堅定不足……

同時，亦傳聞俄蘇丹（即亞歷山大蘇丹兄弟君士坦丁〔Constantine〕蘇丹），名為穆斯庫比（al-Muskūb），拿下喬治亞王國和波斯版圖，向巴格達進軍。鄂圖曼國甚懼此蘇丹，稱其為「黃禍」（Yellow Rock）或「黃蠻」（Yellow Barbarian）。莫斯科王國和鄂圖曼國進行許多大、小戰役，從阿赫默德蘇丹時期（回曆一一一五年，西元一七〇三年繼位）到謝利姆蘇丹時期（回曆一二〇三年，西元一七八九年繼位）。該帝國不斷開疆拓土，攻城掠地，直到回曆一二一八年（西元一八〇四年）。該國日漸強大——真強大啊！他們運勢甚佳，拿下韃靼人、喬治亞人及波斯人的疆土，該國將不斷擴張版圖，直至真主意欲之時。」㊳

法國人實際上並未復返。一八〇二年媾和時，其已同時退出埃及和愛奧尼亞群島。不再與土耳其比鄰後，法人就較易與突厥人溝通。突厥駐巴黎大使（一八〇三至〇六年）致哈萊特額芬迪（Halet Efendi）的信函透露道：

「請為我禱告，由不信道者國度安然回返，我遠道來到巴黎，卻仍未看到若干人所稱頌的法蘭克國。歐洲有哪些優越的文物和聰明的法蘭克人可供發見，目前我尚未知悉……榮耀歸真主啊，談到此間人的心智和信仰。怪哉，此向來大受稱讚而使人耳朵長繭的法蘭克國，我卻找不出與傳聞類似的事物，而是恰恰相反……若有人想告知你，或誤導你關於法蘭克國的長處，不妨問他一句：『那麼你去過歐洲了嗎？』若他說：『我是去過，且過得很愉快』，那麼他必是法蘭克人的黨員或密探。若他說：『沒去過，我從書上得知的』，那麼兩者必居其一：他若非人云亦云的蠢驢，就是對法蘭克人懷有宗教狂熱。」㊴

末句話的假定是，讚賞法蘭克人者，本身即為基督信徒——亦即可能是鄂圖曼基督徒稱讚其歐洲教友。

哈萊特額芬迪是十足的反動派，厭惡所有西方事物，不過其信件也透露出，法國的影響力已然壯大。法國思潮已來到伊斯坦堡，這可由鄂圖曼史地學者阿赫默德·阿須姆額芬迪（Ahmed Asim Efendi）所證實，他撰作一七九一到一八〇八年的編年史，對於法國在土耳其的活動有所評述。法國人表現為友人，並大事宣傳。他們混淆視聽，對在朝與在野者皆然。為散播有害思想，他們與穆斯林為伍，假言友誼與善意，透過親切友好的社交活動，找到不少受害者云云。

「若干濫情主義者忘卻宗教忠誠，時而向他們學習政事。若干熱中語言者，跟著法國教師學習其慣用語，並在其鄙俗言談中……自我炫耀。法人藉此將法國習俗薰染其心，以其思維模式來影響若干心智軟弱、信仰浮淺之人。腦筋清醒、眼光遠大者，及其他各國使臣，都察覺此等危險情勢。懷著憂心與不滿，他們或明或暗指陳此事，預警其活動將導致不當後果。這些心懷不軌的惡徒，先在該國政要身上散播計謀的種子，再以煽動和誘惑同化其思維，從而破壞——願真主保佑——神意法（譯按：shari'a或Holy law，一譯為聖律，穆斯林一般稱作教法，在額芬迪的時代大概稱作神意法）。」㊵

自此之後，西方對中東的衝擊，進入充滿暴戾之氣的新階段。

2

穆斯林的世界觀

The Muslim View of the World

回教國家的命名

數世紀以來，西方世界想出了多種劃分人類世界的辦法。希臘人將這個世界劃分成希臘人和蠻族，猶太人則將它劃分成猶太人和非猶太人（Gentiles）。後來希臘人還構思了地理上的分類，將世界看成由兩個大陸所組成，也就是他們的歐洲和位在愛琴海彼岸的亞洲。等到後來愛琴海彼岸的亞洲似乎變得廣大而遙遠時，就有了中亞和廣義的亞洲的名稱。之後，亞洲（也就是非歐洲）還有所劃分，位於地中海南岸的部分，有了希臘文和拉丁文的新名稱——希臘文叫做Libya，拉丁文叫做Africa。至於中世紀世界，在歐洲人起初是劃分成基督教世界和異教世界，後來則盡屬於由各君主所統轄的基督教世界。而現代世界所採用的，則是以民族國家為基本的分類，作為認同與忠誠的決定因素。

回教徒對世界和人類的觀點，有著不同的架構。直到十九世紀，撰寫歷史和地理的回教徒，根本不知上述歐洲人給的名稱。亞洲未被知道，界定模糊的歐洲（名字拼做Urūfa），最多是一筆帶過，而非洲呢（阿拉伯文為Ifrīqiya），似乎只代表著馬格里布（Maghrib）東部，即突尼西亞和附近地帶。回教徒地理學者將世界區分成幾個「氣候區」（Iqlīm）（源自古希臘文的clima），但這不過只是地理學上的分類，從現代西方用語中的各大陸名稱來看，並未放進任何政治或者文化的涵義，回教徒的史料實際上並沒有引用過這些氣候區的概念，在回教人民的共同感中好像也沒有什麼地位。

將世界劃分成各個國家和民族，這對西方世界的自我認知、和對忠誠的界定滿重要，但相對於回教世界卻不重要。領土的命名甚至不重要到，許多國家都沒有特定的國名。現代回教世界中的許多國名，有很多都是最近才定的。有些取自古字，如敘利亞、巴勒斯坦或利比亞；有些是中世紀時的行省名，如伊拉克或突尼西亞；有些則是全新的創制，如巴基斯坦。阿拉伯和土耳其的國名儘管自古就有，但國名由民眾來決定的方式，卻是引自現代西方。阿拉伯文中本來沒有阿拉伯的國土名稱，卻不得不利用這個慣用語來表示阿拉伯人的國土或半島。至於土耳其的名字，儘管西洋人用了幾百年，卻要等到十二世紀才納入土耳其文，先前是用做朝代名或地名，這時才成為國名。像這種同一名稱在古時用於邦國、省份或首都，或城市名被用在指稱周遭的某國，都是常有的事。十九世紀以前，並沒有哪個主權國是以領土名來界定的。其實，領土的名字被用做國名，在那時是被看成有失尊嚴的。

種族名方面也是如此，儘管程度較小。例如阿拉伯人、波斯人或土耳其人等等的種族，在回教文學中輪廓鮮明，這些族群的成員以語言、文化來界定，而血統有時也是回教徒個體自信的重要部分。不過，這些在政治方面並沒有什麼重要性。回教君主在界定統治權，或定立封號時，用的通常不是民族名，就連種族、語言，或地域，也沒被看成國家身分的天然基礎。

聖戰與戰爭家族

在回教徒的世界觀中，人類基本上劃分成伊斯蘭家族（Dār al-Islām，House of Islam，一譯伊斯蘭之家）和戰爭家族（Dār al-Harb, House of War，一譯戰爭之家）。前者涵蓋了所有遵守回教律法的國家，大致說來就是回教帝國；後者則是除此之外的地方。既然天上只有一位真主，所以地上也只有一位統治者和一套律法（譯註：回教徒稱做教法）。伊斯蘭家族就概念而言是單一的共同體，由單一的國家和領袖所治理。對於領土中願意接受統治的不信道者，國家要予以容忍和保護，不消說，他們得是某個受許可的宗教的信徒，而非崇拜多神的人（譯註：也就是信仰一神的基督教和猶太教徒）。

回教教法畢竟不承認，在回教之外還有什麼永久存在的共同體。回教徒的看法是，所有人終究都會接受回教，或是臣服於回教的統治的。在這期間的奮鬥到底、直至完成，便是回教徒的宗教職責。

回教教法學者稱這種奮鬥為吉哈德（jihād），阿拉伯文的意思是努力、奮鬥，而盡這種職責就叫做 Mujāhid。這個詞在《古蘭經》中出現多次，表示對異教徒（不信道者）發動的戰爭。在回教擴張的前數百年中，這是通常的意思。根據教法（sharī'a），也就是古典教法學者所說的神意法，在伊斯蘭家族與戰爭家族之間的這種戰爭狀態，在宗教與教法上是種義務，只能以全人類的改宗或臣服來了結。所以就教法學說的觀點來看，並無所謂回教國家與非回教國家之間的和約。這種只能以回教的全勝來告終的戰爭，是不會被終結的；只有在不得不休戰的權宜之計下才能被中斷。教法學者認為，這種休戰只能是暫時的。休戰不可以超過十年，且隨時可以由回教徒片面中止，不過根據回教教法，在恢復戰爭前要適時告知對方。

在這相對和平的期間，與異教者的互通往來是禁止的。回教教法在應受法律禁止和道義指責的行動上，有著明確的區別。進到戰爭家族就屬於後者，一般的教法學者公認，回教徒到戰爭家族唯一的合法理由，是贖回戰俘。連通商都不受准許，儘管一些當局允許，在不得已時可以從基督教國取得食物補給①。

休戰和通行證

就像大部分的教法一樣，有關吉哈德的教法也是在回曆頭一個半世紀內形成的。當時阿拉伯軍向著法國、拜占庭、中國和印度挺進，而伊斯蘭最終的全面勝利彷彿不僅是必不可免，且是隨即降臨的。自此之後，各方都出現了合法教條和政治現實之間的落差，但統治者與軍人們予以忽略，教法學者也設法掩飾。在實際上和原理中都存續了一、兩個世紀的伊斯蘭大國，分裂成了諸小國。長久且勢不可擋的吉哈德告一段落，伊斯蘭世界和其他地方之間建立了互相容忍的關係。其他地方雖仍被認定並命名為戰爭家族，但使之臣服的時刻，卻從偉大的歷史時刻，推遲到救世主降臨的時刻。在這期間，穆斯林和非穆斯林邦國之間的邊境，進入了相對穩定的狀況，亦即和平多過爭戰。和平有時會被掠奪所破壞，國界有時會因戰爭而挪移，不過像這種挪移，自收復失土與十字軍東征時期以來，卻可能意味著穆斯林勢力範圍的消長。

這些變化，連同與外部世界的外交和商貿關係的進展，給教法學者帶來新的問題。他們以老練的解釋，在這個（和其他）領域做了回應。聖戰的職責得到了修飾和重新詮釋。要與戰爭家族達到停戰，只能憑藉有期限的休戰，這樣的休戰可以視情況而展期，於是乎就變成了經過合法調整的和平狀態。

有些教法學者甚至還承認，在伊斯蘭家族和戰爭家族之間還有著過渡狀態，亦即停戰或盟約的家族（Dāral-Ṣulḥ, Dāral-`Ahd）。當中有些非穆斯林邦國，與穆斯林邦國成立契約關係，方式是承認穆斯林的宗主權並納貢，而維持各自的政府型態、保有若干自主權。藉由貢品的認定，穆斯林統治者及其教法顧問，就可擴大與非穆斯林邦國盟約（`Ahd）的範圍，涵蓋種種有關政治、軍事和商貿事體的協議。來自戰爭家族的非穆斯林還可以訪問穆斯林邦國，並核發一張通行證，叫做 amān。據教法學者的規定，成年男子穆斯林都可核發 amān 給一人或數人。穆斯林邦國的元首還可核發一份團體 amān 給較大的團體，像是某市的市民、某主權國的臣民，或是某商貿公司。這種核發 amān 的做法，大大推動了在穆斯林和基督宗教國之間商貿與外交關係的拓展，給穆斯林城市中當地歐洲商人族群的興起，提供了合法的準繩。但厚此薄彼的是，到基督宗教歐洲的穆斯林訪問者是沒有 amān 的，僑民就更不用說了。amān

純粹是穆斯林用在和平接觸的合法慣例。然而隨著彼此權勢的消長，這些關係逐漸不再以伊斯蘭教法來調整，而是由歐洲的商貿和外交實踐來主導。

與外教並存的辦法和典故

不管就理念或就教法而言，伊斯蘭家族都是單一的，不論其宗派、地域、民族或是其他出現在穆斯林之間的差異，某種強烈的普遍認同感總是存在，且將繼續存在的。因此，穆斯林也順理成章將戰爭家族視為類似的整體。據說，先知穆罕默德曾經說過：「不信道的人是同一國的。」這句話的內容和屬性都明顯不實，不過卻也顯示了某種普遍態度，反映在穆斯林的著作和實踐中。這種極重大的人類劃分就存在於穆斯林和不信道者之間。如果穆斯林之間的劃分僅屬次要，那麼不信道者之間，尤其是伊斯蘭轄區之外的人之間的劃分，也就更無關緊要了。

話說回來，對於被一概而論的不信道者，穆斯林其實還是承認其中有某些重要區別的。區別之一就是擁有或沒有天啟的宗教之間的區別。對於無神或多神的人，就只能在受死或伊斯蘭教之間抉擇。猶太教徒或基督信徒則被認為，他們擁有的不過是可替代的默示，於是在兩個選擇之外還多了第三個，也就是順服。所謂順服就是納貢和承認穆斯林的宗主權。死刑則可減免成傜役。根據穆斯林的法令，凡順服的人可以獲得邦國的保護。彼此之間的權利義務關係就依據某協定，阿拉伯文叫做 dhimma。受惠於協定的人就叫做協定之民，也就是 ahl al-dhimma 或簡稱為 dhimmīs。這個詞一般是用於猶太人、基督信徒，以及其他成為穆斯林邦國子民的人。服從這種 dhimma，他們就得以信奉自己的宗教，保有自己敬拜的場所而各行其是，只要他們明白承認伊斯蘭的優先地位和穆斯林的宗主權。這種公認表現在遵從神意法加諸在他們身上的種種規定，如穿著的衣服、騎乘的馱獸、攜帶的武器等等事項，大部分這種限制與其說有著具體實際的性質，不如說是種社會象徵。真正加諸在不信道者身上的經濟負擔只有財稅。他們要繳納較多的稅，這稅制承襲自先前的伊朗拜占庭帝國。尤其，凡是非穆斯林的成年男子都要徵收人頭稅，阿拉伯文叫做 jizya。

dhimmi（協定之民，一譯被保護民）一詞只用來表示那些住在穆斯林領土，並接受穆斯林邦國治理的猶太人和基督信徒。在穆斯林領土外的基督信徒，阿拉伯文叫做 ḥarbī，也就是戰爭家族的居民。只要是由戰爭家族來到伊斯蘭家族的訪問者或暫時僑民，只要不違法亂紀就叫做 muista`min，也就是持有 amān 的人。於是在穆斯林世界中的非穆斯林，關於協定之民的訊息是最完整而確切的，而有關來自戰爭家族的居留者的消息，也就是 muista'min，也就較為偏頗而不可靠了。

這樣的分別是很明顯的。前面說過，區別彼此的主要依據是宗教。猶太人和基督信徒就像伊斯蘭本身一樣，被看作宗教——政治族群，只是地位較低。不容諱言，若說將猶太教、基督宗教和伊斯蘭教劃分階級，是要等到伊斯蘭的出現，而且只有穆斯林才有能力識別先前兩種宗教，作為他們的宗教啟示和政治體的型態之確切前身，這種觀念是很成問題的②。不管是早先的基督徒、猶太人或是遠古的任何信仰，都不曾見過這種見解。穆斯林認為，穆罕默德的出現和《古蘭經》的降示，標誌著一系列類似的事件的最終示現，真主的意欲藉此得以顯示給人類。真主派遣過許多先知，預告人類將收到一部天啟的天經。穆罕默德是先知的封印，《古蘭經》是最終、最完全的啟示。先前所有重要的啟示也都蘊含在其中。只要是沒有涵蓋到的，都是由於先前對於降示經文的訛傳或曲解云云。

不管是猶太人或基督信徒，在伊斯蘭來講都不陌生。在伊斯蘭之前的阿拉伯歷史中，這兩種宗教都曾出現過。這皆為穆罕默德所知，也出現在《古蘭經》中和遠古的傳統中。就某種程度來說，伊斯蘭之界定本身，是反對先前的信仰的，即反對猶太教與基督宗教，一如穆罕默德早年發動戰爭之反對阿拉伯的異教信仰。當《古蘭經》（第一一二章）表示「祂是真主，是獨一的主；真主是萬物所仰賴的；祂沒有生產，也沒有被生產；沒有任何物做祂的匹敵」③時，這是在駁斥基督神學。經中（第十六章一一五）指出「你們可以吃真主賞賜你們的合法而佳美的食物，你們應感謝真主的恩惠……」時，這是在摒棄猶太教一些飲食的戒律④。至於區隔和並存的原則，見之於第一〇九章：「你說：『不信道的人們啊！我不崇拜你們所崇拜的，你們也不崇拜我所崇拜的；我不會崇拜你們所崇拜的，你們也不會崇拜我所崇拜的；你們有你們的宗教，我也有我的宗教。』⑤（譯註：宗教一句與現行《古蘭經中文譯解》有出入，現依照英文譯出）這是個新的見解，在基督宗教或猶太教的信仰和實踐中都是未見先例的。

失土之後的去留問題

穆斯林在伊斯蘭大舉征服後發現到，從美索不達米亞到西班牙之間的地帶，他們是以少數統治著絕大多數身為基督信徒的人民。因此他們有很多機會來觀察大半的基督宗教世界，在工作、禮拜和消遣時的狀況。有關基督信徒的信仰和慣例的資訊，在受過教育的穆斯林來說乃屬常識，而穆斯林某些方面的信條和用法，還受到基督宗教範例的影響。少數穆斯林學者會研究起基督教和猶太教的宗教和經典。這有時是為了辯教，這種動機通常只出現在某些新的改宗者，也就是由上述兩宗教皈依伊斯蘭的人身上。有時則是學術研究重於宗教辯護，有關這兩教的經典和信仰的一些討論，是被納入穆斯林為宗教和信條做分類的書中，這樣的文獻和主題，似乎是到了中世紀時的伊斯蘭才得以出現。

生活在伊斯蘭治下的基督信徒和猶太人，逐漸以阿拉伯語取代原先的語彙，開始產生自己以阿拉伯文寫出的文學，其中包括了經典的翻譯。這些譯述雖然是阿拉伯語，但通常仍是以不同的語文（古敘利亞文給基督信徒，希伯來文給猶太人）使得穆斯林讀者無從接近。然而即使這些譯述是以阿拉伯文寫就，似乎也只能稍稍引起穆斯林學者的注意。大致說來，學者們對基督信徒和猶太人是有著某程度的寬容，卻並沒有太大的尊重。在深信伊斯蘭的完善和穆斯林大國主權的穆斯林看來，他們不過是先前宗教的信徒，被征服的族群的成員，所以只給予少許興趣或價值是理所當然的。

某些類似的想法，也左右了穆斯林在看待疆界外的異教徒時的態度。但在這方面也有其他的想法在起作用。伊斯蘭的帝國和社群，在起初幾個世紀期間主要是向東、西方擴展的。在穆斯林邦國的南北疆，空蕩蕩的歐亞平原與非洲的叢林、沙漠乏人問津，在這些地帶，伊斯蘭的擴張是既晚又慢的。征服和改宗的事業主要針對人口多、回收好的地帶，西向是到達北非之後進入歐洲；東向是跨越伊朗到中亞，並逼近印度和中國。穆斯林在這兩邊都遭遇到難以對付的敵手；在東方首先是波斯的廣大帝國，之後還有驍勇善戰的草原和森林部族，以及印度和中國兩大強國；在西疆的是拜占庭帝國，再過去也還有基督宗教的遼闊疆域。

就穆斯林來看，在對抗基督信徒和在其他伊斯蘭邊疆所進行的戰爭之間，在性質上有著重大差異。面對著草原的和叢林的部族，甚至是對他們所知有限的中國和印度的偉大文化，他們都不覺得有什麼可以取代伊斯蘭的。穆斯林到來、使這些地方的不信道者信奉伊斯蘭，乃是大勢所趨。在此沒有碰到什麼軍事上的重大對手，也沒有宗教的重大替代方案。但在西方的奮鬥卻很不一樣，所對抗的宗教和政治體制，是明白否認了伊斯蘭普世使命的真正根基。穆斯林所懷抱的終將勝利的信念，並沒有使他們忽略，在兩種信仰和社會之間，存在著明顯、廣泛且長久的衝突。在穆斯林的著述之中，基督宗教世界成為名符其實的戰爭家族，而反基督宗教的戰爭則是吉哈德的真正模式和典型。

在十一到十五世紀期間，伊斯蘭敗退，基督信徒收復了義大利、葡萄牙和西班牙的失土，大批落地生根的穆斯林人口，歸入基督信徒的統轄。在所有這些國家收復之後，總有基督宗教統治者，大力使其穆斯林子民改宗或驅逐（通常是在容忍了一段時期之後）。就長期來看，他們這些措施是成功的。

大致說來，基督信徒之不樂於容忍穆斯林人民，正對上穆斯林不甘受基督徒的領導。穆斯林教法學者多半認為，穆斯林是不肯在非穆斯林政府下生活的。住在異教徒國度的異教徒若要改宗伊斯蘭，他就應該離開家鄉，移居到有穆斯林及其教法所治理的邦國。這條信條的經典性佐證，就是先知穆罕默德帶領教眾從麥加大舉遷徒（hijra，譯註：回教徒所謂的希吉拉）到麥地那（Medina），這個史實所標誌的，就是穆斯林國家的發祥和穆斯林時代的開端。先知帶領到哪裡，大家當然就追隨到底。

穆斯林失地給基督宗教征服者之後，新的迫切問題產生了。首先面對問題的是馬立克教法學派（Mālikī school），這學派盛行於北非和穆斯林的西班牙與西西里。該派的教法學者在探討這些失地的正當性問題時，尚有所分歧。有些人主張，如果基督宗教統治者允許人民自由奉行穆斯林的宗教，並按照神意法的規範來生活的話，穆斯林是可以居留下來的。有些人則更進一步許可，穆斯林的人民在面對不寬容的異教統治者時，隱藏自己的宗教來謀求生存。不過主導的看法是，穆斯林應該效法麥加的先民，來一場遷徙到伊斯蘭的希吉拉，人數多多益善。其中經典的說法來自摩洛哥教法學者旺夏里西（al-Wansharīsī）：穆斯林與其受異教徒統治，不如全數遷移。假使異教徒有所寬容，那麼遷徙就更刻不容緩，因為這更增加了穆斯林叛教的風險。旺夏里西表示，就算是穆斯林的專制，也好過基督徒的公義⑥。

初期穆斯林看歐洲民族

不過一般來講，所謂的基督宗教的公義並不存在。但也有少數例外。在被收復的西西里島，穆斯林在諾曼人頗寬容的統治下待了一段時間，西班牙的一些地方已經被基督信徒收復。不過這些人的去留，有賴於南部穆斯林邦國的存續，而這又取決於其與北部的基督信徒彼此的容忍。在基督信徒於一四九二年贏得最後勝利之後，這樣的容忍就不再必要，驅逐令很快就下下來了。

在東歐，隨著俄國征服黑海，北部和東部的穆斯林邦國，以及鄰近鄂圖曼在巴爾幹的失守，問題就再度出現。又有新的穆斯林社群納入基督宗教的統治，其中有些社群也給出同樣的回應——遷徙。但來到歐洲帝國主義的擴張時代，這就不再算是解決辦法了。隨著俄國、英國、法國和荷蘭強國的崛起，基督宗教的勢力還延伸到伊斯蘭世界的各個重鎮，這裡的大批穆斯林人口，不得已只能留在原地，接受異教徒的治理。

儘管基督宗教對穆斯林有著某種重要性，他們卻顯然興趣缺缺。理所當然，他們懂得最多的部分，就是希臘正教的拜占庭帝國。在穆斯林的史料中，這個帝國就是所謂的 Rūm 國，也就是穆斯林國的頭號大敵。它在伊斯蘭的戰爭史中常被提及，而它的行省，尤其是邊疆的行省，在穆斯林的史、地著作中也有詳細記載。

西元一〇六八年，也就是（英國）黑斯廷斯（Hastings，譯註：一〇六六年，諾曼第公爵威廉與英格蘭國王哈羅德二世之間發生戰爭，諾曼人確立了對英格蘭的統治地位）戰役之後兩年，十字軍抵達巴勒斯坦前三十年，西班牙托萊多（Toledo）城的穆斯林學者賽義德·伊本·阿赫默德（Sāʿid ibn Aḥmad），以阿拉伯文寫了一本有關民族的書。他在導論中將人類分成兩種族類，一種致力於科學和學術，另一種則不然。在知識進展上做出貢獻的民族有八個——印度、波斯、（巴比倫）迦勒底（Chaldees）、希臘、羅馬（包括拜占庭和東正教）、埃及、阿拉伯（包含一般穆斯林）和猶太等民族。這些民族就成了這本書的主題。至於其他人類，他指出中國人和土耳其人（突厥人）是「未開化民族中最卓越的」，由於擁有其他領域的成就而值得尊重：中國人擁有手工藝、美術的技巧和強韌的性格；土耳其人擁有勇敢、戰爭技術、騎術，以及擅長使用矛、刀和弓。對於其餘人等，賽義德便有所鄙視，粗略分成北方和南方的蠻族。在評價北方蠻族時，他說：

「這類民族沒有在科學上下功夫，與其說是人類，不如說是野獸。他們住在極北的地帶，處在最後（或第七）氣候區，和人居世界的邊緣，相對於天頂的邊界，離陽光非常遙遠，空氣寒冷，天空陰沈。所以這些人種性情冷漠，體液生澀，肚子大，膚色白，頭髮長而軟。所以他們缺乏敏銳的理解力和清晰的知性，受冷漠無情所主導，愚昧而無見識……」⑦

在這樣的評論中，賽義德表露了當時穆斯林學者的普遍觀感。穆斯林國處於世界的中心，從西班牙延伸到北非，再到中東，其中就幾乎涵蓋了古代文明的所有民族和重鎮。在北方，基督宗教的拜占庭帝國所代表的，是根源於文明較早的、有所停滯的階段，而伊斯蘭則是達成這種啟示的最終圓滿型態。在波斯再過去的東方，有著一些達到某種文明的邦國，只不過還是以物配主者（偶像崇拜者）之流。除此之外，在北方和南方的外部世界，只有白皮膚和黑皮膚的蠻族。隨著穆斯林知識的拓展，大家才得以對這些北方蠻族略知一二云云。

3

語文和翻譯

On Language and Translation

回教徒幾種主要的語文

十四世紀，波斯有一部談世界史的著作，作者在說到歐洲時指出：「法蘭克各族（歐洲人）有二十五種方言，各族都聽不懂對方的語言，大家共通的只有曆法、字母和數字。」①這個看法對中世紀回教徒來說是理所當然，他熟悉回教世界中其他兩到三種的共通語言，這些不僅用於窄小的官吏階層（如西歐的拉丁文），而且還是共同溝通的有效工具，取代了地方的語言，甚至最低層級的方言。

回教徒之間，起初只通用一種語文，也就是阿拉伯語文，這是《古蘭經》和阿拉伯征服者的語文。在回教各國政府、商貿和文化中，阿拉伯語文曾經是實地使用的唯一語文，它以驚人的速度取代了先前的文化語言，如拉丁語、希臘語、（埃及）科普特語（Coptic）、古敘利亞語和波斯語，所盛行的地方，後來都合併成伊斯蘭帝國（譯註：譯者譯成「阿拉伯文」時強調文字，譯成「阿拉伯語」時強調口語，譯成「阿拉伯語文」時，涵蓋語言和文字兩者。其他語文以此類推）。

拉丁語和希臘語幾乎銷聲匿跡；科普特語和古敘利亞語後來只留在禮拜儀式中，

而且不再是基督徒少數族群的口頭語言。只有波斯語進到發展的新階段。隨著伊朗的伊斯蘭化，新型態的波斯語形成了，以阿拉伯文書寫，借用了許多阿拉伯字彙，有別於前伊斯蘭時期的波斯語，就像英語有別於盎格魯—撒克遜語一樣。同時，波斯語也成為伊斯蘭世界的第二大語文，廣泛使用在中亞、印度、土耳其，和伊朗。

突厥人（土耳其人）由中亞來到中東，使突厥語（土耳其語）在回教各國建立了千年之久的優勢，成為第三大的伊斯蘭語文。土耳其人在進入伊斯蘭世界之前，收服過好幾種宗教的信徒，擁有過好幾種書寫文字。在大舉變成回教徒時，各種土耳其語也經歷了像波斯語一樣的過程。新的回教土耳其文形成了，以阿拉伯文書寫，借用了大量的阿拉伯語，甚至波斯語的詞彙。後來在南亞、東南亞和黑人非洲，還出現了其他的回教語文。不過在回教的心臟地帶、中亞、東南亞、北非，和歐洲等回教文化的古老重鎮，通行的還是那三種語文，也就是阿拉伯語、波斯語和土耳其語。

不過就一般來講，以阿拉伯人來說，即使是那些受最多教育的，也只懂得阿拉伯文。但受教育的波斯人則懂得阿拉伯文和波斯文。而受教育的土耳其人，更懂得阿拉伯文、波斯文和土耳其文。波斯文成了正統的語文；阿拉伯文成了正統兼天經

（《古蘭經》）的語文，以及不分種族和語言、造就所有受教育的回教徒的重要素養。波斯語和土耳其語都以阿拉伯文書寫，並幾乎只從阿拉伯語文的資源中，汲取知性的和觀念的詞彙。

回教徒的翻譯事業

在宗教和著作之間的交流是全面性的。猶太人使用希伯來文，這不只是為了希伯來語，也為了他們所說的其他語言。基督徒用的是古敘利亞文，也不只是為了古敘利亞語，同時也是為了阿拉伯語。而回教徒使用阿拉伯文，到了排斥其他語文的程度。他們認為要是學了異教徒的文字，就會沾染到所謂的不虔誠，甚至玷污的成分，只有少數回教徒才會設法學習外語。除非是改宗回教的新信徒所帶來的其他語言的知識，否則非回教的語文是乏人問津的。

這和歐洲的狀況截然不同，這裡的許多國家和民族都擁有各自的語文。歐洲人早期就很重視學習自己之外的語文，並備妥合適的工具。在回教世界，文法和辭典編纂長期以來都局限在阿拉伯文，限制於使非阿拉伯人的改宗者，得以讀通天經經典的宗教用途（譯註：天經經典在此指《古蘭經》和有關的回教典籍）。

這種對外語的興趣缺缺，也表現在像回教西班牙的邊疆，在回教徒統治的幾百年間，（中世紀）羅曼方言（**Romance vernacular**）演變成普遍使用的西班牙語，為回教徒、猶太人以及基督徒所通曉。有項慣例可為佐證，回教和猶太詩人都習慣在阿拉伯或希伯來詩各節的結尾，放進羅曼方言的重疊句。這種重疊句叫做**Kharja**，以阿拉伯文或希伯來文書寫，形成早期西班牙語言文學史的重要史料。話說回來，這對於處在該社會中的回教徒，並沒有促成較大的興趣。**Kharja** 最多不過是種時尚的風格，取材自口語的重疊句，或許也用來表現流行的旋律。這使用在某種詩的即興創作，而且僅止於此。當時有某種文學，西班牙阿拉伯文人用來誇示 **al-Andalus**（安達魯西亞，回教西班牙的阿拉伯文稱呼）的榮耀，以抗衡古老的回教中東的優勢。他們大力歌頌著西班牙的美景、各城市的富裕，以及回教人民的成就。至於先前或其他的居民，對他們而言不值一提。在回教徒待在西班牙的整整八個世紀期間，只留下一份史料，表示過對某一種歐語的幾分興趣。這是相當晚期的殘篇，只有一頁的篇幅，有著一些德國文字和對應的阿拉伯同義詞②。回教西班牙出過許多學者和語言學家，其中只有一位據說對陌生的語言感到興趣，他是格拉納達的阿布・海陽（**Ab** ū Ḥayyān），歸真於一三四四年。他還學了土耳其語和古衣索匹亞語。

但這並不是說，在中世紀回教，沒有人知道翻譯的藝術。正好相反，在近代之前，譯入和譯出阿拉伯文的翻譯活動，可能還多過其他語言。宗教、法律以及（後來）其他典籍，譯成波斯文、土耳其文和其他回教語文，作為信徒的指導；科學和哲學的著作譯成希伯來文和拉丁文，提供給猶太人和基督徒，同時也可提供西洋世界來取得③。

有著更直接關係的，是將早期的典籍譯成阿拉伯文。根據阿拉伯傳統的說法，這場運動始於西元七、八世紀之際，伍麥葉（Umayyad）王室家族的一位親王，安排了古希臘煉金術著作的翻譯。最早的譯事似乎都是私人用途，存留下來的極少。選擇的標準取決於實用的考量，並集中在兩個領域，也就是醫藥和煉金術。有些宗教的譯述也在普及，因為懂得猶太人和基督徒的宗教，有助於深入了解《古蘭經》。

八世紀中期，阿拔斯（Abbasid）哈里發接替了伍麥葉王朝，翻譯成了大規模的事業。從敘利亞遷都到伊拉克之後，中東的影響力加強，地中海的影響減弱。有些以統治術和宮廷禮儀為主題的著作，由中古波斯文譯成阿拉伯文；還有數學方面的著作，從印度文譯過來。不過大批的譯本都是源於希臘文，有的直接譯自希臘原文，不然就是間接透過古敘利亞文譯本。譯者清一色都是非回教徒或新進的改宗者。其中大部分是基督徒，少數是猶太人，其他才是薩比（一神教）社群（Sabian community）的成員。

翻譯與否的取捨標準是教育性，譯自希臘文的阿拉伯文譯本首重兩個領域——哲學和科學。哲學的譯本，包含了柏拉圖和亞里斯多德的古典哲學作品，還有許多古代哲學家，包括新柏拉圖派、諾替斯教徒和煉金術士的著作。此外，還有醫學、占星學和天文學、煉金術和化學、物理和數學等。另外，還有若干技術文獻，尤其是有關農業的著作。十世紀時，有兩篇這方面的論文得到譯介，一篇根據（閃族語系中的）阿拉米文（Aramaic），一篇是希臘文。

翻譯希臘文時的重點領域

當回教徒來到地中海東岸的邦國時，這裡已經以基督徒居多，回教徒所能接觸到的希臘文化的遺產，也已經過東方基督教會的篩選。譯本的解說，不消說有部分是回教徒所做的，一部分則是由他們找來的譯者，做的也就是有關希臘原文翻譯的部分。話說回來，他們的解說是部分而不是全部。有些受東方基督教教徒重視的著述，卻被回教徒丟到一旁；也有一些被他們教會所忽略的東西，卻直接從古代的原文，或透過拜占庭的古典學者而再度問世。

選書的標準在於有用與否，不過，從占星學到天文學，從煉金術到化學，這種過程顯示出，這可能促成較為客觀的科學上的好奇心，這個標準不僅用在科學，還用在哲學。就狹義的功利主義觀點來看，所謂的有用程度是難以理解的。它所涵蓋的作品，用意是在使人達到回教哲學家所謂的sa`āda，也就是中庸，對應於希臘人所謂的身心和諧（eudaimonia）觀。也就是說，儘管哲學是以抽象的術語談論抽象的概念，但它的論證卻是意在追求某種特定的成果，既重精神也重物質。若說科學所關心的，是人在此世的健康快樂，哲學就是幫他為來世的這些事做準備。所以說哲學原文的翻譯和研究，主要還是種宗教活動，而希臘人的思想，給回教的神學帶來很大的影響。

不過希臘的詩歌、戲劇或歷史，卻看不到有人翻譯。文學是同時取決於個人和文化的體會。欣賞異國的美學是很難的，文學翻譯在以往非常稀少，只有在有密切的文化共生的地方才會出現。由希臘文譯成拉丁文、由阿拉伯文譯成波斯文，或由中文譯成日文的譯本是有的。在缺乏這種聯繫的地方，那種科學甚至哲學的翻譯或許會有，但文學卻幾乎沒有。跨越文明藩籬的詩歌之譯介，始於近現代的歐洲。中世紀的回教徒認為，異國、異教社會的文學，是既無法訴諸美感的訴求，也提供不了道德的指導。那些相距遙遠的民族，缺乏先知和天經經典，他們的歷史不過是一系列的事件，缺乏目的和意義。回教徒認為，文學不過就是詩歌，和對自身豐富的文化傳統的誇示。歷史是真主意欲的體現，顯示在回教社群的成員和生活中。回教之前歷史的重要性，在於它預示了回教的啟示，促成了回教社群的出現。要到文藝復興時期及之後的歐洲，人類社會才首度發展出洗鍊、曠達的素養，尤其是懂得研究與欣賞異國、甚至敵國社會的典章制度之素養。

還有兩種著作，價值較有限，翻譯數量也相對較少——地理和政治。回教徒要從希臘人地理方面的譯本，才能獲得首批有關所處世界地理輪廓的資訊；他們透過希臘人的政治著作，才得知國家的性質、統治者與受治者之間的關係等等的基本概念。但希臘的政治思想影響有限，這方面的回教徒文人也處在主流的邊緣，居於主導地位的，還是《古蘭經》和初期回教徒的傳統。

不知有拉丁文的存在

後來到了十世紀，翻譯出的資料已相當齊全，希臘著作的翻譯運動就此告一段落。當中還有不少因素。原因當然不在於缺乏資料，因為可以取得和未被翻譯的還有許多。拜占庭帝國還擁有希臘文獻的龐大典藏，回教國家也知道此事。根據記載，回教統治者還派遣過特使，到拜占庭蒐集需要翻譯的希臘典籍。譯事的停頓也不能歸因於譯員的不足，基督徒少數族群的阿拉伯化，當然也加大了招攬精通希臘文的學者之困難。但在基督教的族群中，仍有若干譯者和譯事，基於本身的需求而持續進行著。不過，這些已經進不了阿拉伯文化的共同典藏，自此之後，這個文化對這類的外部影響便開始有所抗拒。

所翻譯的希臘典籍，範圍頗為廣泛，足以使回教徒讀者得其梗概，包括了古希臘哲學、醫學和科學，以及後期希臘文化的反省、批評。相對於這樣的大規模，在這段期間內譯自拉丁文的卻只有一本書。這是（西班牙神學家）奧羅修斯（Orosius）的編年史，乃是回教徒少見的拉丁文史學撰作。其中有關羅馬歷史的簡要評述被譯為西班牙文，後來成為回教徒學者談論這段歷史的依據④。

對古羅馬的興趣如果不大，對中世紀歐洲和語言的興趣也就更小了。西元九〇六年，一位義大利大使來到巴格達，帶來一封可能是拉丁文的國書，卻很難找到人來讀它。根據當時一位阿拉伯人的記載：

「內容寫在一塊白綢上，字跡像是希臘文，但比較窄……總管吩咐找人來翻譯這封信，宦官畢歇（Bishr）在布莊找到一個法蘭克人，他讀得懂他們的文字。宦官帶他進宮，在哈里發面前讀出這封信，事後並譯成希臘文。之後（大科學譯者之一）伊夏克・伊本・胡奈恩（Isḥāq ibn Ḥunayn）奉命再將它譯成阿拉伯文。」⑤

這件事清楚說明了，巴格達的官宦們對拉丁西方，感到何等的遙遠和陌生。同一世紀後期，阿拉伯大學者伊本・納迪姆（Ibn al-Nadīm）編了一部圖書目錄，包含了「阿拉伯與非阿拉伯人」的學術資料，列出了十六種語文，其中一些還有大篇幅的探討。其中只有三種（除開一筆帶過的俄羅斯文不談），稱得上是歐洲語文。第一種是希臘文，他在這方面有很多資訊。第二種是「（義大利）倫巴底人（Lombards）和撒克遜人的文字，這是位於羅馬和法蘭克之間的民族，鄰近安達魯西亞的統治者。這種文字有二十二個字母。它稱作「使徒文字」（原註：這個詞被轉成阿拉伯文），開始由左至右書寫……」。第三種是法蘭克文，納迪姆所知道的，就是上述九〇六年的有關報導，拉丁文連名稱都沒有提到；而所謂「倫巴底－撒克遜」文，可能是受到撒克遜大帝奧圖（Otto）進軍義大利之後的遠距影響⑥。

溝通管道和通譯員

儘管穆斯林世界排斥非穆斯林語文的研究，對這些外語的著作也興趣缺缺，但為了種種非文化的需要，穆斯林還是得和西洋人互通往來。早在十字軍東征之前，伊斯蘭和西方基督宗教之間的通商，就已經跨越了地中海，東征之後更是有增無減。在歐洲商人和打交道的中東買主、賣主或中間商之間，想必有過幾種交涉方式。外交活動也促成了對話、信件、文書的若干交流。不過要到十八世紀末，穆斯林世界才採納了歐洲人的慣例，以常駐使節來維持長久的外交關係。但外交方面的某種接觸，則是很早就已經存在。

十八世紀期間，在貿易和外交之外，還多了第三條重要的溝通管道——軍事訓練，也就是陸軍和海軍。為了鄂圖曼陸、海軍的現代化，引進了歐洲的軍事教官，在土耳其軍事院校任教，有時甚至還在土耳其軍方任職，所以需要有某種共通的語言。

種種活動都需要口、筆譯員，充任交涉雙方的中間人，大家都要設法學會對方的語言。不過真正花下功夫的，是歐洲人而不是穆斯林。先是西班牙，再來是義大利，後來則是偏北歐的國家，都有這類的歐洲人，因為生活環境或職場的關係，得以置身在阿拉伯語或土耳其語的環境，學到夠用的口語知識。相對於有越來越多歐洲商人僑居在穆斯林的城市，主動留在歐洲的穆斯林僑民卻很少，所以說，穆斯林少有機會和意願來學習任何一種歐語。

鄂圖曼帝國臨歐洲的邊境，大概是多國語言活動最頻繁的地方。若干官方史指出，十六、十七世紀戰爭期間，通譯員具有詢問、交涉乃至談判的功能，他們用的可能是地方語言。就為了各種緣由來到伊斯坦堡的許多巴爾幹基督信徒和穆斯林而言，是當然懂得這些語言的，而鄂圖曼—土耳其語，尤其在財政與官僚用語方面，吸收了很多巴爾幹，乃至匈牙利人的語源。但就土耳其對西方的觀感而言，這些事情的影響小之又小。

就我們所知，為穆斯林服務的通譯員，有的是改宗者，也就是西方基督信徒定居在穆斯林國家，並皈依伊斯蘭的人。有些則是dhimmis（協定之民），也就是穆斯林國家中的非穆斯林人民。其中同時包括了基督信徒和猶太人，鄂圖曼時代的這種猶太人，往往是來自歐洲的新移民，所以擁有不少有關歐洲語言和狀況的實用知識。

我們很少聽說，有土生土長的穆斯林通譯員，這種人學外語，可說是純屬偶然。有個例子，他叫做奧斯曼．阿嘉（Osman Aga），來自鄂圖曼匈牙利的蒂米什瓦拉（Temesvar），為土耳其騎兵團的軍官，在奧國做了十一年的戰犯，這使他得以精通日耳曼語。他在自傳中表示，他還懂得塞爾維亞語和匈牙利語，並將一些例子譯成土耳其—阿拉伯文作為證明。在脫困之後，他擔任蒂米什瓦拉帕夏（Pasha，即大臣或大人）的通譯官，在哈布斯堡與鄂圖曼帝國之間的中歐邊境，和對方同業打交道⑦。

穆斯林通譯的由來和地位

除開邊境外交不談，通譯員也可在貿易界任職，鄂圖曼的（利比亞）的黎波里的稅務登記中，甚至還有「通譯稅」（Terjumāniyya）⑧。這個字的字根 Tarjumān，意思就是口、筆譯員。西方所說的 Dragoman，一般就是指這種通譯員，也就是源自這個阿拉伯字根。

其中最重要的通譯，當然就是在穆斯林國裡擔任官吏的人。中世紀時的埃及馬木路克（Mamluk）蘇丹和其他穆斯林統治者，他們的通譯官就鮮為人知，不過有證據顯示，他們大部分都是來自歐洲的改宗者。較有意思的例子是塔格里·貝爾第（Taghri Berdi），他先是當通譯官，後來成為馬木路克蘇丹派駐威尼斯的大使，時間是從一五〇六年開始。他的名字是土耳其文，意思是「真主降賜」。他的姓氏是伊本·阿布達拉（ibn `Abdallah），這是改宗伊斯蘭時的常見方式，若是沿用本家的姓氏，會與穆斯林的命名方式格格不入。

雖然不清楚貝爾第先前的宗教和國籍，但他確實有歐洲血統。當時有些作者說他之前是基督徒，有些說是猶太人。一位寫遊記的基督徒說他是猶太血統，之後改宗基督教，然後又改宗伊斯蘭教。一位遊歷埃及的義大利猶太人沃爾泰拉（Meshullam da Volterra）指出，貝爾第是猶太人，但卻是「在基督徒中做基督徒，在猶太人中就做猶太人」。一般公認他出生在西班牙，不過也有說他生在西西里島⑨。

鄂圖曼早期有位通譯官，我們大概知道他是匈牙利人，改宗伊斯蘭後叫做穆拉德（Murad）。在他十七歲時，也就是一五二六年，在莫哈奇（Mohacs）會戰中遭土耳其人俘虜。他大概受過很好的拉丁文教育，才得以在土耳其政府中擔任通譯。他為了新的宗教，以土耳其文寫了篇宣教論文，後來又以拉丁文撰寫，並在一五五九到六〇年間，應威尼斯派遣到伊斯坦堡的公使的要求，以土耳其文翻譯了西塞羅的《論老年》（*De Senectute*），呈獻給蘇萊曼（Süleyman the Magnificent）蘇丹。後來的消息是，他因為長期酗酒而遭到官方免職。他迫於缺錢，接受某歐洲人士的委託，將節錄過的土耳其文鄂圖曼史譯成拉丁文⑩。

在鄂圖曼政府中，就辦理外交事務的機制而言，通譯人員的職務是很重要的。通譯是祕書長（Reis ül-Küttab 或 Reis Efendi）的成員，直屬宰相的管轄，負責與國外政府交涉。從十六世紀之後，就有完整的通譯人員名單。早期登載的都是改宗者，並以歐洲人居多。其中包括了波蘭人、奧國人、匈牙利人和希臘人。這個職掌在十七世紀隸屬於譯員總領（grand dragoman, Terjüman-başi）名下，後來升格為部門，並長期專屬於住在伊斯坦堡法納爾（Phanar）區的某一希臘家族，這個家族並沒有皈依伊斯蘭教，但這項職權就像蘇丹底下的其他職權一樣，在鄂圖曼體制中逐漸擴大權勢。十八世紀末，鄂圖曼有了常駐在歐洲各首都的大使館，並逐漸擴大活動範圍，這些大使其實都各有一名鄂圖曼的希臘通譯官陪同，處理大使館的重要事務，並向伊斯坦堡的譯員總領彙報。

其他的伊斯蘭國就比較隨意，他們似乎很依賴非穆斯林，有時甚至還不是自己的人民。所以在十七世紀末，派駐西班牙的摩洛哥大使，就用了位操阿拉伯語的敘利亞基督徒，他是西班牙政府的通譯。直到十九世紀初，波斯派遣到歐洲的和平公使，還帶了位基督徒，據說他是來自伊朗的亞美尼亞人，是公使對外的唯一聯繫。

學者對歐語的認識

歐洲人的興趣，並沒有局限在通商和外交的實際需求，而一般的通譯也不盡然能滿足需求。有系統地研究阿拉伯文和籌備相關的學問工具，這些活動開始得很早。第一部拉丁文—阿拉伯文小字典，完成於十二世紀。到了十三世紀，有不少歐洲學者投入阿拉伯文的研究，甚至設法將部分的《古蘭經》經文譯成拉丁文。之後就有其他大、小辭典的問世，一五三八年時，還出現了第一篇講阿拉伯文文法的拉丁文論文。

這段十六、十七世紀知識大拓展期間，成為歐洲各大學大力研究阿拉伯文的起點。同時也出現了供波斯人和土耳其人使用的文法書和辭典，以及考據經典原文的校訂版本。這些活動的用意，一部分在於一般使用，也就是配合通商、外交的需求，一部分則是學術性，以滿足文藝復興以來知識份子無止境的求知慾。其中的代表人物是貝德威爾（William Bedwell，一五六一—一六三二），他是第一位精通阿拉伯語文的英國大學者。在一篇談學習阿拉伯語文的重要性的文章中，他表示阿拉伯語文是「唯一的宗教語文，從幸福島（Fortunate Isles，譯註：西洋傳說中的極樂島）到中國海的通商、外交之首要語文」，還詳盡說明阿拉伯語文在文學和科學上的價值。

雖說歐洲各大學設立了不少阿拉伯語文的教席，這方面的學術著作也有所增長，但就西方在中東的外交和通商而言，這些學者的產品仍供不應求。西洋強國長久以來靠的是，請在地的基督信徒充當通譯，並延攬到領事館和大使館。十八世紀，法國人採用了新辦法，亦即提早選出法國年輕人，來教他們相關的語言。派遣到黎凡特的法國通譯，就是採用這個訓練方法，持續了一個多世紀，因此法國政府就有了儲備人員。他們一方面是訓練有素的法國都會人，另一方面也熟悉中東的知識，及其實用和學術的語文。他們扮演的角色是很重要的，尤其在美國革命與拿破崙戰爭期間。

穆斯林這邊，就沒有那麼大的興趣。儘管有些穆斯林（特別是在北非）精通法語、西班牙語或義大利語，但這只用在實際用途，社會層次大致不高，文化影響小。外語知識的本職學能並不受重視（甚至可能受鄙視），對升官沒有幫助。它可以說是專屬於非穆斯林族群的特種行業，就像某些業種一樣，有著下流社會的污名。商人可能需要跟歐洲人交談，不過他們可以雇用通譯，這些人本身通常是外國人或非穆斯林。船員可能需要跟同事或港務人員交談，不過這只要有所謂的**Lingua franca**，亦即流行於地中海的地方話，也就夠用了。不管怎麼說，鄂圖曼帝國和鄰國的船員，都充當不了文化影響力的管道。

就西方的語文和蘊含其中的文學而言，也看不出穆斯林知識份子有半點興趣。

在十八世紀之前的穆斯林學者中，沒有哪位有心學習西方的語文，更別說是寫文法書、字典之類的語言工具書了。譯本也少得可憐。這些都有著實際的用途，且都是改宗者或非穆斯林所完成的。

在鄂圖曼穆斯林中，對歐洲語文感興趣的，只有位行萬里路的旅遊大文人艾佛利亞·迦勒比（Evliya Çeleb），他提供了一些讀物。在他遊歷到維也納的詳細報導中，艾佛利亞指出，奧國人講兩種語言，也就是匈牙利語和日耳曼語，日耳曼語還較為重要，土耳其文叫做 Nemçe。他指出：「Nemçe 是種相當難學的語言，當中還有不少波斯語」。他認為箇中因素是來自波斯、有著 Manučihr 血緣的「那些人」。可以說，艾佛利亞發現到某些字詞的相似性，例如日耳曼語的 Tochter（意謂女兒）對上波斯語的 dukhtar、Bruder（意謂兄弟）對上 birāder，這是因為這兩種語言有著印歐語系的共同語源。他跟著舉了一些日耳曼語的例子，如轉成土耳其—阿拉伯文的一些祈禱詞，以及一系列數字、文字和簡單的慣用語等等。他還指出，日耳曼人是天主教徒，接受羅馬教皇的指導，但他們的語言卻不同於教皇的講話，而是西班牙話⑪。Nemçe 這個名稱，常被鄂圖曼文人用在奧國和奧國人上頭，原本是斯拉夫語，意思是口齒不清，在斯拉夫人的語言中，多半指的是日耳曼人。艾佛利亞則有不同的解釋：

「Nem 這個字在匈牙利語當中，意思是『我不是』，所以 Nemçe 的意思就是『我不是捷克人，我是日耳曼人』。」[12]他所展示的，不只是日耳曼和祈禱文語彙的語言知識而已。他還提出他所謂猶太語的一些例子，這是從鄂圖曼巴勒斯坦的西班牙系猶太人那裡蒐集的。他大概不知道，那其實是西班牙語[13]。

一般來講，穆斯林世界大概沒有花過功夫了解一下，基督宗教各國的語言有什麼特性，更不用說加以學習了。歐洲的語言種類之多，自然使穆斯林觀察者感到困惑。在艾佛利亞之前幾年，當時的穆斯林大學者阿提布·伽勒比（Kâtib Çelebi），為讀者指出歐洲語言的分佈狀況。他指出，在以前，「這些可惡的人」講的是希臘語，這本來是古代人在用的，現在卻成了學者專家的語言。後來希臘人沒落，拉丁人的語言興起，這個曾經從希臘語演變過來的語言，漸漸受到重視。不過拉丁民族後來也沒落了。這兩種語言還在歐洲的學者之間流傳，最有學問的書都是用這兩種語文寫的。後來各地的人開始使用自己的語言（只有伊斯蘭世界躲過這個趨勢），各種不同的語言開始通行，於是在英國就有三種語言：愛爾蘭語（Hibernia）、英格蘭語和蘇格蘭語。西班牙和葡萄牙也是有不少語言，像法國也是，例如地中海沿岸講的是加斯科內語（Gascon）和普羅旺斯語（Provencal），大西洋沿岸是不列塔尼語，內地卻是法蘭西語。奧國也差不多，大家講捷克語、匈牙利語和奧地利語（Nemçe）。阿提布指出，另外也有像是莫斯科語和荷蘭語等的其他語言。義大利中部講的是瑞士語和義大利語，義大利語通行於義大利，也是土耳其的猶太人用的語言。它又叫做法蘭克語。東歐的人講的，有斯拉夫語、阿爾巴尼亞語、波希尼亞語、希臘語（Rūmī）、保加利亞語和塞爾維亞語。這些語言都相互獨立、各有不同，不只在彼此之間，而且在本身之中也是這樣。最好、最清楚的義大利語叫做托斯卡納語（Tuscan），而威尼斯語則不得好評。在法國，最純正的口語就稱作法語。阿提布還指出，拉丁語仍是教育學術用語，它在基督宗教國中的地位，就好比阿拉伯語在穆斯林中的地位那樣。十七世紀一位摩洛哥大使，也有類似的看法，他指出拉丁語在西班牙教育界的重要性，認為這「相當於古阿拉伯語的詞形和句法的學問」⑭。阿提布就歐洲語言的說法相當專精，但也有幾分愚昧。他聽說過像是不列塔尼語和（西班牙）巴斯克語（Basque）等等的地方語言，卻沒有加以分辨，對法蘭西語和日耳曼語等等的主流語言也是如此。他懂得比艾佛利亞還多，知道土耳其的猶太人所說的口語，並不是「猶太語」，而是某種歐語，但他把這種語言誤認為義大利語，其實那是西班牙語。他對羅曼方言的概念，實在也有點含混。他的資訊很明顯得自歐洲一些旅行者。在說到這些野蠻的、不重要的語言時，他的口吻，顯然就像後來歐洲探險家在提到非洲土著的方言時那樣的不屑⑮。

歐語的普及層面

話說回來，還是有些穆斯林花下功夫學了某種歐語，到了鄂圖曼後期，人數開始增加。其中提供機會和誘因的，有十八世紀初的引進印刷術，鄂圖曼政府用歐洲人當教官，以及用在後來其他穆斯林的軍事院校等等。

穆斯林肯學哪幾種語言呢？這方面最早的史料，應該是出自十字軍的德國史家阿諾德（Arnold of Lübeck），他轉述了一一七五年被派到敘利亞和巴勒斯坦的德國特使的話。他在談到（中東）神祕的暗殺派時指出，暗殺隊隊長將一些小孩養大，訓練他們勝任這種恐怖任務。此外，「還教他們說好幾種語言，例如拉丁語、希臘語、羅馬語、阿拉伯語和其他各種語言」⑯。羅馬語指的，大概是十字軍軍中所用的羅曼方言。有關暗殺訓練的說法，可能有點誇大，但至少點出了，哪幾種語言被看作是有用的。中世紀有少數證據顯示，穆斯林所謂有用的外語，指的大概是新的改宗者的母語。

要等到鄂圖曼時代，才有一些較為確實的資訊。根據當時一位參見穆罕默德二世（Mehmed II）的威尼斯人的說法，這位打下君士坦丁堡的領袖，會講希臘語、斯拉夫語以及突厥語。據說他還招待過義大利的人文學者，對他們的著作表示興趣，還被為他作傳的希臘文人稱作希臘迷。蘇丹是不太可能懂得什麼非伊斯蘭的語言的，但鄂圖曼時代早期確實通行過希臘語，而新的官吏和改宗者之間，也流行過斯拉夫語，這些人都是鄂圖曼政權的幹部。當時法院甚至還有希臘文的官防，尊稱這位蘇丹為 O Megas Authentes，亦即偉大的君王⑰。義大利文的封號 il Gran Signor 和突厥（土耳其）文的 efendi，大概就是從這個字演變出來的。各種義大利語，包括被鄙視的地中海地方話 Lingua franca，通行於地中海中、東部，很可能突厥水手（當中許多人有著當地或基督徒的血統）至少都能用做職場語言⑱。

到了十六世紀，突厥水手的用語，已經借用了許多義大利語，有的則間接透過希臘語。其中包括了像是代表船長的 kapudan，所以鄂圖曼艦隊的海軍元帥，就叫做 Kapudan Pasha；地中海常見的語詞 lostromo 或 nostromo 表示水手長，可能源自西班牙或葡萄牙划槳櫓工的行話；還有 fortuna 一詞，後來在突厥語就表示海上風暴；突厥水

手的用語 **mangia**，明顯源自義大利語，表示吃的東西（相當於英語的 **grub** 或美語的 **chow**）。水手的這種轉借字，大都源自義大利語，尤其是威尼斯語，但也有些是西班牙語、加泰隆尼亞語（**Catalan**），甚或葡萄牙語。口頭突厥語中這種轉借字和（尤其是）所有與海有關的，如造船、航海、漁撈等語言的數量，證實了西洋的某些影響。顯而易見，直到近現代，土耳其語在一些領域大量借用了西洋的詞語，但在阿拉伯語或波斯語方面，卻不見這種現象。

義大利語曾是突厥人最熟悉的歐語，直到十九世紀，突厥語中的轉借字還是以義大利語居多。這些詞語包括了政治、機械和服裝的用語，以稱呼大衣外套、五金用品和採自歐洲的成規、慣例⑲。只要是涉及突厥和歐洲兩造的文件，都是用拉丁文寫的，當時這是外交上正規合法的歐語。因此，一六九九年的卡爾洛維茨（**Carlowitz**）和約，與一七一八年的帕薩羅維茨（**Passarowitz**）和約，是用（不消說）拉丁文和突厥文寫的。不過後來在十八世紀的條約，就以義大利文為主，例如一七七四年的凱納甲湖（**Küçük Kaynarca**）條約。（譯註：此約是鄂圖曼敗給俄國後簽訂的；前述兩約，是鄂圖曼敗給奧國後簽訂的）

法語的盛行

到了十八世紀，才有突厥的外交官開始講法語。這個人叫做賽義德額芬迪（Said Efendi），他在一七二一年跟著擔任大使的父親來到巴黎，後來他自己也出了數次外交任務，當時的鄂圖曼史家形容他「通曉拉丁文」。說到十八世紀的鄂圖曼官吏，竟然會花下功夫習得一種異教徒的古語，可真是難以置信。當時有法國人指出，這位外交官「法語講得像母語一樣流利」，這一點史家也略有提及⑳。直到那時，鄂圖曼人對歐語分佈的概念還是相當模糊的。

法語開始流行的時間，大概是十八世紀時軍事院校招募操法語的教官；十八世紀末、十九世紀初期間，隨著法國人干預帝國的內政，法語的地位也日漸鞏固。十九世紀時，奧國和俄國的影響力，也促成了法語的盛行。不管是俄國人的外交往來，或是奧國外交部門與君士坦丁堡的大使館之間的通信，用的多半是法文。自十九世紀以降，在突厥文借用歐語語源方面，法文開始超越義大利文。譬如 senato 和 parlemento 兩個現代土耳其詞彙，顯然就是早期借自義大利文的型態。在相當早期的階段，土耳其人就聽說過，遠方的歐洲有過元老院（senates）和議會（parliaments）。後來在知道有元老院議員（senators）之後，就有所謂senatör的突厥字。有的義大利語源字，後來就被法語同義詞代換。例如在突厥浪漫小說中的女主角，起初稱作 roba di camera，後來就改換成 roba di chambre。英文就來得較晚了。一八〇九年，駐君士坦丁堡的英國大使，向外交大臣甘寧（Canning）說明，為何突厥人簽條約時要用法文：「儘管在君士坦丁堡已經開始進入談判，我在高門還是找不到精通英文的通譯，將突厥特使簽署的文件轉成所需的英文。」㉑直到運動、科技和航空旅遊的時代來臨時，英文才發揮影響力。

北非國家也有類似的變遷。義大利語（和西班牙語）起初都是最普遍、常用的歐語，後來也都被法語替代。至於在伊朗和印度，義大利語的衝擊不大。葡萄牙語似乎也未留下太大印象，在多數波斯和印度的穆斯林看來，歐語主要是英語和法語。所謂法語的優勢，可見之於波斯人給美國的稱呼——Etāz Ūnī。

銳意改革的蘇丹和帕夏們成立了西式的軍校，並同時為當代的外交事務培訓了年輕的官吏，為穆斯林社會注入了新的要素——於是乎出現了一批年輕的文武官員，熟悉一種歐語（通常是法語），為了本職學能，懂得了一部分的西方文明，並學會尊重西方專家之基督信徒，作為學習改進的對象。有一段公佈於一八〇三年（伊斯坦堡）于斯屈達爾（Üsküdar，即 Scutari）的文字（可能源自政府一位希臘通譯官的作品），據說是出自鄂圖曼政府一位年輕工程師之口：

「懂得了歐洲科學的不可思議之後，我便有心開始亦步亦趨。我分秒必爭、用心學習法語，以求日後精通科學家的知識……想到自己能得到科學和藝術的啓發，祖國能有所進步，我就陶醉不已。」㉒

西化時歐語的重要性

從原先鄙視為異教徒的野蠻土話，到推崇為獲取較高知識和技術的工具，箇中的轉變實屬不易。直到十九世紀初期，鄂圖曼政府還十分仰賴希臘人的歐語能力，因此也相當仰賴他們有關當前歐洲事務的資訊。一八二一年希臘的崛起，使得希臘人與突厥人發生戰爭，凸顯了這種不利於蘇丹官方的情勢，官方認為（也許是錯認），希臘人譯員總領阿里斯塔奇（Stavraki Aristarchi）嫌疑重大，於是處以絞刑，並派任一位穆斯林接替職位。

實行總比談論來得難。十八世紀末、十九世紀初的改革，曾出現過一些精通歐語的突厥人，但現在大都歸真了，活下來的人，有的退隱，有的能力大失。當時的突厥史家指出，在譯員總領的衙門裡，堆了兩三個禮拜的希臘文或「法蘭克文」的公文。蘇丹為了應急，找了另一個（唯一）用到外語的單位——軍校，當時軍事工程學院的一位教官葉赫亞額芬迪（Yahya Efendi），奉命調派到通譯單位。當時的史家夏尼查德（Şanizade）指出這種決策的重要性：這是史上首度重視翻譯的職務，並將之交給穆斯林，來行使外交關係，因此也使得這項通曉外語的職務，成為在穆斯林之間受人尊重的職業㉓。葉赫亞本身也是改宗伊斯蘭的人，其來歷也是眾說紛紜，有保加利亞裔、希臘裔或猶太裔等等。他開創了通譯人員的時代，本身也是十九世紀時突厥舉足輕重的大使。在他歸真之後（一八二三或二四年），由當初同校的教官霍加．易司哈格（Hoja Ishak）接替，他是猶太裔改宗者，擔任大使職務到一八三〇年，之後才回到教職㉔。

像這樣仰賴新的穆斯林，正反映當時仍有不少困難和阻力。一八三八年，有志於改革的馬哈茂德二世，在醫學院的開幕式致詞中，還得為課程中有法文，向學生們做說明：

「你們將以法文來學習科學的醫學……用法文來學的用意，並不在於用法國的語言來教育你們；而是要教會你們科學的醫學，並一點一滴帶入吾國的語言……所以請好好地向師長學得醫學知識，並設法讓它逐漸化成突厥文，在吾國的語言中流通……」㉕

蘇丹的這段致詞，顯示了西化過程中的一個核心問題。就連到了發表致詞的一八三八年，精通歐語的突厥人人數仍然少得可憐。至於學校的教學過程和部隊中的技術顧問，更是不得不憑藉通譯。當時仍有很多譯員都是國外的基督信徒，這些人的存在與其說是減輕了障礙，不如說是加強了障礙。接受歐洲人的指導或指揮，這實在很難堪。如果這還要透過希臘人或亞美尼亞人居間翻譯，而他們的舉止和口音又得不到突厥聽眾的尊重時，就更糟糕了。

基於這種理由，穆斯林學生不得不學習外語。目的是在求得有用的知識——醫學、技術、科學和軍事，不過最多也就這些了。

但這也很難一概而論。軍校生和後來的學院生學了法語，也就習於尊重法國人以及其他教員。到了十九世紀中葉，對於有志於擔任公職的年輕穆斯林而言，歐語知識已是項重要的工具，而翻譯機構則成為進入軍隊和宮廷、以獲取榮華富貴的康莊大道。

4

媒介及中間人

Media and Intermediaries

回教徒去到歐洲的種種限制

回教徒算是歐洲人的鄰居，分享（或分佔）地中海及其他各地。回教的古國大多一直都是羅馬帝國的一部分，那裡的人們就跟歐洲人一樣，知道有希臘—羅馬和猶太—基督教的悠久遺產，並看作是遙遠的古蹟①。在文化、種族甚至宗教上，他們跟基督教歐洲各國所擁有的共通點，遠多過較遙遠的亞、非文明，照理說也應有更多的了解。事實上，中世紀時在回教和基督教之間的鐵幕，卻似乎使文化交流降至最低，並大大限制了通商和外交往來。回教世界的內部自有其海、陸的交通路線，因此也就獨立於西方的通道和貢獻。回教徒自豪於本身的文明，自負於自身的優越，盡可以瞧不起那些住在又冷、又糟的土地上異教的北方蠻族。在中世紀地中海各國的回教徒看來，歐洲人，至少是北方和西方的歐洲人，比起印度人、中國人甚至熱帶非洲的原住民，還更像是遙遠而詭異的族類。

回教徒原則上是不許到異教國家的，但卻也難以避免某些交流。十世紀時，回教徒地理學者描述了羅馬，所介紹的旅遊者，僅僅記載著某位猶太人、基督教某僧侶或是某商人，而沒有點出名字。所以大概就是這三種階層，最常通行於基督徒和回教徒之間②。當時，有基督徒和猶太人到耶路撒冷朝聖，基督教的神職人員也有向西來到羅馬的，自從羅馬教廷（Roman Curia）和東方教會的東儀（Uniate）支會建立密切聯繫之後，後者這些神職人員也日漸增多。敢到黑暗的歐洲一探究竟、大膽的回教徒也是有的，但這種探路有時候並不是出於自願。早期最有趣的報導之一，是一名九世紀的阿拉伯戰犯，名叫哈倫·伊本·葉赫亞（Hārūn ibn Yahyā）。他在東方遭俘擄，被押到君士坦丁堡，在這裡待了一段時間後，經陸路到了羅馬③。

到了鄂圖曼時代，遭基督徒俘擄（或至少是有案可查）的回教徒越來越多。鄂圖曼人和東南歐、中歐的敵手之間長達數百年的戰爭，還有柏柏里穆斯林海盜（Barbary Corsairs）和基督徒對手長期在地中海域的衝突，造成彼此都有不少的俘虜。根據史料，常常有回教徒到地中海出任務，在某地談判如何才能釋放那些俘虜。話說從北非或土耳其遣返回來的基督徒，都留下不少資料，談論和當地人打交道的經驗，但是由歐洲遣返的回教徒卻不曾留下任何紀錄。到了十八世紀末，才有兩個有點重要的例外問世。一個是土耳其人卡迪（Kadi，一五九七年四月）。在他前往（地中海）塞普勒斯島赴約的途中，遭到（十字軍）聖約翰騎士團（Knights of St. John）俘擄，在（地中海）馬爾他島關了兩年多。這段經歷的簡短敘述，得自於稀有的手稿④。另一個就是奧斯曼・阿嘉（Osman Aga），他是土耳其（突厥）戰犯，後來成為俄國政府的通譯官。奧斯曼・阿嘉寫了兩本自傳，談到他的受俘經過和後來的經歷，是一七二四年到二五年間寫的。不過，即使再有怎樣的知識性，在國人之間並沒有激起太大興趣，鄂圖曼的學者不曾記載，傳記作家也不曾提過。兩書都只留下親筆手抄本的孤本，一本在倫敦，一本在維也納，在現今的學者發現之前，一直是束諸高閣⑤。由此可知，得到遣返的俘虜的報導，不太可能是新資訊的重要來源。

商人和外交人員大概是最重要的出差族群，這兩塊值得詳加探討。在回教成立的前幾百年間，回教徒拘於法律和傳統，很不情願來到基督徒的歐洲。不過，對於亞、非洲的非回教國家、以及戰爭家族的科技領域，他們的態度就截然不同，只不過仍要遵守一些禁令。話說回來，回教徒到這些地方的情況很普遍，有時甚至形成僑民的社群。我們不難找出其中的因素。例如西歐，沒有什麼豐富的物產，就很不同於亞洲。回教世界從印度、東南亞和中國，進口了各種不同的重要貨品，包括了絲綢、香料、木材、金屬和陶瓷品。非洲有兩種重要商品，那就是黃金和「黑奴」，這些促成了大範圍的貿易網。至於拜占庭帝國由於經濟的同質性，所以回教徒和它之間的通商受到限制，不過，和東北、歐之間，曾經大量進口過毛皮、琥珀和漁貨。回教徒也從歐洲進口奴隸，但主要來自中歐和東歐，規模也遠小於非洲和東亞——一般來講，西歐除了人以外沒有什麼可賣的。中世紀時，回教徒的史料中偶爾提過少許的品項。西歐唯一具有重要性的商品（撇開武器和奴隸不談），就是英吉利羊毛。不然就要等到中世紀末期和近代初期，歐洲世界的發達和新世界的殖民化，西歐才開始出口大宗物資到回教國家。

阻止回教徒到西歐的另一因素，自然就是統治者與民眾極度的不寬容。不管是異教徒所佔領的，或是回教徒所收復的地方，基督徒都遭到強制，而回教徒遲早也會被迫做出選擇：是改宗、放逐或受死。中世紀時，歐洲猶太人的命運，使得非基督教的信徒不願在這裡定居甚至旅遊，所以在基督教的歐洲，沒有回教徒的僑民社群。因此這裡的生活，並不能配合回教徒旅客的特殊需求，像是清真寺、公共澡堂、依回教戒律所宰殺或準備的食物和其他的生活習俗，彼此之間都有所牴觸。

盟友和特使團的故事

說到回教徒厭惡去到異教徒的地方，見於烏沙邁．伊本．蒙奇德（Usāma ibn Munqidh）的生動敘述。他是十二世紀時敘利亞的回教徒，留下過一卷回憶錄。他在敘利亞有位鄰居，是法蘭克騎士，他們兩人共同創辦了「友好同盟會」（bonds of amity and friendship）。當這位騎士要離開敘利亞、回到歐洲之前，他提出建議（顯然出自最大的善意），烏沙邁十四歲的兒子最好跟他一起回到他的國家，「好和騎士們一同生活，培養智慧和騎士精神」。就法蘭克人來說，這個提議起碼也是友情和善意的表示，但烏沙邁卻覺得荒唐之至：「這種刺耳的話，聽來就像是違背了智者的思慮，兒子就算被關進牢裡，也不會比被帶到法蘭克人那裡還要不幸。」他設法婉拒這個提議：「我跟他說：我發誓這句句屬實，使我同意不了的，是他的奶奶愛護他，除非我答應她還會帶兒子回來，不然是不會讓他出遠門的。」他就問我：「令堂還在世嗎？」我回答說：「是的。」他就說：「那就不要違逆她好了。」⑥

在這種環境中，每當有必要為通商或外交走一趟歐洲時，就難怪回教統治者總要指派基督徒或猶太人屬下，讓他們在外地和他教友們的社會保持聯繫，好使行程順暢，達成所交付的任務。歐洲基督徒或猶太人也是基於類似的考量，才來到回教國家的。

法蘭克人的官方史有一段有名的故事，講查理曼大帝和哈倫．拉希德（Hārūn al-Rashīd），在七九七到八〇七年間互換了特使團。根據記載，查理曼分別在七九七年和八〇二年，派遣特使團到哈倫．拉希德那裡，而對方也分別在八〇一年和八〇七年各派一個團過來。此外，據說法蘭克王還在七九九年（以及或許八〇二年）派遣過一個（或兩個）特使團，到耶路撒冷的基督教會總主教那兒，並在七九九年和八〇七年間前後接待了總主教的四個特使團⑦。

曾經有人表示過，質疑這些往來不是真的發生過。就算發生過，這些史實也並沒有重要到引起阿拉伯史家的注意，因為他們都沒有提起過。不過，後來倒是講過西方派遣的某個特使團的事情。這是法蘭克女王貝爾塔（Bertha），在九〇六年派到巴格達的穆克塔菲（al-Muktafī）哈里發的。以下就是阿拉伯史家的記載，講到這個特使團的到來：

「洛泰爾王（Lothair）貝爾塔，獨立的法蘭克的女王，於回曆二九三年（西元九〇六年）透過宦官阿里（'Alī），即齊亞達塔拉·伊本·阿拉布（Ziyādatallāh ibn Aghlab）的屬下，送給穆克塔菲殿下（Billah）一份禮物，其中包括了五十把劍、五十面盾、五十支法蘭克矛、二十件繡金絲的大衣；斯拉夫閹人和女奴各二十位，美麗又體貼；十隻可以摒擋野獸或危害的大狗；獵鷹、獵隼各七隻；配備齊全的一組絲質帳篷；二十件羊毛大衣，內含海中貝殼的原料，隨著每天不同的時刻變換像彩虹般的多種顏色；三隻法蘭克國的珍禽，在發現食物被下毒時會發出異樣的叫聲，並拍動翅膀直到人得知警告；還有串珠，能以無痛方式拔出已經深入骨肉的箭頭或尖刺。宦官阿里將法蘭克女王的禮品和國書呈給穆克塔菲殿下，以及只有殿下才能得知的、不在國書中的口信……口信內容是請求與殿下結親和結盟……」⑧

不管在結盟或結親上，這個特使團並沒有得到太大的回饋。

使節的報導和有關的史料

就我們所知，回教徒這邊最早的外交報告，得自於由西班牙派到偏遠北方的特使團。時間在九世紀初，維京人掠奪了（西班牙）安達魯西亞，並在西歐各處造成殘破與荒廢。接著出現了停戰的協議，維京人派特使到（西班牙）科爾多瓦拜會穆斯林王公阿卜杜勒．拉赫曼二世（`Abd al-Raḥmān II），之後就有回教特使團的回禮。其中的大使，就是（西班牙）哈恩的葉赫亞．伊本．海坎．巴克里（Yaḥya ibn al-Ḥakam al-Bakrī of Jaen），人稱噶札爾（al-Ghazāl），亦即瞪羚，喻其俊美。他把事情經過告訴了一位叫做塔邁姆．伊本．阿凱馬（Tammam ibn `Alqama）的朋友，他的轉述記載在十三世紀初官方史家伊本．迪赫亞（Ibn Diḥya）的紀錄中。特使團可能在八四五年左右，來到維京人在冰島或丹麥的宮廷。目前學界有的贊同這種說法的真實性，有的則認為是虛構。

在噶札爾有關特使團的說法中，關於所訪問的對象講得很少。不過，說到他是怎樣來到維京人的宮廷，以及在有心要他難堪的東道主面前保住自己和回教的顏面，倒是講得不少：

「兩天後，國王宣他們進宮，噶札爾表示，他不願跟著行跪拜禮，他們一行人也都不接受違反本國習俗的要求。國王同意了。等到他們來到國王面前，只見他著一身氣派非凡的服裝安坐著，指示他們通過一道入口來到他面前，但這入口低到使人只能跪著進去，噶札爾來到入口就坐到地上，兩腿伸向前，利用臀部向前挪動，通過這道入口之後，他就起身站直。國王已經部署好很多護衛和武器來威嚇他。但噶札爾並沒有被嚇倒……他抬頭挺胸對著國王說道：『陛下啊！願和平降臨在朝中所有人身上。願陛下萬壽無疆，永享此世和來世的榮華富貴。』通譯轉達了噶札爾的話，國王大為激賞，並說：『他在他國人之中，真是最有智慧的人之一啊！』噶札爾坐到地上讓腳先進去這一招，大出國王的意料，他說：『朕設法羞辱他，他卻用他的鞋底來回敬我們（表示那欺人太甚）。若不是他貴為大使，朕就會看成有失分寸。』」⑨

這段文字不禁令人想到，早期歐洲使節團出使東方蠻邦的記載，其情節還真是如出一轍。記述噶札爾出使的史家還記載道，這位大使「與該國的學者群展開辯論，並使之無言以對，舌戰最優秀者而技高一籌。這場名震天下的大辯論，真可謂意義非凡」。噶札爾在維京人那裡的後續活動，有關的報導仍有些真假不分，之後就來到噶札爾（或那位史家）的重點——和維京王后的打情罵俏（譯註：參閱第十一章）。

噶札爾的出使（如果是真的的話），算是回教徒與許多在西班牙和北歐的基督教國間的外交往來之一，可惜，除了官方史的零星記載之外，沒有其他的紀錄。在中世紀的回教徒出使之中，唯一留下較多史料的，是十世紀中期科爾多瓦的哈里發派遣到神聖羅馬帝國的特使團。當時有些穆斯林海盜，在阿爾卑斯山的隘路上建立了據點，搶劫出入義大利的旅客，造成很大的麻煩。九五三年，（德國國王）奧圖一世（Otto I）派遣特使團到科爾多瓦，請求哈里發出面解決。過了好幾年的交涉，在某種情況下，哈里發才派出特使團到德國做答覆。

據說特使團中有一位叫易卜拉欣．伊本．葉爾孤白．以司拉儀．圖特圖席（Ibrāhīm ibn Ya`qūb al-Isrā'īlī al-Ṭurṭūshī），也就是雅各之子亞伯拉罕，來自托爾托薩（Tortosa）的猶太人，這是加泰隆尼亞海岸巴塞隆納附近的小城⑩。至於他是大使還是只是特使團的成員，這並不清楚；也不清楚他的職業，不過根據資料來研判，他大概是位大夫。他走過法國、荷蘭和德國北部，訪問了波希米亞和波蘭，回來時可能經過了義大利北部。他可能寫下過走訪歐洲的遊記，可惜已經散失了。不過十一世紀時，西班牙的地理學者百克里（Bakrī）和烏德里（'Udhrī）有過大段的摘錄。百克里保留了有關斯拉夫民族（亦即在現今的波蘭、捷克和東德的人）的介紹；這些算是上述國家早期歷史的重要資料來源。烏德里的著作已經散失，但有後人的摘錄，這是有關德國和西歐的片段，由十三世紀波斯地理學者凱茲維尼（Qazvīnī）所摘錄，他的興趣主要在稀奇古怪的事。百克里所引述的作者，名字是易卜拉欣·伊本·葉爾孤白·以司拉儀（Ibrāhim ibh Ya'qub al-Isra'ili）；凱茲文尼卻只說作者是圖特圖席（al-Turtūshi），大家一直都以為是兩個不同的作者，一個是猶太人，另一個是回教徒。德國學者蓋爾格·雅各（Georg Jacob）考據了這些史料，甚至還區分出兩人的職業和種族的差異。他研判，由於一份記載篇幅較長，而另一份以帝王的話為憑據，因此也就顯示了兩人性格上的不同，阿拉伯外交官含蓄，而猶太商人誇大⑪。不過，後來的學者塔丟斯·科沃爾斯基（Tadeus Kowalski，一八九四—一九四〇）卻證實了兩人其實是同一個人，百克里和凱茲維尼的引用文字，是來自相同的資料來源。（註釋⑩裡頭還

有數個相關的書目，請自行參考）

另外，易卜拉欣．伊本．葉爾孤白是冒充的猶太人，還是猶太出身的回教徒，這也無從判定。從他的名字來看，兩種都有可能。至於訪問奧圖的確實時間和目的，也不太能確定。最有可能的時間是九六五年，在科爾多瓦的哈里發派到奧圖一世的特使團中，他大概是隨行的人，與奧圖在九五三年派遣到西班牙的特使團有某種關聯性⑫。

易卜拉欣有關西歐的介紹雖然有些盲點，但卻顯然好過前人的介紹，如果不是那種被學者編成稀奇古怪的故事之後所留下來的片斷的話，就更好不過了。

有關出差或遊歷歐洲

說到回教徒不想到歐洲，歐洲人可是準備好要找回教徒。在收復失土與十字軍東征期間，基督教軍囊括了從西班牙到巴勒斯坦的回教版圖，使回教徒不需要離開家，就有機會看看法蘭克（歐洲）人的文化和習俗。結果呢，儘管有阿拉伯的官方史指出，有過訪問十字軍的國王和親王的特使團，甚至有遠至西西里島和義大利南部訪問基督教教廷的特使團，但竟然都沒什麼成果。最多像是埃及蘇丹拜巴爾斯（Baybars），在一二六一年派到西西里的統治者曼弗瑞德（Manfred）的特使團，由知名的敘利亞史家賈瑪爾・丁・伊本・瓦須爾（Jamāl al-Dīn ibn Wās il, 1207-98）所帶領，並記載在他自己的編年史中。

伊本・瓦須爾訪問了在巴列塔（Barletta）的曼弗瑞德，這是義大利本土上的城市，周邊地區不久前才被回教徒所收復，他說曼弗瑞德是「卓越的人，愛好思辨的學問，熟記歐幾里得書中的十項定理」。史家讚許了他對治下的回教徒的友好態度，並指出，這還曾使教皇和他鬧得不愉快⑬。

這份史料之所以得以保存的原因之一，當然是大使本身是了不起的史學家，所以是個人的興趣加上第一手的資料。不過，由於也有其他史家出使過，所以這樣的理由又不算充分了。卓越的史家伊本・赫爾敦（Ibn Khaldūn），於一三六三到六四年間就出使過卡斯提爾，訪問過佩德羅一世（Pedro I）。這件事在他的回憶錄中，幾乎只是一筆帶過⑭。伊本・瓦須爾記下這件事，可能是因為這個消息有助於回教在義大利的失土上的延續。

說到普遍缺乏興趣，這裡也有一些例外。那就是前面提過的、非常有名的烏沙邁・伊本・蒙奇德（Usāma ibn Munqidh，一〇九五—一一八八）的回憶錄，這是少數很有人文素養的史料，顯示了十字軍給中東回教帶來的衝擊。烏沙邁在講他那多采多姿的一生時，常常提到那位法蘭克人鄰居。他雖然很瞧不起他們的不開化，但還是認為這是可以補救的。他曾好幾次表示，只要在東方住久了，和回教徒同化，就會有幾分文明味。他派手下到基督徒佔領的（古敘利亞）安提阿（Antioch）出差時，就可看出這種主張：

「有法蘭克人在我們這裡住下來，和回教徒打交道。這些人比新來的人好，但對統治者來說是異類，從他們那裡得不出什麼具體結果。我曾經派人到安提阿出差。當時那裡的首長是提奧多爾・索菲安諾斯（Theodore Sophianos，作者注：東正教教徒），我們是朋友，他在安提阿很有權勢。後來，他跟我的手下講：『我有個法蘭克朋友來找我。跟我一起去見識一下他們的生活吧。』手下跟我說：『我就跟他過去，來到一位老騎士的家，那些騎士是法蘭克人第一次遠征時到這裡來的。他已經退伍，在安提阿這裡靠自己的一筆財產過活。他準備了一桌飯菜，東西看來很可口，也很衛生。他看到我不敢吃，就說：「放心吃吧，因為我也沒在吃法蘭克菜。我請了埃及女人幫我燒菜，現在只吃她們的東西，豬肉也不會進到我家裡來。」我就吃了，可是還是有些顧忌，之後就回去了。

後來我走經過市集，突然有個法蘭克女人來抓我的手，我根本聽不懂她在講什麼，一群法蘭克人圍了過來，我知道我就要完了。老騎士這時突然出現，看到了我，就過去問那個女人：「你找這個回教徒做什麼？」她回答：「他殺了我的兄弟胡爾梭（Hurso）。」胡爾梭是（敘利亞）阿發米亞（Afamiya）的騎士，被（敘利亞）哈馬（Hama）軍的人殺死了。於是這位騎士就對她大聲吼說：「這個人是burjāsī，是個生意人。他不用打仗或作戰的。」他喝斥大家，人群也就散開了；他拉著我的手離開了現場。所以，吃那頓飯還讓我撿了一條命。』」⑮

烏沙邁的回憶錄也算是種史料，可惜在回教世界中非常少見。不過，還是有些作品，記下了和歐洲基督徒接觸的某種個人印象。其中一部作品，幾乎就和烏沙邁同一時期，但卻是來自回教世界的另一端。地理學者阿布·哈米德（Abū Ḥāmid，一〇八一—一一七〇），是西班牙格拉納達的本地回教徒。他的長途遊歷，是先從北非跋涉到中東，再從這裡向北進入俄國。從俄國再向西進入歐洲，所到達的地方就是現在所謂的匈牙利，並在這裡待了三年⑯。

阿布·哈米德所講的，大都和東歐有關。他那些有關羅馬的記敘雖然很多，但並不有趣，而且好像用了不少以前的資料。儘管他出身自安達魯西亞，卻是繞道東歐才進入中歐，而且好像也只到匈牙利平原，沒有繼續再往西走。不過，就算有這些局限，在回教徒了解歐洲的過程中，他仍然是具有歷史意義的里程碑。在十世紀時的外交家易卜拉欣·伊本·葉爾孤白，到十五世紀晚期鄂圖曼的第一份介紹這數百年間，他是唯一由回教國家遊歷到歐洲，聲名大噪且有作品留下來的人。

對法蘭克事物的觀感

另一個有關十字軍的觀感，來自西方的回教世界中的另一位遊歷者，西班牙瓦倫西亞的本地人伊本·祖拜爾（Ibn Jubayr），他在一一八四年到過敘利亞，經過法蘭克人的領土，也走過回教徒的地方。他還到過阿卡（Acre），這是十字軍的主要港口：

「願真主摧毀阿卡城，並還給伊斯蘭。這是法蘭克人在敘利亞的主要城市……船隻和旅行商隊的集散地，各地伊斯蘭和基督教商人的會合地。街道、馬路到處都是人潮，在這裡，人只能自己下來走路。話說回來，這裡是不信道、不虔誠的地方，到處是豬和十字架，到處是骯髒齷齪、污穢糞便……」⑰

伊本．祖拜爾大概是看到了酒甕、豬（譯註：也可能是辱罵到基督徒）、樂器、教會，和其他在回教徒看來比垃圾還礙眼的東西。讀者請注意，當時回教徒的標準，比歐洲基督徒的標準高得非常之多，直到十九世紀初，到過歐洲的回教徒還在抱怨，歐洲人沒有個人衛生。

不過他在法蘭克人的城市中所看到的，也不是樣樣都讓他反感。在（中東）泰爾（Tyre），基督教的婚禮感動了他，尤其是那新娘的美麗：

「她點著高貴優雅的步子，身上的珠寶首飾搖曳著，步履像鴿子、像浮雲一樣輕盈——面對這這樣的景致，願真主使我不致心生邪念。」⑱

除此之外，伊本．祖拜爾還發現不少困擾他的事情。他有點尷尬地指出，法蘭克人對回教佃農還很厚道，這些佃農比鄰國回教的人民還要富裕：

「要是他們到外國領土去看看穆斯林的兄弟，會發現法蘭克主子們對他們很厚道、很仁慈，一般穆斯林心裡恐怕會有所動搖。身為穆斯林的不幸之一，就是他們常在抱怨的統治者的欺壓，並常稱讚敵人和對手的作為，亦即佔領土地的法蘭克人，他們以公道的對待使得穆斯林順服。憑真主發誓，他們是有理由抱怨這些事的。在《古蘭經》中有很多話，可以使我們得到安慰：『這只是你的考驗，你藉此使你意欲者誤入歧途，使你意欲者走上正道。』」⑲

不管是伊本．祖拜爾，或是烏沙邁和阿布．哈米德，能做出觀察的這些人都不過是孤立的現象，對於回教徒認識西方之進程，似乎沒有太大的作用。

外交關係和致詞格式

有過重大影響的，是歐洲（尤其是西歐）和中東與北非各國之間外交關係的進展。促成這種進展的，有兩個重要因素。一是歐洲貿易的興起。歐洲的商人，一開始大都來自義大利的各邦國，後來就有西班牙、法國，低地國（獨立之前的荷蘭）和英國，在各回教港口的活動越來越多，活動範圍甚至還延伸到內地的一些城市。法蘭克商人有時還成為長久居留的僑民，逐漸扮演起大家熟悉的角色。歐洲人通商活動的進展，也會促進外交關係的升級。早期的商人族群爭取到權利，在回教城市設置領事，就西方各國的觀點而言，這些人發揮了準外交的功能，並代表各國和相關的政府或權責機構打交道。十五世紀時，一位阿拉伯作者指出了這一點：「領事是法蘭克人長官，也是各社群的人質。要是社群發生了什麼侮辱到伊斯蘭的事，領事就要承擔責任。」⑳

歐洲與回教各國之間的貿易需求，促成了外交方面的經常性討論，像是有關各種特別待遇的批准，以及通商條約的談判和簽訂等等。這些談判差不多都是由歐洲各國在回教國家的領事和公使談成的。從回教國家來到基督教國家訪問的人，仍然是少之又少。

促成更密切的外交關係的，還有相當不同的因素。自回教世界中出現了獨立的權力中心——埃及之後，中東的東、西兩半之間，亦即在接掌尼羅河谷的政權（通常也統轄了敘利亞和巴勒斯坦），以及得到伊拉克和伊朗支持的政權之間，從此不時出現對立。十三世紀時蒙古人的到來，更加強了這種對立。回教在基督教之外又多了個對手，這使得歐洲各國有了成立同盟或第二陣線的打算，波斯大王的改宗回教，也並沒有使這打算馬上消失。於是出現了一股外交活動的熱潮㉑，這在回教的史料中卻只留下了幾筆草率的紀錄。

歐洲國家與波斯的蒙古統治者之間的交涉，看來沒有什麼太大的結果。不過，這倒是使得埃及的馬木路克（Mamluk）統治者多加留意歐洲國家，以及彼此之間的外交關係。一三四〇年左右，埃及官吏席哈布．丁．烏瑪里（Shihāb al-Dīn al-`Umarī），為了他們的法務書記人員寫了一本外交通信手冊㉒。它包含了邦交國與元首的名單，以及正式認可的尊稱及其特定的致詞格式。其中大部分的元首都是回教徒，不過還有個項目是「不信道者的各國國王」，包括了拜占庭皇帝、喬治亞、亞美尼亞、塞爾維亞、（土耳其）錫諾普（Sinope），和羅德島等等的國王。西方的元首只列出了兩位：阿方索（Alfons，安達魯西亞國王）和Rīd Frans。後者顯然是以羅曼方言來代表法國國王，儘管手冊作者在使用這個詞時的用意已不可考。後來，這本手冊的修訂版（稱為Tathqīf）增加了一點名字；半個多世紀之後，另一位法庭書記官卡爾卡宣迪（Qalqashandī），以同領域的冊子列出了較長的名單，其中包括了教皇、熱那亞、威尼斯和那不勒斯，以及基督教西班牙一些小邦的元首。

第二項 與埃及領土的國王們通信時，所用的致詞格式比照不信道者國王們的現行禮節。

須知，不信道者國王們的國書，來自各個基督徒的國度，例如希臘人、法蘭克人、喬治亞人、衣索匹亞人及其他㉓……

之後，卡爾卡宣迪就提到東歐、巴爾幹和西班牙的基督教國王，而列出：

第四項 與羅馬和法蘭克的北方之不信道者國王通信時，須依其不同的屬性。所有這些人的宗教，都是東方基督徒的正宗宗教。

一、致教皇的致詞格式。

二、致羅馬基督教徒的國王，即君士坦丁堡領袖的致詞格式……

三、致熱那亞元首的致詞格式……

四、致威尼斯元首的致詞格式……

十一、致那不勒斯女性元首的致詞格式㉔……

根據卡爾卡宣迪的文字和編年史的一些資料，可以得知，和歐洲君主之間的通信，是不常有的事。就派到歐洲的使節來說，回教徒的做法可以說類似於蒙古人，據說只要是到氣候不好、回國困難的國外時，蒙古人習慣找死刑犯充當大使。㉕

兩方外交關係的演進

文藝復興與地理大發現時期，歐洲人對回教世界的興趣大增。相對於基督教不再把回教看成厲害的對手，鄂圖曼帝國卻還是個勁敵，它對歐洲心臟地帶的進逼，仍然威脅到基督教國家的生存。十六世紀初，伊朗出現了新的、敵對的回教勢力，亦即薩非（Safavid）王朝的什葉派沙王（Shi'ite Shahs）的勢力，因此，建立第二陣線，或至少是在鄂圖曼帝國的遠端形成牽制的機會，再度出現了。所以說，對於歐洲列強來講，有關鄂圖曼和波斯的可靠情報就很重要了，許多不同職能的特務，都來到東方出任務。

不只是這樣，也有其他的動機，使得許多歐洲人進入東方，甚至在那裡長期居留。地理大發現的時代，歐洲人在亞洲、非洲和美洲到處探險，同時也就出現更多的機會和誘因，使歐洲人也來探索回教世界。文藝復興時期的好奇精神，也延伸到歐洲基督教國的大鄰國。歐洲的產業擴張，和來自各殖民地的貨源激增，使得貿易商想盡辦法打開東方回教世界的市場。這加大了歐洲列強之間政治和通商上的敵對，歐洲人在中東國家的干涉，也就更為直接而密集。

往鄂圖曼首都伊斯坦堡延伸的發展方向也很重要，這便是透過歐洲各國在當地的大使館持續進行的外交活動。到十六世紀末，東、西方大部分國家，都開始定期派遣特使團到伊斯坦堡；其中有好幾個邦國，包括威尼斯、法國、英國和帝國本身，都已經設置常駐的外交人員。到了十七、十八世紀，歐洲其他國家都跟進了，結果在鄂圖曼的首都，就形成了中、上流歐洲人的當地族群，以及人數眾多的隨從人員及其家屬，這些人員主要來自城中的非回教人民。當時有三個當地族群，即希臘人、亞美尼亞人和猶太人的族群，後來又多了一個。這個族群以天主教徒為主，來自各個國家或族群，平常以義大利語或希臘語溝通，並以具有歐洲某國公民身分為傲，這之間的關係總有些微妙。後來，歐洲人把這個社群的人叫做黎凡特人（Levantines），土耳其話叫做 tath su Frengi，亦即淡水的法蘭克人，有別於那種來自歐洲的鹹水的法蘭克人。

和伊朗與摩洛哥之間的外交關係，其實並不好。到兩國訪問的使節團並不算少，但常駐的外交人員，卻要到相當晚期才出現。

與歐人接觸的行業

歐洲人到回教國家的興趣和活動的增加，是值得注意的。歐洲人的交涉和外交，使得定居在回教城市的歐洲僑民，和以一定方式與他們接觸的當地人，兩者的人數都漸漸增加。雖然這些僑民大部分都不是回教徒，他們卻還是和較大的中東社會保持某程度的聯繫，所以不管有怎樣的隔離和孤立，他們都還是其中的一份子。就連研究東方的歐洲學者之增加，也很可能有過一些影響。從十六世紀開始，歐洲印刷業開始生產成批的阿拉伯文書籍，在價格和方便攜帶上，都強過回教國家讀者不得不依賴的手抄本。在回教徒的史料裡頭，我們有時確實能夠發現到，他們抱怨歐洲人進口了成批的這種阿拉伯文版本。

至於對所有這些活動的回應，一般來講還是很少。歐洲人的族群如僑民、貿易商、外交人員等，還是受到孤立。當地同業的圈子，與其說是把他們和回教人民聯繫到一起，不如說是分開了，當地人確實是這麼看待這些人的地位的。和異教的洋人打交道，是骯髒又危險的事，最好是讓別的異教徒來做。

既然有這種態度，就難怪去到戰爭家族的反感一直存在。既然覺得有必要和異教界打交道，回教統治者多半在異教徒前來進貢時，利用中間人（甚至在自家家裡）來避開太直接的接觸。

鄂圖曼和歐洲之間的外交，長期以來幾乎全靠這種中間人來進行。原因之一是這種任務所要求的技巧，回教徒要不是沒有，就是不想去學。還有，回教徒也覺得這些工作沒有吸引力。就像在一般人類社會常見的那樣，優勢族群會將不討人喜歡的工作留給別的族群。所以我們常常在後來的幾百年裡頭發現到，非回教徒就代表著一般所謂的「下流行業」（dirty trades）。對真正的回教徒來講，這包括了所有下流的、亦即和不信道者打交道的業種。在當時，這使得許多猶太人和基督徒從事像外交、銀行和情報等工作。在伊斯坦堡，與國外代表的交涉，一般由政府的非回教徒官吏來擔任；到國外出差，不管是為外交或交涉，一般也是交給非回教徒來做。鄂圖曼政府偶爾才派大官去出使，通常還會有一位非回教徒通譯員隨行。

穆斯林官吏的組成之演變

到了十六世紀，突厥人的態度有很大的改變。在早期的蘇丹統治期間，東南歐人如希臘人、斯拉夫人和阿爾巴尼亞人，在鄂圖曼統治階層中嶄露頭角，這不只包括了改宗者，甚至還有表明信仰的基督信徒。鄂圖曼王子和基督教公主通婚，好幾個最古老、最顯赫的鄂圖曼貴族，都是拜占庭的世族。在鄂圖曼的檔案室中，有著封建紳士（一譯士紳）的名單，當中包括了許多基督徒的名字，顯示基督徒紳士進入了鄂圖曼的軍事統治階層。鄂圖曼國從邊境小邦演變成伊斯蘭帝國，它的政府和社會也有所轉型。攻佔阿拉伯心臟地帶，尤其是穆斯林的幾個聖地，更加速了這種變化，也使得領土、人口和傳統的重心，向東偏移。巴爾幹裔或其他血統的改宗者，接連擔任了上百年的要角，但後來就漸漸敗給了古老的穆斯林世族，同時，沒有改宗的基督信徒，就漸漸被排擠出權力機構，回到原先非穆斯林人民的、法律上應有的地位。

對付那還沒歸順的基督教世界的運動，還在繼續，不過在這方面，突厥人走在最前面。從十六世紀到十九世紀初，東方的阿拉伯人在進行對歐的政治接觸時，幾乎全靠鄂圖曼人。就遠在東邊的伊朗來講，傳到這裡的訊息，通常都經過了鄂圖曼管道的過濾。

在鄂圖曼對歐關係和其中中間人的角色，兩者在演變過程上，可分成兩個階段。在前一個階段，中間人多半來自歐洲；在後一個階段，則是靠近歐洲、有意搬到歐洲的當地人。在前一個階段的中間人，多半是改宗者和難民，且一般都有歐洲血統。除了在西班牙改宗基督宗教的穆斯林（稱為 Moriscos）之外，都很快就打入了穆斯林社群。難民以猶太人居多。猶太人在西班牙和葡萄牙、以及西班牙勢力所及的地方受到的迫害，給了鄂圖曼人意外的收穫。從十五世紀末到十六世紀期間，大批的歐洲猶太人湧入鄂圖曼的領土。他們帶來了有用的技術、歐洲的語言和風俗的知識，還有一些手工藝。西方的遊歷者尼古拉斯・德・尼可萊（Nicholas de Nicolay），在一五五一年到過土耳其，曾經對西、葡兩國的馬拉諾（Marranos），亦即被迫改宗基督宗教而逃到土耳其、以便回歸猶太教的人的角色，做過一些有意思的觀察：

「突厥人民裡頭，有各行各業的菁英，尤其是不久前才被西班牙和葡萄牙驅逐出境的馬拉諾，他們給基督宗教國造成很大的不利，他們教了突厥人好幾種發明、計策和戰爭機械，例如如何製造火砲、火繩槍、火藥、砲彈等武器，而且他們還辦了一家印刷廠，這是當地以前不曾見過的，不過他們不許印行突厥文或阿拉伯文的東西。」㉖

以穆斯林的觀點，猶太人有一項勝過基督信徒的重要優勢，就伊斯蘭的主要歐洲對手來講，猶太人沒有和他們串通的嫌疑。也就是說，在政治上或經濟上具有敏感性的任務來說，突厥人覺得他們優於基督信徒。根據鄂圖曼的史料，突厥人攻下塞普勒斯島後不久，由於這裡住的是希臘正教徒，和一小批義大利天主教徒，所以突厥人派遣猶太家族來到這座島。有一份史料說是五百個，另一份說是一千個「猶太望族」，「為了這座島的利益」而到這裡來㉗。這也就是說，鄂圖曼政府有心將工商業的產能帶進這座島，而最能夠和基督教歐洲人相處得好的，不是希臘人、義大利人，也不是基督信徒。在和西方人打交道上，猶太人是靠得住的，希臘人或亞美尼亞人就不行了。鄂圖曼人拿下（希臘）薩洛尼卡港（Salonika）之後，大批的猶太人也基於類似的考量，開始到這裡定居。這場活動，有部分是因為鄂圖曼的政策，他們想在這個具有關鍵性的海港，塑造出在經濟上有利、政治上可靠的人民。

十六世紀期間，歐洲猶太人在鄂圖曼政府中，發揮了各種長才。可以看到，他們在海關部門——在馬木路克埃及，這個部門就有很多猶太人——他們在歐洲語言和風俗方面的知識，使他們勝任愉快，可以看到他們被任用在各種外交活動上，有時職位還很高。他們不管是交涉、旅遊或勞動，都有鄂圖曼政府的保護。根據西班牙的史料，後來連鄂圖曼派到基督教歐洲的特務，也用了不少猶太人㉘。

希臘人沒有太親近西方，但仍懷抱著恢復拜占庭帝國的希望，亞美尼亞人多半還是留在小亞細亞南、東部，幾乎被西邊的突厥人孤立。相較來說，猶太人剛好可以派上用場，突厥人對他們比較放心。

除了猶太人之外，也有別的來自受迫害的基督信徒族群的難民，例如東儀天主教徒，以及為數不少的改宗者，在穆斯林史上叫做 muhtadī，亦即找出正路的人。

到了十七世紀，這兩種難民和改宗者，就大為減少。這一方面是因為歐洲的情況有所改善。宗教戰爭以後，歐洲人總算在宗教事務方面學會了點容忍，基督教異議份子，甚至猶太人也就較不需要離開家鄉，避居國外。就先前有心到鄂圖曼帝國追求富貴的人來講，歐洲人的地理大發現，和新世界的殖民運動，都提供了較好的機會。有不少本來想在鄂圖曼或其他穆斯林政府當官的人，現在找到了新路，到美洲或是新的殖民地去了。

猶太人和希臘人在鄂圖曼的消長

相對於歐洲及其海外資產越來越吸引人，中東和伊斯蘭世界，大致上也就越來越缺少吸引力，進入了政治、經濟衰退的時期。不過背教者（renegades，譯註：一譯叛教者，與改宗者同義，但在立場和語氣上有所不同）的運動還是持續進行。最後的重要的團體就是海盜，他們在十七世紀初從西歐移到北非，將他們的航海和打劫的技術，提供給柏柏里穆斯林海盜。

曾經受過重用的猶太人，不再從歐洲過來了。那些待在土耳其的猶太人，漸漸失去了他們的技術和聯繫。還是有少許的難民或有心人，會到土耳其尋求庇護或富貴，但其中只有一個團體有過重要的貢獻，這就是匈牙利人和一些波蘭人。波蘭人在一八四八年的起義失敗之後，逃離匈牙利，在鄂圖曼帝國找到居住和工作的地方。一八四八年的這些難民，有些人改宗伊斯蘭，在鄂圖曼政府中爬升得很快。在十九世紀中期，土耳其行政和軍事設施的現代化過程中，他們扮演了一定的角色。

改宗者和難民不再過來之後，帝國中的那些人就失去了先前有用的特質，而被別人所取代。雖然少數歐洲人還是會過來，但現在會有些人去到歐洲，尤其是希臘人。到了十七世紀中期，他們不再奢望恢復拜占庭帝國，並克服了先前對西方基督宗教的敵意。鄂圖曼領土中的希臘基督信徒，開始讓兒子到歐洲留學，通常是義大利，於是義大利大學的希臘畢業生，尤其是醫學院的畢業生，扮演的角色越來越重要。希臘人之後就是鄂圖曼別的基督信徒，尤其是和羅馬有所往來的東正教教徒。從十六世紀末開始，梵諦岡當局和中東基督信徒之間的往來，日漸活絡。教會派代表到黎巴嫩等地，東方教會的社群也在羅馬設立教團。受到這種對歐聯繫的影響之信徒，人數越來越多，包括了希臘、亞美尼亞、科普特、（黎巴嫩）馬龍派（Maronite）、（古巴比倫）迦勒底（Chaldean）和敘利亞等教派的天主教，和東儀天主教徒，這些信徒有時還會接觸到正教、甚至穆斯林鄰國人。由天主教亞美尼亞默基塔爾（Mekhitar）在威尼斯所建立的經院和修會，一時之間成為亞美尼亞人在整個東方的學術重鎮；黎巴嫩山區操阿拉伯語的馬龍派，他們當時的歐化或多或少也影響到整個敘利亞及其他地方。希臘人不同於猶太人，他們能夠維持並擴大對歐的接觸，藉著制度來延續他們的權勢，這方面的新知，使他們能在鄂圖曼國裡有所斬獲。來自西方的、曾經在蘇丹或宰相底下任職的猶太大夫，被擁有義大利學位的鄂圖曼希臘人取代。在各方面，他們的職位都比猶太人來得高。因為地緣的關係，他們也更了解突厥人及其語文。身為基督徒，他們的對歐關係更好，享有歐洲基督教政府和通商公司的保護，他們當然寧可犧牲猶太人，採用地方上的基督徒。在基督教歐洲人重要過穆斯林突厥人的那段期間，這個考量變得更為重要。

輕忽使節的派遣

基督宗教國和穆斯林國之間的外交關係，既然幾乎全是基督宗教界派到穆斯林朝廷的代表所行使，有時也就難免要在異教區冒險。從十六世紀開始，出現了三個對歐交涉最頻繁的穆斯林國——土耳其、伊朗和摩洛哥，他們派特使或商人到歐洲各國，次數越來越頻繁。

這些國家剛開始時找的人，主要還是來自當地的非穆斯林社群，甚至是來自歐洲的背教者或投機份子。在穆斯林失勢時，這些人就更不需要改宗伊斯蘭，便還能保有有關歐洲，亦即它的人民、政府和語文等的實用知識。後來歐洲派遣使節到穆斯林世界的方式，甚至有時變成，穆斯林國把之前到來的洋人，充作傳信的使節，派遣回他們的本國。這樣的例子有安東尼和羅伯特．雪萊兄弟（Antony and Robert Sherley），他們在一五九八年從英國來到伊朗。（英格蘭）埃塞克斯伯爵（Earl od Essex）為了聯合波斯共同對抗鄂圖曼，派遣了安東尼．雪萊，後來就待在波斯軍中，教練士兵歐洲的戰技。一五九九年，政府讓他以特使身分回到歐洲，但卻沒有什麼結果。

他的弟弟羅伯特·雪萊還待在伊朗，一六〇七年沙王將（高加索）切塞克斯（Circassia）酋長的女兒許配給他，並在一六〇八年派他到歐洲出另一項外交任務，後來，英國和伊朗之間建立了外交和通商關係。把此等的任務交給洋人和異教徒，可見其重要性之小。

出使歐洲的，偶爾也有穆斯林的官吏。突厥巴耶塞特二世（Bayezid II）蘇丹，派了位叫做易司瑪儀（Ismail）的特使，帶著國書和禮品給幾個歐洲朝廷，包括了佛羅倫斯、米蘭和（義大利）薩伏伊。我們聽說，莎士比亞時代，倫敦來過一位摩洛哥大使，奧瑟羅（Othello，譯註：莎士比亞劇本《奧瑟羅》的主角）這個角色的靈感或許得自於他。此外，十六世紀末、十七世紀初，突厥人也派出特使到維也納、巴黎及其他首都。一五八一年，至少有兩個突厥特使團來到巴黎。第一個是突厥穆拉德三世（Murad III）。蘇丹為了小兒子穆罕默德（Mehmed）的割禮，來請法王亨利三世（Henry III）去觀禮。特使團包括了四位試食侍從官（çaşnigirs），這是穆斯林朝中重臣的官銜。第二個特使團，是由一位叫做阿里·伽勒比（Ali Çelebi）的大臣帶領，他帶了更新過的條約與國書給亨利三世。根據史料記載，法國方面不太樂意接待這個特使團。這個突厥特使團，在威尼斯等了三個月才被允許進到法國。連派駐在威尼斯的法國大使，也不樂意接待這些突厥人，他在寫給國王的報告中表示，「特使團的目的很可能是有違基督宗教的」。派基督教使節團到伊斯蘭國，這可以接受；但在基督教國的首都接待穆斯林特使團，這就不行。不過後來法國大使改變了主意，國王也接受了突厥人來到巴黎，並熱情地接待了他們。根據記載，另一個出使法國的突厥使節團，時間是在一六〇七年，鄂圖曼的侍從官（çauş）帶了一封蘇丹的國書給亨利四世，這顯然只是禮貌性的訪問㉙。

侍從官的職級只比信使略高，是例行性的派到地方首長處傳信的，而這樣的選派也顯示，鄂圖曼人對這種「外交」交流有多不重視。過了一段時間之後，蘇丹才開始派遣有著大使（elçi）職銜的特使團到維也納，以及（之後）其他歐洲首都。

穆斯林的遊記及其觀點

一般來講，歐洲人和突厥人一樣，寧可去伊斯坦堡辦事，而不願在他們的首都辦事。在伊斯坦堡，洽談可以在私下進行，歐洲的特使可以假冒成和做生意有關。突厥特使團訪問歐洲，會讓人懷疑，某基督教國想和突厥人結盟，來對抗別的基督教敵手，多半國家都有心嘗試，卻很少有不怕被發覺的。由於兩方都有所顧忌，派到歐洲的特使團也就不多。根據記載，來到巴黎的突厥特使團，一個是在一六四〇年，另一個是在一六六九年；據說莫里哀的劇本《貴人迷》（*Le Bourgeois Gentilhomme*），裡頭突厥人訪問的一幕，就是得自於此。

由別的穆斯林國所派的特使團就更少了。路易十四時代，波斯出使巴黎的特使團相當引人注目[30]。摩洛哥的特使團也出現在不同的場合。有些特使團關心的，似乎是贖回在地中海被俘擄的同胞。一六一四年，鄂圖曼首度派往（荷蘭）海牙（Hague）的特使團，就是其中一例。該團的特使叫做葉莫·阿嘉（Ömer Aga），官階在侍從官和外交官（Müteferrika）之間；他帶了兩位通譯官，一位是來自（希臘）納克索斯島（Naxos）的羅馬天主教徒，名叫吉安·吉阿科摩·貝勒格羅（Gian Giacomo Belegro），另一位據說是位西班牙猶太人，他的名字叫做易卜拉欣·阿本山卓（Abraham Abensanchio），顯示了伊比利半島的混血血統。這種一位基督徒和一位猶太人的搭配，自然是用在互相核對[31]。

值得注意的是，早期從伊斯蘭國派往歐洲的所有使節團的報導，根據的都是西方的史料。就穆斯林官方史家來說，這種代表團的派遣和任務還算不上大事，不值得注意。目前有官方記載的第一個穆斯林使節團，是突厥大使卡拉．穆罕默德（Kara Mehmed）帕夏的代表團，一六六五年他們出使維也納㉜。這是為了簽訂鄂圖曼和奧國之間的（匈牙利）瓦斯瓦（Vasvar）和約；目的在建立雙方的友好關係。就鄂圖曼特使團來講，這似乎是前所未有的大陣仗。這個團的團員有一百五十人，其中至少三分之一都有特定的官銜。通譯官是位知名的歐洲學者法蘭索瓦．德．梅斯尼恩．梅寧斯基（François de Mesgnien Meninski），當時他是面對奧國皇帝的主要通譯。梅寧斯基以義大利文寫的長篇報告，題目叫做《論一六六五至六六年鄂、奧兩國間的大使外交關係》，目前保存在維也納的檔案室，似乎是用做儀式和程序方面的指南，以接待後來來訪的鄂圖曼使節團。突厥方面保留了這個特使團的兩份紀錄，其中一份是大使自己的官方報告㉝。

雖然特使團在維也納待了九個月，帕夏的報告卻簡短、枯燥，只局限在報導他自己的官方活動，在受訪國方面談得很少。不過他在這次訪問帶出了別的機緣，使得突厥方面的知名人士，開始描寫起這個奧國首都。艾佛利亞．伽勒比不愧是卓越的遊歷者，可惜也是位太厲害的小說家。他讓讀者知道，他的用意是娛樂多過教導，故事只要有趣，就不在乎它是否真實。在他十冊的《遊歷之書》（*Seyahatname*）中，他敘述了許多他到過的國家，以及更多不曾到過的地方。除了自己的見聞，他也講述不少得自別人的消息，且並不考證這些是否確實。在第六冊裡頭，他描述了一場參與過的、帶有神祕色彩的遠征，這是和四萬名韃靼騎兵，經過奧國、德國、荷蘭而抵達北海的長征。在第七冊裡，他記錄了他遊歷過的維也納和奧國，據他的說法，當時他是卡拉·穆罕默德帕夏特使團的成員。由於這位作者對史實的態度有點微妙，所以很難斷定他的說法中的真實性。曾經有人指出，他不曾去過維也納，而是把回國的使節團成員的訊息當成材料，以一定的用意加以編寫的。一份證明艾佛利亞到過維也納的同時代史料，推翻了這項指責㉞。所講的事情大半都顯示出直接的觀察，儘管他的表現手法並不一定嚴謹。

他所描寫的奧國皇帝，可以代表他的敘述手法：

「不禁要懷疑全能的主，是否意欲將他造成男人……他年紀輕，中等身高，沒有鬍鬚，窄臀，不太胖，也不很強悍的樣子。在主的安排下，他的頭成瓶狀，頭頂戴著的既像是一顆梨，又像是狂舞托缽僧的頭冠。他的額頭平得像塊板子，兩道粗黑的眉毛吊在兩邊，底下是淡褐色的眼睛，圓得像圓圈，並襯著黑色的睫毛，有著貓頭鷹的眼神，臉形細長得像狐狸，耳朵大得像雙小拖鞋，紅通通的鼻子像葡萄，尺寸大得像希臘茄子。大大的鼻孔，每個可以插進三根手指，黯淡的頭髮，長得像是三十歲流氓的髭鬚，亂糟糟的和他上唇的髭毛長在一起，黑黑的鬍子長到耳朵那邊去。嘴唇腫得像駱駝，嘴巴大得可以含住整條麵包。耳朵也是寬大得像駱駝。一講起話來，嘴巴和嘴唇就濺出口水，彷彿嘔吐了一樣。這時，站在兩旁的漂亮小侍童，趕緊拿大大紅紅的手帕把口水擦掉。他自己就一直拿著梳子梳他的頭髮和鬍子。他的手指頭長得像小黃瓜。照著全能的真主的意欲，這邊所有的皇帝，長得都一樣面目可憎。不管是在他們的教會或官邸，甚至在錢幣上，皇帝的人像都是這個醜樣子；說真的，要是有畫家把他畫成英俊的臉，還會被他處死，他會覺得這是在醜化他。因為這些皇帝，為自己這副醜模樣感到很得意。」㉟

儘管顯然有所誇張，艾佛利亞·迦勒比仍然是第一位打破不加聞問的鄙視那種傳統模式的人。他所描述的奧國，不僅展示出一個不同於鄂圖曼的社會，且那個社會在某些方面還是較好的。他講了一兩個例外，像是他比較了歐洲和鄂圖曼現行的計時器，或是講到維也納聖司提凡大教堂（St. Stephen's cathedral）那保存良好的大圖書館。不過他在他的奧國見聞和本國讀者所知道的之間，有意不做太精細的比較。話說回來，在他講給讀者的長篇故事裡，還是可以看到不少重要的事物：紀律嚴明的軍隊、組織完善的司法系統、發達的農業、興旺的人口，以及規劃和管制得當的、繁華的首都。

另一位大使的不同觀感

若在指出差異之外，也同時點出，一些異教徒的事物似乎是更好的，這種暗示在後來鼓舞了一些遊歷者。從此之後，這就成了出使歐洲的突厥大使的慣例：在回國後寫下介紹，敘述他們的見聞，以及（尤其是）他們的作為。許多這類的介紹，突厥文叫做 sefaretname，亦即使節的書或信，便從十七世紀末和十八世紀保留到現在。目前所知最有意思的，是穆罕默德額芬迪（Mehmed Efendi）的介紹，一般叫做耶米謝其茲．伽勒比（Yirmisekiz Çelebi）二十八大人（他曾經擔任過以二十八位侍衛組成的侍衛隊隊長），曾在一七二〇到二一年間，以鄂圖曼大使的身分，來到巴黎路易十五（Louis XV）幼主的朝廷。穆罕默德額芬迪算是位政要，曾經擔任過全權大使，促成了一七一八年帕薩羅維茨（Passarowitz）和約的簽訂。後來他還擔任過出使維也納的大使，以及帝國的財政大臣。根據法國的文獻，他的任務是告知當政者，蘇丹願意同意（以色列）聖墓（Holy Sepulchre）教堂的必要修復。他也商量到（地中海）馬爾他島騎士的打劫、贖回本國的俘虜，和別的政治、外交事項。除了較迫切的任務，他還被交代「要通盤研究其開化和教育的各種手段，並介紹應用在本國的可行辦法」。這些辦法見於他的使節信裡，這封信有著罕見的篇幅和趣味㊱。

穆罕默德額芬迪是鄂圖曼首位長駐巴黎的使節，不管到哪裡，都是受矚目的對象。當他沿著運河遊巴黎時，民眾為了看到他，聚集在河岸旁。有的好奇民眾掉進了水裡，有的還被警察鳴槍警告。他在波爾多港，看到了前所未見的壯觀景象：

「我們可以在這裡看到漲潮和退潮，這是之前就聽說過的。在二十四小時之內，海水會這樣重複兩次……我親眼看到了河水漲落的落差，超過一肘尺（譯註：約等於半公尺）……如果不是親眼看到，很難有人會相信的。」㊲

他在巴黎受到君臣們的款待，並再度受到平民、甚至貴族的好奇所困擾：

「他們站在寒冷的雨中發抖，直到半夜三、四點，不肯離開。他們這種好奇令我們感到驚訝。」㊳

大使在適當的程序下，遞交了國書給法國國王：

「我告訴他，能夠見到像他這麼位非凡的大人物，這種快樂使我們忘記旅途上所有的辛勞，但這不過是客套話。其實要是我真的一一講起，我們在（法國）土倫（Toulon）港到巴黎之間所經歷的艱苦，連天仙們也會招架不了……」㊴

穆罕默德額芬迪的法國見聞，儘管既長又有趣，但從頭到尾都看不出，他有拿它和鄂圖曼社會做比較的明顯用意。不過他並不缺乏觀察力，兩者的對照通常是含蓄的。他敘述了觀測站及其科學儀器、醫院及其解剖室、戲院和歌劇院等的文化活動、法國的工業和手工業，以及宮殿、庭園的建築設計等；連同他所經過的馬路和運河、橋樑和水閘，都組成了一幅完整的、甚至美好、新鮮的世界景象。就像當代一位土耳其史家所說，穆罕默德額芬迪在一七二〇年出使時，所見聞的巴黎，已經不再是艾佛利亞．伽勒比所看到的維也納能比擬，亦即不再「以邊塞將士的自豪眼光」來看了。艾佛利亞的觀點，還是執著於前不久蘇萊曼大帝時代的光輝記憶；而穆罕默德額芬迪則經歷過戰敗與屈辱——二度圍攻維也納的失利、從匈牙利敗退，以及卡爾洛維茨和約跟帕薩羅維茨和約。鄂圖曼人不只是撤出了中歐：只要回顧一下前一個世紀，就知道他們面臨的，是新的、可怕的威脅——俄國的進逼。

德．聖西門（de St. Simon）公爵在逗留巴黎期間，似乎見過這位突厥大使，他指出：「巴黎所能提供給他的一切，他都有所體會與洞察……他似乎了解機械和生產，尤其是鑄幣和印刷。他好像懂得很多有關歷史和好書的卓越知識。」㊵聖西門還指出，這位突厥大使有心在回到伊斯坦堡之後，創辦印刷廠和圖書館，後來他真的完成了這個目標。其實後一件事似乎是和他的兒子一起完成的。他也叫做穆罕默德額芬迪，他跟著父親一起去巴黎，後來在外交方面有很出色的成就，甚至還擔任過大臣。

學者政要的記載和觀感

其他鄂圖曼的大使們，訪問了倫敦、巴黎、柏林、維也納、馬德里和聖彼得堡，也都報導了他們的活動。這類使節信形成某種格調，這類報導的寫作成為某種小型的文類。這種文類的政治性內涵，不太令人滿意。對大使們所交涉的事，講得太少，歐洲政治的一般狀況談得也不多；後來就成為流水帳，幾乎都是一定格式的活動和主題。像這樣缺乏政治性的評論，理由之一或許是，這些報導根本不是機密文件。當穆罕默德額芬迪在一七二一年從巴黎回到伊斯坦堡時，他為了禮數，寄了份報告副本給法國駐伊斯坦堡大使，大使讓通譯譯成法文，後來在這兩個首都出版。在預期會有這種傳播的情形下，這位鄂圖曼大使是不太可能說出什麼具有政治重要性的話。但可以合理假定的是，鄂圖曼大使們除了使節信之外，還會另外寫些東西來強調自己的成就。不過，從鄂圖曼檔案室所得的資訊來判斷，就算到了十八世紀末、十九世紀初，這類額外的報導也仍不多。

話說回來，大約從十八世紀中期開始，就有一些變化了。突厥大使寫的報告，在品質上有明顯的進步，他們變得較有觀察力，也得到較多的訊息。他們更用心在歐洲的政治局勢上，有時對外交活動進行分析，偶爾也有分析長程歷史趨勢的佳作。最少有兩位突厥特使，在大阿拉伯史家伊本·赫爾敦的《序論》中找出分析工具，該著作在土耳其傳誦了一段時間，之後不久被譯成突厥文。有趣的是，他們用赫爾敦的話來說明歐洲的事件。瑞斯米額芬迪（Resmi Efendi）大使在一七五七年到過維也納，一七六三年到過柏林，他談到了外交革命（Diplomatic Revolution，譯註：該詞即源自十八世紀奧國繼承戰爭前後、強國間的合縱連橫，及其外交關係的急劇變化）之後歐洲局勢的變化，以及普魯士的崛起和打贏的勝仗。「用伊本·赫爾敦的話來講，新成立的國家要完全制服舊國家，決定於時間的長度，和事件發生的順序。」㊶二、三十年之後（一七九〇年），另一位到柏林的鄂圖曼大使阿茲米額芬迪（Azmi Efendi），將歐洲人的苟安心理歸咎於失去朝氣，亦即伊本·赫爾敦所說的進入衰弱時期（譯註：之前法國的流血革命和暴民政治，給當時的歐洲人心帶來一定的負面影響）。兩個人對德國政治局勢的看法，顯示了知識和洞見，儘管瑞斯米在談到柏林人就要快皈依伊斯蘭時，是做了不太正確的判斷㊷。

十八世紀末最知名的鄂圖曼外交家之一，就是瓦瑟夫額芬迪（Vasif Efendi），他在一七八七到八九年間，被派駐馬德里㊸。他是當時數一數二的大學者，有著多年帝國史家的地位。後來他成為宰相的國務卿（Reis Efendi），這是在外交界受人矚目的職位。他在派駐西班牙期間，結交了英國文人威廉·貝克福德（William Beckford），他在日記裡談過這位國務卿。瓦瑟夫在這段經歷中，表示了他對西班牙人的一些失望。他從這件事開始談起：回想起到歐洲的鄂圖曼人在通過檢疫時，常會碰到的困難——歐洲政府多半會設置這個關卡，來預防東方遊客可能帶來的感染。他的船來到了巴塞隆納，從這裡將再到瓦倫西亞，他在那裡，為了和西班牙司令官互送禮品的事感到很不愉快。他已給巴塞隆納的「將軍」送了個「很精緻的皮包」，所以也送給瓦倫西亞的司令官同樣的禮品，他說司令官是「地位僅次於宰相的人」。結果令瓦瑟夫很不高興：「他回送我兩瓶橄欖油。從這裡就看得出西班牙人的小氣和民族性。」㊹

另一個重要人物，是埃布·巴其爾·拉提布額芬迪（Ebu Bekir Ratib Efendi），他是一七九一到九二年派駐維也納的大使。他的使節報告並沒有出版，但常被後人引用或提及。他寫了相當篇幅，談到奧國的政治和軍事，詳談了政府的結構、軍隊的組織，還略微評論了他們的社會。十八世紀末，有不少鄂圖曼人士提到過鄂圖曼的落後和衰弱，他是首先表示這種意見的人：問題並不在於鄂圖曼人落後，而在於基督徒超前，以此暗示，基督教歐洲的實際狀況，值得詳加研究、甚至仿效㊺。

鄂圖曼和摩洛哥報告的不同觀點

感到有必要派使節到歐洲的穆斯林國君，不只有鄂圖曼蘇丹一人。摩洛哥的蘇丹們，有時會派使節到歐洲，其中有些人會寫下他們訪問和活動的紀錄。他們一般的目的，是贖回被扣押在基督教國的穆斯林戰俘，儘管從馬立克教法學派（Mālikī）來說，這算是個合法管道㊻。最早留下詳細紀錄的人之一，是大使加撒尼（Wazir al-Ghassānī）。他是摩洛哥出使西班牙國王查理二世（Charles II）的大使，在一六九〇到九一年間來到馬德里。那位（北非）摩爾人蘇丹，剛剛攻下西屬北非的拉臘什（Larache）陣地，現在提議釋放守軍，條件是交換扣押在西班牙的五百位穆斯林戰俘，以及埃斯科里亞爾宮圖書館（Escorial Library）五千本阿拉伯文手抄本。後來大使在蘇丹的同意下，答應了不要手抄本，而以另五百位戰俘來代替。算起來，一位戰俘就值十個手抄本。

加撒尼是個觀察入微的人，他對西班牙的描述相當引人入勝，流傳至今的第一部稿本，是由十字軍收復失土時期結束後，一位摩爾人遊歷者抄寫的。對於摩爾人西班牙的昔日光輝，和格拉納達的不幸事件，他著墨不多，著墨較多的是當時的情勢和事件，而且不只是西班牙，還放眼整個歐洲㊼。

後來派駐歐洲的摩洛哥大使，都向加撒尼看齊，尤其是派到西班牙的大使，該國是大家最關切的。儘管摩洛哥這種使節信，就像土耳其一樣成了一種文類，亦即交代人、時、地、事的流水帳，但有的報告還是滿有意思。話說回來，十七、十八世紀摩洛哥和鄂圖曼的這些使節報告，其中摩洛哥的歐洲介紹還是令人驚訝的。摩洛哥使節對歐洲事務的觀察，並不只停留在人、事的表面。他們在政治、宗教以及貿易和軍事方面，常常能取得很好的資訊，且不只是對派駐的國家，對其他歐洲國家也能如此；不只能談當時切身的事件，還能回溯到前一個世紀的歷史。相對來講，鄂圖曼的訪問官吏就較為漠不關心。他們對於歐洲的政局，觀察得較少，一般來講也較模糊、膚淺。他們的報告，通常局限在所碰到的人物和地點，很少用較大的眼界，亦即時間或地方方面的眼界來觀察的。直到十八世紀末，鄂圖曼的歐洲使節，才開始在這方面給出較嚴謹的論述。

這種差異並不太難加以說明。在伊斯蘭世界，摩洛哥被稱作遠西，阿拉伯文叫做 al-Maghrib al-Aqṣā，亦即偏僻又孤立的小國。反過來說，摩洛哥人就很注意歐洲的威脅。他們看到過，屬於伊斯蘭世界數百年的西班牙和葡萄牙，被基督徒收復失土，本身也接納過其中不少難民。更值得警惕的，是他們親眼目擊這整個過程：西人和葡人高舉著基督宗教的大旗，跨過海峽，登上了北非大陸。他們在十六世紀所面臨的問題，可以說也是突厥人和埃及人在十九世紀所遭遇的。他們對歐洲人的擴張，及促成擴張的軍事和經濟力量，隨時保持警覺。所以自然而然，摩洛哥人對於可能造成威脅的國家，都得蒐集到好的情報。

鄂圖曼的狀況就有所不同。鄂圖曼帝國是個大世界，不是像摩洛哥那樣的一個國家。另外，它也不是偏僻的邊陲，而是握有伊斯蘭的心臟地帶。鄂圖曼人所知的歐洲人，就不過是被他們征服並統治的那些人。再加上近幾年來到鄂圖曼朝廷的歐洲人，都是有求於他們，希望增進自己通商和外交利益的人。鄂圖曼人的世界是廣大、多樣的，且大致來講還是自給自足的。歐洲，尤其是西歐的偏僻地方，看來是既不帶來收穫，也沒有什麼威脅，所以不須加以注意。要等到十八世紀後半一連串的軍事失敗，才使鄂圖曼的統治菁英們警覺到，權勢關係已經出現變化，他們才開始向外部的世界蒐集情報，雖然那個世界曾是詭異而不值一顧，但現在畢竟是具有威脅性的。

使節眼光投向西洋

相較於突厥人或摩洛哥，伊朗沙王更疏於派代表出使歐洲。波斯第一位訪問英國的外交使節，名字叫做納奎德．阿里．貝格（Naqd A`lī Beg），他大概是在一六二六年隨同羅伯特．雪萊爵士去的㊽。唯一值得注意的是穆罕默德．里札．貝格（Muhammad Rižā Beg），他是一七一四年為沙王去到巴黎的，他的活動促成了次年法國—波斯條約的簽訂。這位大使的性格和活動，在法國轟動一時，在當地促成了不少肖像和文學，也曾是孟德斯鳩《波斯人書簡》的靈感來源㊾。在伊朗方面，卻沒有任何資料，顯示這趟出使引起了什麼注意。

波斯對歐的外交活動，其實是從十九世紀才開始，當時一邊有拿破崙戰爭的延燒，一邊有俄國的進逼，這才使得伊朗統治者的對內眼光，開始對外投向西方。在這些伊朗訪歐代表當中，第一位值得注意的人，是哈吉．彌爾札．阿布—哈珊．汗．

伊本・米爾札・穆罕默德・阿里・席拉吉（Ḥajjī Mīrzā Abu'l-Hasan Khān ibn Mīrzā Muhammad A'lī Shīrāzī），一般叫做阿布—哈珊・席拉吉（Abu'l-Hasan Shīrāzī）。他是前一任首相的外甥兼女婿，於一八〇九年五月七日離開德黑蘭前往倫敦，由（英國）著名的詹姆斯・莫里爾（James Morier），亦即不朽的《伊斯法罕的哈吉・巴巴的奇遇》（*Hajji Baba of Isfahan*）小說的作者陪同。他的任務主要是，確認在一八〇九年三月的草約中，英國答應提供給波斯的金援，及其支付的方式。一八一〇年七月十八日，他離開倫敦並返國，且由詹姆斯・莫里爾和東方學者葛瑞・歐斯萊爵士（Sir Gore Ouseley）陪同。一八一五年，他擔任特使，前往聖彼得堡，一八一八年又為了特定任務出使英國。之後他就職掌外交事務，直到一八三四年法塔赫・阿里（Fatḥ A'lī）沙王歸真為止。在這方面，除了許多英國文獻，還有席拉吉自己未完成、也未問世的日誌，講到他在一八〇九到一〇年間出使英國的經過[50]。第二個出使西洋的波斯使節，是胡笙・汗・馬卡當・阿久丹—巴席（Ḥusayn Khān Muqaddam Ājūdān-Bāshī），這是位升任副司令的陸軍將官，這可以從他的封號得知。一八三八年，穆罕默德沙王派他前往歐洲，顯然是要確保訪德黑蘭的英國大臣約翰・麥克尼爾公爵（Sir John McNeill）的返國。他沿途經過伊斯坦堡、維也納、巴黎，最後才來到倫敦，抵達時是一八三九年四月。胡笙．汗自己似乎沒有留下什麼紀錄，不過他的一位部屬倒寫下了這次任務51。

下面這一段顯示了，他們多少意識到，有必要做好對西洋世界的關係：

「一行人來到巴黎時，我設法弄到一本書，其中描述了人居世界中的各個國家及其實際狀況，好對書中所提的各個國家做出摘要。當我們要離開巴黎，準備動身前往伊朗時，法國政府的通譯官鍾安寧（M. Jouannin）帶來份禮物，這是本有關全世界的地理書……我請賈布拉宜先生（Mr. Jabrā' īl）寫下重點譯文，他是位基督徒，擔任這次任務的首席通譯……其實，自從歐洲人有心知道世上各國的實際狀況以來，早已派專人到各地去記錄情況，將所有資訊彙整在這部地理書中……假若沙英沙（Shahinshah）陛下……願意交辦任務，將這部書譯成波斯文的話，這對伊朗王國和所有伊斯蘭子民來講，將會有長遠的價值。」52

從伊斯蘭國來到西洋的，當然不只有這些穆斯林外交人員。早在中世紀時，基督信徒和猶太少數族群的人，就不斷去到歐洲，有的是為宗教，有的是為通商。其中有一位是（伊拉克）摩蘇爾的迦勒底教士伊里亞斯．伊本．哈納（Ilyās ibn Ḥannā）。一六六八年，他走過義大利、法國和西班牙，並從這裡搭船到美洲的殖民地。他差不多可以說是第一位走過新世界、並加以描述的中東人，他在這裡仔細遊歷過祕魯、巴拿馬和墨西哥㊼。

可想而知，猶太人是入境隨俗的。在整個中世紀和近代初期，基督教世界的猶太人，相較於伊斯蘭世界的教友們，在人數上較少，文化層次上較低，重要性也較小。說到在猶太人從歐洲到中東方面，我們有許多記載，但是就他們從中東到歐洲來講，卻幾乎沒有資料。東方聖地的魅力，當然會吸引有學問或虔誠的猶太人來朝聖。相較於使節和商人，這些人也比較有可能留下遊歷的文字紀錄。儘管這樣，有關（地中海東部）黎凡特的猶太人西行的遊記，卻是少之又少。除了之前提過的易卜拉欣．伊本．葉爾孤白的遊記（他可能是改宗過伊斯蘭的人），唯一有點重要性的作品，就是來自耶路撒冷的拉比（譯註：猶太教的學者，或宗教領袖），他叫做海姆．大衛．阿祖來（Haim David Azulay）。他在西歐四處募集資金，想在（巴勒斯坦）希伯倫（Hebron）成立培養拉比的神學院。他總共走了三趟，第一趟時間在一七五三到五八年間，走過義大利、德國、荷蘭、英國和法國；第二趟在一七六四年，走過同樣的國家；第三趟在一七八一年，只到義大利，之後就留在里窩那（Livorno），直到一八〇六年過世為止。他將第一趟的經歷寫成書，直到近幾年前才得以問世，稿本用的是紐約猶太神學院典藏的親筆手稿㊹。

威尼斯突厥客棧的故事

話說去到歐洲的商人（甚至是穆斯林商人），雖然由於一定因素，相較於歐洲人到伊斯蘭國，他們的人數少了許多。不過他們至少在威尼斯有些重要性，甚至完成一些事情，這些事對來到穆斯林國的基督徒而言雖然很平常，但對到歐洲的穆斯林卻很獨特，即：設立了當地的長期設施。有著希臘語源的阿拉伯字funduq（客棧，一譯貨棧），這種設施在穆斯林世界很普遍，提供人、畜的過夜，以及貨品的寄放。到了中世紀末期，來到穆斯林國的各種歐洲貿易商，都可以擁有他們的客棧，後來就以其各自的國名和地方名而知名。所以在穆斯林的城市中，就有威尼斯、熱那亞、法國或其他名字的客棧。

在歐洲的平行設施，只有在威尼斯的 Fondaco dei Turchi（突厥人的客棧）。威尼斯的史料顯示，在十六世紀末，威尼斯有過小型的鄂圖曼商人僑民區。一五七〇年，威尼斯和土耳其之間爆發戰爭時，威尼斯元老院接獲報告，威尼斯 Bailo，或特使馬康多尼歐．巴巴羅（Marcantonio Barbaro）、連同一些威尼斯商人在伊斯坦堡被拘留，因此決議「對住在威尼斯的突厥人民，及其留在該城中的貨品，做同樣的事，這麼一來，不管有什麼狀況，他們的生命和財產，都有助於收回我們的人民及其財產。」㊺當中並沒有交代商人的人數，或是貨品的價格和數量。不過從後續的發展來看，為數應該相當可觀，因為穆罕默德帕夏於一五七一年春捎信到威尼斯時，提議用拘留在伊斯坦堡的威尼斯人及其貨品來交換。在被扣留在威尼斯的「突厥商人」裡頭，有些可能是猶太人。根據威尼斯方面的報導，一五七一年五月，這些被拘留的人得到釋放，並得以在（義大利）里亞爾托（Rialto）經商。而允許威尼斯人回到伊斯坦堡經商、工作，也可能是交涉中的一部分。

另一份有關突厥人在威尼斯的報導，來自當時西洋海軍在勒班陀（Lepanto）打敗突厥人的記載，據義大利史家指出，當地的突厥社群在當時出現了「失望、混亂的景象，十足東方式的誇張」。這些「突厥商人」逃離里亞爾托，並連續四天閉戶不出，以防被兒童們丟石頭㊻。

一五七三年三月，威尼斯和突厥之間簽訂和約，商務才照常進行。鄂圖曼商人在威尼斯的人數開始增加，自然而然佔了穆斯林人口的一定比例。一五八七年，威尼斯元老院決定將機構中的突厥通譯，從一個增加到兩個。後來，穆斯林僑民社區的實際需求，使得威尼斯當局准許突厥人開客棧，就像在穆斯林國的基督徒商人所享有的權利一樣。這種著名的客棧，在威尼斯其實已經有德國人的先例，亦即 Fondaco dei Tedeschi。根據一份義大利史料，最早在一五七三年八月，也就是和約簽訂後不久，突厥人就要求「為了商務上的便利，要求像猶太人擁有的集散地一樣，給他們一塊自己的地方」。相較之下，這種平行設施，比較可能發生在威尼斯商人，而不是突厥商人。隔年，在威尼斯的一位希臘人，寄信給當地的總督，表示他懂得突厥的風俗習慣，並指出，讓突厥人分散在城裡各角落是有害的。他說突厥商人很會「搶劫、引誘男童，以及強暴基督徒婦女」。他們還常常強盜和殺人。所以他建議，比照基督教商人在東方所享有的設施，提供給「突厥族自己的地方和客棧」。

一五七五年八月十六日，威尼斯元老院接受了這項提案。七九年八月四日，天仙客棧（譯註：所謂的天使，在穆斯林叫做天仙或天神），亦即 Osteria del Angelo，被推選為突厥人的客棧。幾年之後，客棧就顯得太小，容納不下那麼多商人、僕從以及大批的貨品。史料指出，那些客棧只夠容納「波希米亞和阿爾巴尼亞的」突厥人，而人數較少的「亞洲」突厥，還得找其他的客棧或民宿來落腳。這些突厥人還顯然受到地痞流氓的騷擾，以至於司法當局（Avogadori di Comun）在一五九四年八月佈告民眾，警告凡是招惹到他們的人，不管是言詞或行為，都可能處以放逐、監禁，或貶為划槳奴工等的懲罰。他們表示，共和國有心讓他們「能夠像以往一樣安心、自在地生活和經商」㊼。

突厥人客棧的存在，遭到過反對。一六〇二年四月，威尼斯政府收到一封匿名的請願書，理直氣壯地從宗教、政治和經濟各方面提出反對。請願者認為，讓一大批突厥人聚集在一個地方，是很危險的。這可能會讓他們打造起一間清真寺、敬拜穆罕默德，甚至發生比猶太人和新教的德國人之間所發生的、更大的事件，突厥人的好色作風，會把客棧變成「罪惡的淵藪」。這批人也可能被突厥人的政治野心鼓動，他們有強勢的海軍和領導力強的蘇丹，他們給威尼斯造成的危害，將遠大過那些渺小的、缺乏領袖的猶太人。這種設施也不會帶來什麼商業利益，因為這些由突厥人從伊斯坦堡運來的貨品，本身就很不值錢。儘管有這些和別的反對意見，案子還是照舊，客棧有了新的、較大的地方，並於一六二一年三月，落成了新的店。它的容量之大，可以讓亞洲「突厥」從別處換到這邊來。不過就亞洲突厥換地方來講，還是有一些阻力，因為在這個大客棧裡頭，「波希米亞和阿爾巴尼亞突厥」跟「亞洲和君士坦丁堡突厥」之間，仍然有所區隔。

十七、十八世紀期間，客棧的生意有點衰退。它有時被迫休業，因為在威尼斯共和國和鄂圖曼帝國之間爆發了衝突。常常拖得很久才重新開張，鄂圖曼商人的回流也是緩慢而有限。根據報導，這棟建築的老闆數度抱怨，沒有條件整修。老闆們也不採納這類的要求，因為在有限的旅客人數下，這麼做並不划算。直到一七四〇年，才出現若干整修。五十位客人連署，投書抱怨費用太高、設備太老舊，在多次理論和官方查驗之後，老闆們最後才同意小修一下。

兩個方向的流動人口

可見從十七世紀末以來，在威尼斯的鄂圖曼商人人數慢慢減少，這是因為十七、十八世紀期間，經濟衰退嚴重影響到兩國的結果。現在幾乎只限於幾種原料的、鄂圖曼的出口貿易，更是大受影響。在一六九九年卡爾洛維茨和約簽訂之後，突厥商人才慢慢回流威尼斯，其中多半寧可透過仲介來運貨，亦即盡可能避免經過異教徒的領土。到了十八世紀末，鄂圖曼商人重新出現在威尼斯時，其人口組成已有變化。向來是少數族群的、所謂的「亞洲人」消失了，據十八世紀中期、末期的一般資料，這時主要是巴爾幹人。另外，在人的階層上也有變化。據一七五〇年客棧的門房指出，在這群突厥人當中，業務員多過商人58。

防範威尼斯人的偏執或敵意，以策安全，仍是這些商人關心的問題。一六一二年頒佈過一項法令，凡以言語或行為冒犯城內經商的外國人者，皆處以重罰。這類資料的數度出現，都顯示了，要保護外來或當地的穆斯林不受侮辱或損害，並不容易。依賴黎凡特的貿易的威尼斯，如果沒辦法包容穆斯林的存在的話，本身是很難維持下去的。從西班牙到瑞典，政府和官府的法令，都禁止猶太人和穆斯林的入境和定居（所謂的穆斯林通常指摩爾人或突厥人）。西班牙政府在一七一三年的（荷蘭）烏得勒支和約（Treaty of Utrecht）中，願將直布羅陀海峽割讓給英國，但卻仍保留一項但書：「英王陛下採納天主教國王的請求，不管在任何情況下，都不讓猶太人或摩爾人在上述的直布羅陀城中定居或住宿。」值得一提的是，英王的談判代表，幾乎從一開始就不理會這項請求㊾。

另一方面，歐洲人之不願接待穆斯林，正如穆斯林、甚至其他中東人也不願去到歐洲。少數的黎凡特猶太人，為了經商而定居在義大利或維也納，他們仍和鄂圖曼鄉親保持聯繫。除了威尼斯突厥客棧的房客，和後來出現在馬賽及維也納的一小群突厥人之外，還有一些穆斯林為了經商或其他因素，長期居留在基督宗教國。能顯示這兩個世界的相對狀況的好指標，就是難民的流動。相對於大批的猶太人和各種流亡的基督信徒，從基督宗教國逃到伊斯蘭國，採相反方向遷移的人卻非常之少。拜占庭帝國衰敗期間，小批的希臘基督信徒，從希臘遷到義大利；後來，一小群黎巴嫩的馬龍派基督徒，和一些亞美尼亞人和希臘人（大半是東儀天主教徒），到羅馬、威尼斯等歐洲城市定居。大致來講，東方教會的基督徒認為，與其在基督教歐洲被看成分裂教會者，不如在穆斯林的土耳其，作不信道的人來得自在。

兩位流亡的親王

在從東方到西方的遷徙當中，只有一小群難民有點重要性。有少數的鄂圖曼親王，在國內的政治鬥爭中失敗，到歐洲尋求庇護、甚至支持，卻都沒有成效⑥⓪。其中最出名的，就是穆罕默德大帝（Mehmed the Conqueror）之子葉姆親王（Prince Jem），和他的兄弟巴耶塞特二世⑥①。葉姆在要求繼位失敗之後，到羅德島尋求庇護，那時是聖約翰騎士團在執政，之後在一四八二年，從那裡搭船到法國。他設法爭取歐洲當權者的支持，但他們似乎只把他當作對付突厥蘇丹的人質，所以沒有結果。因此一時之間，他在聖約翰騎士團的看管下，被軟禁在法國。他有一小隊突厥隨扈，其中有位叫做海達（Haydar）的，留下了一本回憶錄，大概是最早由到歐洲的突厥人留下的記載。他在法國和義大利簡短記下的地點和人物，頗能代表突厥人的驚訝、反感和漠視。

親王在尼斯待了四個月，看起來過得還滿愉快。他的一部分消遣是參加舞會，回憶錄的作者也在場，他也像後來許多穆斯林訪問者一樣，被這種陌生的歐洲習俗震撼：

「他們帶來城裡的漂亮小姐，像公雞一樣地嬉鬧。在他們的習俗，女人是不用遮頭蓋臉的，相反地，還以親吻和摟抱為能事。玩累了、需要休息時，就隨意坐在陌生男子的膝蓋上。她們的脖子和耳朵都沒有遮蓋。親王和其中好幾位漂亮小姐發生過關係。親王待在尼斯期間，作了這樣的對句：

尼斯城真是美妙的天地，
勾留的男人可隨心所欲。」㉒

後來騎士團和教宗英諾森八世（Innocent VIII）覺得，「為了基督宗教國的整體利益」，請葉姆親王移駕羅馬，抵達時間是一四八九年三月四日。十天之後，他接受了教宗的款待，後來在他的基督宗教監管人之間，就有很多的盤算和密商。一四九四年，法王查理八世（Charles VIII）來到羅馬，從教宗那裡帶走了葉姆一行人。他陪同法王在那不勒斯附近一遊，但在途中就生了病，而於一四九五年二月二十五日在那不勒斯歸真了。根據後來蘇丹方面的傳聞，是教宗授意毒死他的。這位流亡的鄂圖曼親王留下遺囑，交代要公開他的死訊，以阻止那些不信道者，假借他的名義來攻擊伊斯蘭。他也交代他的兄弟，將他的大體送回鄂圖曼國，還清他的債務，照顧他的母親、女兒和其他家屬。遺囑照辦了。

葉姆在法蘭克人那裡的經歷，也在突厥人這邊留下了些紀錄，他畢竟是鄂圖曼的親王。他也是位出色的詩人，他的詩被收錄成兩本詩集，一本是波斯文，一本是突厥文。除了上述的回憶錄，也有許多相關文獻，保存在土耳其的檔案室中。其中包括了葉姆的一些親筆信件，其中甚至簡短記敘了，他們盤問一個鄂圖曼特務，這是伊斯坦堡派來監視他的活動的。

另一位流亡者較不知名，他是黎巴嫩親王法克赫・丁・曼（Fakhr al-Dīn Ma`n）。他是個隨機應變的人，曾分別被描寫為穆斯林、德魯茲教派（Druze）穆斯林，或是基督徒。他在反抗鄂圖曼人失敗後，被迫離開黎巴嫩，一六一三到一八年間，他待在義大利。在里窩那港靠岸之後，他在佛羅倫斯待過一段長時間，接著到西西里島，返鄉之前在那不勒斯。有關他的遊歷和印象的紀錄，很可能是由他親自口授的。後來保存在他的作傳者那裡。逗留歐洲所帶給他的影響，以幾種方式顯示出來。他在貝魯特打造了一座義大利風格的宮殿，將（義大利）托斯卡納（Tuscan）各領域的專家帶到黎巴嫩，並將一筆給自家子弟的錢，存在佛羅倫斯的銀行，這可是個有意思的創舉63。

雙方的特務

話說回來，就鄂圖曼人到歐洲而言，除了大使之外，具有重要性的紀錄也就這些了。有關在威尼斯的突厥社群，還可以藉由威尼斯的文獻和編年史來查證，但在突厥史料方面，就目前所知，確實不曾提及。可想而知，在突厥官方史家所劃定的範圍來說，一小群巴爾幹商人的流動和活動，是引不起興趣的。只有在鄂圖曼為了保護其海外人民而進行強勢干預時，才偶爾記上一筆。

就提供西方訊息的人來講，除了使節、商人和朝聖者，一定還有過另一種人，那就是特務。理所當然地，有關他們的活動，所能取得的史料並不多。地下工作本來就是在地下，這種組織的活動，通常是沒有公開文獻的。不過根據史料，還是可以指出兩點：穆斯林官方確實有派遣特務在基督教國活動；第二點，相較於對方在伊斯蘭國的活動，穆斯林國的活動規模較小，也缺乏實效。

運氣好的話，我們能夠發現這類出任務的特務，及其進行的工作。前面就提過一個例子，一四八六年，鄂圖曼派出過特務，到法國監視流亡的葉姆親王。一位鄂圖曼親王，這是當權的蘇丹的兄弟、失敗的領袖候選人，他的到來對基督宗教國的統治者來說，顯然是個誘因和機會。在為期十二年的滯歐期間，葉姆親王成為一連串陰謀詭計的焦點，目的在以一定方式，利用他來對抗鄂圖曼國。蘇丹當然隨時注意著他的對手，也有過許多跡象，顯示他們有意透過外交和情報手段，先找到這位流亡的親王，再來就是拘捕或除掉他。在（伊斯坦堡）托普卡珀宮（Topkapı Palace）的檔案室中，存有不少關於葉姆親王的檔案，其中有一份名叫巴拉克（Barak）的人所寫的報告，他是突厥海軍上校，到過義大利和法國，並在法國找到這位流亡的親王。在突厥政府的各個部門裡，最可能懂得歐洲情況，並略通歐語知識的，就是海事人員。他應該也能輕易進到歐洲，而不引起太大注意。這份檔案像是在作證，主要在講他到達目的地之前的經過。看來他是照著任務，做了份完整的口頭報告⑭。

另一位有意思的人物，是目前所知、最早訪問過英國的鄂圖曼代表。他的名字在不同資料上有著不同的型態，最普遍的是加布里耶·德·佛倫斯（Gabriel de Frens）。他雖是土生土長的法國人，卻也有中東的血緣，父親曾在（埃及）亞歷山大港擔任法國領事，年輕時就被（南斯拉夫）達爾馬提亞土匪抓走，並賣給突厥人當奴隸。皈依伊斯蘭之後，他取了馬哈茂德·阿布杜拉（Mahmud Abdullah）的名字，並進入蘇丹政府部門，在情報和組織方面相當能幹⑥⑤。

基督宗教國在這種工作上，各方面的情形都較好。專責的人都精通中東的語言。他們在中東國家從很早就開始擁有當地的族群，更重要的是，在伊斯蘭國裡頭，基督教國擁有大批潛在的支持者，以及當地基督教群體中的成員。從資料中偶爾出現的零星資訊來看，從拜占庭皇帝到近代的基督宗教諸國，伊斯蘭帝國的歐洲對手，在情報工作方面顯然是不遺餘力。

界在兩個世界之間的檢疫站

不消說，穆斯林也有同等的需求，但卻沒有同等的機會。在基督宗教歐洲，並沒有穆斯林社群。凡是在那些被收復的土地上的社群，像是西班牙、葡萄牙和義大利南部的，都很快就消失了。有若干證據顯示，在十六世紀期間，鄂圖曼人能在西班牙國裡拉攏到猶太支持者——但不清楚到什麼程度。他們沒有在歐洲的僑民，到訪者也少，所以嚴重缺乏有關歐洲語言和情勢的第一手知識。若要獲取這一類情報，主要大概有兩條管道：猶太人，尤其是前陣子才到過歐洲的，以及混入某穆斯林政府部門的基督徒背教者，或投機份子。

現存的一些文獻，可以大致顯示，這牽涉到哪一類人，以及他們能提供哪一類的知識。前面提過，十四世紀的埃及作者烏瑪里（`Umarī），他在作品中所談到的基督宗教的歐洲國家，據他說是得自一位熱那亞人，名字叫巴爾班（Balban），據說是位獲得釋放的奴隸。巴爾班自稱多明尼其諾（Domenichino），為熱那亞多里亞（Doria）望族的塔迪歐（Taddeo，拼字不太確定）之子。烏瑪里的敘述，從法國的皇帝和國王開始，大致談了普羅旺斯和義大利各城邦的一些細節，並講到法蘭克人之來到敘利亞及離去。他在結尾處還為講到這些事情而致歉。

「我們簡短敘述了法蘭克人的情況，僅僅是因為這進入了我們先前指出的、有關法蘭克人的國家和氣候的範圍。否則它應該被排除在本書的範圍外，儘管這並非全然沒有益處……」⑯

就穆斯林到歐洲來講，有其實際上以及意識型態上的障礙。早在十四世紀，大家先是在威尼斯和（義大利）拉古薩（Ragusa），之後在馬賽和其他基督教海港，開始對瘟疫採取預防措施。這到後來就發展成一項制度，亦即所謂四十天的檢疫期，這是十五世紀威尼斯當局，用在來自鄂圖曼國的所有入境者的。隨著西、東方在公共衛生標準上落差的加大，檢疫成為永久的制度，並成為防止歐洲人受感染的必要措施。檢疫執行得非常嚴格，不分宗教或國籍、身分或法律地位。大使和大商人也要跟普通的朝聖者一樣地遵守，出境的貴族也和入境的穆斯林一般同等處理。穆斯林大使多半會抱怨這種檢疫站，這自然使得他們感到惱怒及有損尊嚴。部分問題是出在，在他們接受隔離檢疫時，當地人得以就近注視他們。穆罕默德額芬迪在Cette，亦即法國南部的一個檢疫站待了一段時間，當時他指出：「我在散步時有一群男的，尤其是女的過來圍觀……女人開始聚成一組十個，不到五點日落後不肯散開，因為這些女士算起來都是鄰居……為了看到我而聚到這邊來。」⑰瓦瑟夫額芬迪（Vasif Efendi）描述：「檢疫站是用柵欄圍起來的，圍觀者從各個方向過來，遠遠跟我們打招呼。既然他們一輩子也沒見過我國的同胞及其穿著，便都顯得非常驚奇。」⑱有時檢疫人員會為了這些大使的尊嚴，而給一些禮貌性的託詞。所以一七九〇年訪問柏林的阿茲米才會報導說：「將軍親自來到我們的宿舍，並說：『您本來是不用在檢疫站裡頭等的，但要是我們不將您委屈在這裡，人民是會為這個講不少話的。』

他設法用這些話為自己開脫。」⑲這個檢疫期，成為基督宗教和伊斯蘭彼此密切溝通的主要障礙。十九世紀初，一位到東方的英國人，出色地描繪了這個障礙在物質上和心理上的衝擊：

「這兩座邊境城市，相距不到一顆子彈的射程，但兩邊的人並不相往來。這塊三不管地帶，北邊屬匈牙利人，南邊屬突厥人和塞爾維亞人，彼此相距之遠，彷彿隔了五十個省。走在塞姆林（Semlin）的街上，人們行色匆匆，大概沒有人曾經往下走，去看看住在對邊堡壘牆下的外族。將人分隔開來的，是瘟疫和對它的恐懼，一道象徵這種恐怖的黃旗，禁止了所有流動的攤販。如果你敢觸犯檢疫的規定，馬上就會遭到軍事審判；法官會站在五十碼（譯註：約四十五公尺）外的審判桌前，大聲喊出你的判決；教士不再是在耳邊輕聲告訴你宗教美好的希望，而是隔了大段距離安慰你，然後你會被小心地射殺，並草草埋在檢疫站附近。

等到準備好離開的時候，我們往下走到檢疫當局的處所，這裡有奧國政府的「居間」（compromised）官吏在等著我們，他的任務是監督人們通過邊界，為此，他得生活在一種長久隔離的狀態。小艇和「居間」的划船人也都準備好了（原註：所謂「居間」人，就是曾經接觸過可能帶有感染原的人或事物的人，一般來講，整個鄂圖曼帝國一直都被列為疫區；所謂「黃旗」則是檢疫當局的標誌）。

只要接觸過鄂圖曼帝國的什麼人或物，在經過奧國時，就得忍受十四天的隔離檢疫。所以我們覺得，在做這件事之前，要確認該安排的事都沒有遺漏掉；為了擔心會出事，出境的準備工作，辦得好像是自己的後事一樣。之前接待過我們的一些人，下到河岸旁來跟我告別；現在我們和他們站在離「居間」官五步遠的地方，他們問我們是否都處理好了家鄉的事，以及是否已經沒有什麼臨別的要求。我們再跟僕役們交代一次注意事項，並擔心會遺漏掉什麼要事：他們能確定都沒有遺漏嗎——那個帶有保證書的檀香化妝箱不會搞丟了吧？不會的，我們的每一件寶物，都安全地放在船上，而我們——也即將上船。於是我們就和我們的塞姆林朋友握手，隨後他們往後退上三、四步，讓我們差不多站在他們和「居間」官中間。他就走過來再問一次，文明世界的事是否都辦完，便伸出手來。我握住他的手，基督教世界的事就先暫告一個段落。」⑳

穆斯林的幾本歐洲遊記

穆斯林真正詳談西歐的第一份史料，並不是來自中東或北非的國家，而是更遠的地方——印度。就在土耳其和伊朗統治者，還能保住中東的心臟地帶、抵抗歐洲的進逼（來自北方的俄國、南方的海軍）時，一些偏遠的伊斯蘭國家紛紛失去戰力，落入異族的統治。俄國和英帝國在北亞和南亞的佔領，也將數百萬位穆斯林納入掌控。穆斯林現在所面臨的歐洲人，不再是鄰國人或來訪者，而是統治階層了。這是一場磨練，但這也使得一些穆斯林，開始去發現這些洋人的家鄉，進而認識西洋。

在從印度來到英國的穆斯林裡，有兩個人特別有意思。第一個叫做伊地珊·丁（I'tis ām al-Dīn）教長，孟加拉人，在一七六五年來到英國，據說是到過倫敦的第一位印度人。他以波斯文寫下他的遊記。裡頭包括了，他在英格蘭和蘇格蘭，看到的地方宗教和習俗、制度、教育、法律、軍事以及旅遊景點等。當中也包括了有關英國宮廷和議會的介紹。他對沿途經過的法國，也談到了他們的一些風俗習慣㉑。

第二個人更有意思，他叫做米爾札·阿布·塔利布·汗（Mīrzā AbūTālib Khān），一七五二年出生在（印度北部首都）勒克瑙（Lucknow），家族為波斯—突厥裔，本身是英國地方官府的稅吏。一七九九到一八〇三年間，他在歐洲深度旅遊，回印度之後寫了本遊記。雖然他寫的是波斯文，但似乎也考慮到英文讀者，身為歐洲政府的官吏和人民，他的觀點不同於一般穆斯林作者。他從愛爾蘭開始遊歷，大半時間花在倫敦。回程時則經過了法國、義大利和中東。他對見聞過的國家和民族，做了極詳細的敘述，有別於一般的穆斯林[72]。

穆斯林遊歷的全新階段，開始於十八世紀末。一七九二年，謝利姆三世（Selim III）蘇丹大事改革，用意在使土耳其趕上一般歐洲國家，其中包括了在歐洲各大首都，設立鄂圖曼的常駐代表。第一個鄂圖曼大使館，是於一七九三年設在倫敦的。隨後是維也納、柏林和巴黎。一七九六年，賽義德·阿里額芬迪（Seyyid Ali Efendi）來到巴黎，擔任鄂圖曼蘇丹對法國共和國的首位大使。大使們除了外交上的例行事務，還必須研究該國的制度，以學會「有助於帝國公僕的語言、知識和科學」[73]。

鄂圖曼第一批駐歐的外交使節，多半來自朝廷或官府的官吏，受的是老式教育，對西洋的語言或狀況懂得很少，觀念也滿保守。從一般表現來看，他們從駐在國那兒學得不多，所受的影響也不大。

不過也有例外。最有趣的鄂圖曼外交官之一，就是阿里·阿齊茲額芬迪（Ali Aziz Efendi），克里特島人某鄂圖曼大官之子。他本身在政府中掌管各類行政工作，後來擔任派駐普魯士的大使。一七九七年六月，他來到柏林，次年十月歸真。阿里·阿齊茲額芬迪懂法語，也略通德語，還懂得一些西洋文學。他在柏林時，結交了德國的東方學者費德里希·封·迪茨（Friedrich von Diez），並以通信方式討論了各種科學和哲學議題。雖然只有部分信件保存下來，由此卻可看出，這位鄂圖曼大使，並不懂得啟蒙運動中的實驗科學或理性哲學。不過他倒是懂得另一類的西洋文學。除開他的一些神祕主義的著作，最有名的就是在生前編寫的童話集。內容部分是翻譯的，部分是取材自法國東方學者克魯瓦（Pétis de la Croix）的《一千零一夜》（*Les Mille et un jours*），該書於一七一〇年到一二年間出版。克魯瓦的書可說是《天方夜譚》（譯註：即時間上較早的阿拉伯民間故事集）的仿作（之前不久才譯成法文），至少有部分是取材自波斯或別的伊斯蘭原文。所以說對中東讀者來講，它比別的西方書籍更平易近人㊹。

這些大使不是一個人去闖的。大使都有兩名希臘通譯，擔任主要的溝通管道，同時也有年輕的突厥祕書隨行，他們的主要工作是學外語（主要為法語），並從西洋社會發現一些東西。在這些為任務受教育的菁英裡頭，不少年輕的突厥人第一次有這麼個機會，在某個歐洲首都待上一段時間，學會一種歐語，並開始略通歐洲文明。他們在回到土耳其之後，多半成為官吏，在鄂圖曼官僚體系中，形成一個截然不同的團體，受過西洋的一些訓練，也對西洋感興趣。所以他們和那些從改制後的陸、海軍軍校畢業出來的洋化軍官，在不少方面都是可相提並論的[75]。

一個例子就是馬哈茂德·萊夫（Mahmud Raif），他是第一位鄂圖曼駐倫敦大使優素福·阿嘉額芬迪（Yusuf Agah Efendi）的祕書長，並擔任過一八〇〇到〇五年間宰相的大總管。他在英國歷練過之後，回到國內被稱為英吉利茲·馬哈茂德（Ingiliz Mahmud）。他寫了本有關英國制度的書，手抄本保存在伊斯坦堡的貝勒貝伊宮（Beylerbeyi Saray）圖書館。令人好奇的是，這本書是用法文寫的。另一本書有關本國的改革，用的也是法文，是一七九七年於（伊斯坦堡）于斯屈達爾（Üsküdar，即 Scutari）印行的。他那溫和西化的立場，並沒有帶來太大好處，一八〇八年，他被造反的禁衛軍殺害[76]。

後來的留學運動

不管是軍校生，或是新進的外交人員，都必須當歐洲人的學生。不久之後，穆斯林領袖就更進一步送學生留學歐洲，在當地正規的教育設施裡學習。跨出這一大步的，是埃及領袖穆罕穆德．阿里（Muh ammmad `Alī）帕夏，他在一八〇九年派出第一位留學生到義大利。到了一八一八年，人數已累積到二十八位，一八二六年，他又派出一批留學生到法國。該留學團有四十四人，由最優秀的（埃及）愛資哈爾（al-Azhar）清真寺大學的一位教長帶領，他有著宗教導師的任務。在這個埃及留學團中，有不少突厥人和別的鄂圖曼人民。但有些也是操阿拉伯語的穆斯林，像是他們的教長里發．拉非．塔賀塔衛（Rifā`a Rāfi` al-Taht āwī，一八〇一—七三）。他在巴黎待了將近五年，精通法語，而且成就大大超過了他的任務。由於他的著作和教學，他成為十九世紀面向西洋的知識份子中的關鍵人物[77]（譯註：關於里發教長的資料滿豐富的，參閱註[77]）。從善如流的鄂圖曼馬哈茂德二世蘇丹，也採用他那埃及屬國的辦法，於一八二七年派出為數一百五十位的第一批留學團，到各個歐洲國家，用意在培訓一批老師，等回到土耳其後，可以在他設立的新學校中教書。一八一一和一五年時，也有從伊朗派到歐洲的一小批留學生。其中有一位叫做米爾札．穆罕默德．薩利赫．希拉其（Mīrzā Muḥammad Ṣāliḥ Shīrāzī），他所留下的遊記，是相當有意思的⑱。

可想而知，保守的教派一定會對這些運動提出強烈的反對，但留學運動還是有所進展。在十九世紀前十年間，中東穆斯林國的留學生人數激增，他們在歐洲上專科學校，甚至大學。但對其中不少人來說，這卻是多年的放逐和分離，所以回國時，是興高采烈回到傳統的懷抱。但這不應一概而論，就一般的留學生而言，他們從同學那兒學的，比從老師學得的還多。他們所吸取的若干教訓，將使中東的歷史發生轉變。

5

穆斯林學者看西洋

Muslim Scholarship about the West

學者開始注意西洋

一六五五年，鄂圖曼學問淵博的地理學家阿提布．伽勒比，打算寫一本小書，叫做《有關希臘人、羅馬人和基督徒的歷史之釋疑》①。在他的序言裡頭，他說明了寫這本書的用意。基督信徒已經越來越多，也不再局限於先前定居的地方，雖然這些基督信徒的教派，只是一顆芥菜種子（Millet），但卻已散播出去，到了世上不少地方。隨著他們駕船穿越東方和西方的海洋，已經成為許多國家的主人。他們仍然侵犯不了鄂圖曼帝國，但在新世界，他們打贏了幾場仗，也控制了印度的港口，所以正逐步逼近鄂圖曼的版圖。就面對著與日俱增的真正威脅而言，伊斯蘭的史書只提供過虛構的謊言和荒謬的童話。既然如此，就有必要提供更好的資訊，使大家不再對這些急起直追的民族一無所知，不再對這些來勢洶洶的鄰邦人毫無警覺，而是要從漠視的睡夢中醒來，正是這種睡夢，使得這些可惡的人們從穆斯林手上奪走一些國家，進而把穆斯林國變成不信道者家族。

他說，為了提供這些資訊，他採用了法蘭克人的《小地圖集》（*Atlas Minor*），以及別的被他翻譯過來的資料。

該書的第一個部分是導論，包含了兩個大段。第一大段是簡介基督宗教，所根據的是阿拉伯文著作，作者是中世紀時由基督宗教皈依伊斯蘭的學者。第一大段有著辯護宗教的用意，和敵視法蘭克人的語氣；第二大段是向讀者簡介歐洲的政治制度。介紹的方式，是利用歐洲政治學的用語，例如皇帝（imperator）、國王（Kıral）等詞語，做一系列的定義和說明。接著對教會和國家中的不同職稱逐一詳加分別，其中包括了教皇、樞機主教、紅衣主教，以及伯爵等各種世俗的職稱（譯註：所謂世俗的，是相對於教會而言的形容詞，而沒有一般等同於「庸俗的」一詞的涵義）。導論還簡介了「這班無可救藥的人」使用的語言，他談到了歐洲語言的數量之多，及彼此的難以溝通。

正文有九個篇章，講解教皇制、帝國，以及法國、西班牙、丹麥、（羅馬尼亞）特蘭西瓦尼亞（Transylvania）、匈牙利、威尼斯、（東歐）摩爾達維亞（Moldavia）等，這些顯然都是作者覺得需要注意的歐洲國家。他所提供的資訊，相較於那種夾雜著若干不明出處的訊息，以及教皇或元首的長串名單來說，還是好一些的。政府體制方面，唯一講得較詳細的，是威尼斯的制度。他在兩個國家，亦即法國和西班牙方面，也能提供有關歷史和地理的一定資訊。

阿提布·伽勒比的用意甚佳。他在地理學和地圖繪製方面的著作，可以證明這點，並顯示出，他已經用心找出所有可用的資訊。他在引用早期文獻方面，確實很獨到，他對於歐洲的敘述，本身代表了一種進步。可以說，在十九世紀之前，阿拉伯文或波斯文方面的著作，並沒有與之類似的可用資料。話說回來，他所講的歐洲歷史和當代事物（寫於一六五五年），若是相較於歐洲人對鄂圖曼人的了解，就顯得較為簡單而瑣碎。早在阿提布·伽勒比寫書前的一百多年，歐洲讀者在鄂圖曼的歷史和制度方面，就可以讀到廣泛且詳細的介紹，其中還包括了直接從早期鄂圖曼官方史稿而來的譯本。歐洲人的興趣也不只限於鄂圖曼突厥，突厥是當時迫切的問題之一。歐洲人也曾興趣過伊斯蘭初期的歷史和文化，他們出過廣泛的資料，這包括了阿拉伯文經典的版本和譯本，以及有關穆斯林的歷史、思想和學問等的研究。就在阿提布·伽勒比的那個時代，西歐的不少大學，已經有阿拉伯語文的教席，當時的學者像是荷蘭的雅各·哥留斯（Jacob Golius），和英國的愛德華·波考克（Edward Pococke）打下了古典的東方學的基礎。十七世紀末，法國人巴泰勒米·赫伯洛（Barthélemi d'Herbelot）完成了《東方叢書事典》（*Bibliothèque orientale*），這是聞名的、以字母排列的東方百科事典。他當時可以引用的資料，就有拉丁文以及幾種歐語的、公開的學術資料，有的訊息來自逃回的、或贖身的戰俘，有的是來自外交或貿易人士。但後來，就開始仰賴新的學者世代，他們精通伊斯蘭的語言和文獻，使得歐洲人在古籍和天經的考據及研究方法上精益求精。他們的成就相對於穆斯林而言，是望塵莫及的。穆斯林的學界，不管是語言學或別的學問，都執著在自己的信仰、教法，和經籍等的不朽典範。

所以說，阿提布·伽勒比批評得很有道理，之前學界對西方的理解，不過是「謊言和童話」，我們不妨在此一探究竟。

有關歐洲的介紹

以阿拉伯文寫的、有關西歐的第一批嚴謹的介紹，就目前所知，是出自九世紀。它們主要取材自古希臘，尤其是托勒密（Ptolemy）的地理學。這似乎已數度被譯成阿拉伯文。現存的文字是九世紀初的改編本，由知名的中亞數學家、哲學家穆罕默德·伊本·穆薩·花剌子密（Muh ammad ibn Mūsā al-Khwarezmī）所作②。

中世紀歐洲人所講的十進位（algorism），據說就是來自他的名字。花剌子密並不以翻譯托勒密為滿足，他也把當時波斯人和阿拉伯人所能獲得的地理知識整合進去，做了不少修正和補充。其中有關西歐的簡短介紹，是相當正確的，只不過講的比其他地方少得許多。更可惜的是，在僅存的手抄本中，歐洲的地名遭到嚴重改動，有的甚至無法辨別。

穆斯林學者從這本書，以及（或許）從敘利亞或希臘的譯本，可以抓到有關西歐的地理輪廓，甚至一些地名。他們很快就開始有了自己的地理著作，雖然他們多半把西歐當作偏僻地方而著墨不多，卻還是顯示出知識的逐步延伸③（譯註：註③當中有不少相關資料，請參閱）。

有作品流傳下來的第一位穆斯林地理學者，名字叫做伊本．胡拉達貝（Ibn Khurradādhbeh），是位波斯人，作品是在九世紀中葉以阿拉伯文寫下的。他是國家郵政機構的資深官吏，負責郵件、情報交換和驛站等工作，他的書就跟中世紀伊斯蘭的許多地理文獻一樣，部分因應了該機構檔案的一定需求和資訊。內容自然以伊斯蘭的版圖為主，但其中也有注意到拜占庭帝國，因兩國的郵政單位有所聯繫，甚至還有關於歐洲偏僻地方的簡介。

伊本·胡拉達貝說：「人居世界可分成四個部分，即歐洲、利比亞（Libya）、衣索匹亞（Ethiopia）和西徐亞（Scythia，譯註：為古代歐洲東南部以黑海北岸為中心的一個地區）。」這種區分方法，早期出現在少數的阿拉伯文獻中，加註著希臘的出處，隨即就從伊斯蘭的地理文獻消失。伊本·胡拉達貝的歐洲拼成 Urūfa，有點令人驚訝地涵蓋了「安達魯西亞（原註：即穆斯林西班牙），和斯拉夫人、羅馬人和法蘭克人的國家，以及從（摩洛哥）丹吉爾港（Tangier）到埃及國界的那個國家」④。

作者在穆斯林西班牙，亦即伊斯蘭家族的一部分這方面，知道得不少。有關穆斯林國界之外的國家，他是這樣講的：

「安達魯西亞北方，有羅馬、（法國）勃艮地，以及斯拉夫人和（歐洲南部）阿瓦爾人（Avars）的領土。

來自西洋的東西，有（南斯拉夫北部）斯拉夫尼亞（Slavonic）、希臘、法蘭克和倫巴底奴隸，希臘和安達魯西亞女奴、狸皮和其他毛皮、香水、安息香，和藥品、乳香等。在法蘭克人領土的海岸邊，他們在海底培養了bussadh，一般稱作珊瑚（marjān）。斯拉夫人的領土再過去，海上有座叫 Tū liya（Thule，譯註：圖勒，在挪威、冰島等極北地區內）的城市，大、小船都去不了那裡，也沒有什麼能從那邊過來⑤。

有猶太商人……他們講阿拉伯語、波斯語、希臘語、法蘭克語、安達魯西亞語和斯拉夫語。他們在東、西方之間通商，走陸路、也走海路。他們從西方帶來閹人（譯註：此處所謂閹人並不等於宦官，而是經過安全處理的男童奴）、男、女童奴、織錦、狸皮、動物膠質、貂皮和刀劍等。」⑥

作者所提到的猶太商人，引起當時學界的注意，並考據他們的身分和所在，評估他們的重要性。他們似乎是來自中東，而不是西洋。

有關歐洲的地理知識

類似的文字，也見於當時另外兩位穆斯林地理學者的著作。其中一位是伊本·法其赫（Ibn al-Faqīh，九〇三年歸真），他用了前輩的資料，但加了這樣的話：

「在第六氣候區，有法蘭克國和其他民族。那裡的女人有一項習俗，就是趁乳房還小的時候，就割掉並加以燒灼，以防止增長。」⑦

另一位是伊本．魯斯特（Ibn Rusteh，九一〇年歸真），也講了不少類似的故事，且還加了新的、奇特的細節：

「在大洋的北邊有十二座島，叫做不列顛群島。再過去，就離開了有人住的土地，沒人知道那邊的狀況。」⑧

以上三個學者，都提到了羅馬這個名字，也都講了一些奇怪的故事。到了十世紀，穆斯林讀者就有相當豐富的資訊了。當時最卓越的地理學者是馬斯悟迪（Mas῾ūdī，九五六年歸真）。他對歐洲民族的介紹，呼應了古希臘的地理觀，但也加了些有趣的東西：

「說到在北方象限的人，當初這些人來到北方時，太陽離天頂還很遠，這些人包括了斯拉夫人、法蘭克人和周邊的民族。由於太陽離得很遠，所以施加在他們那裡的力量也就微小；這些地方寒氣和濕氣很重，冰和雪不斷交替出現。他們身上缺乏溫暖的體液，身材高大，性情粗野，行為冷酷，理解力差，舌頭遲鈍。他們的膚色蒼白到看起來像是藍的；皮膚很嫩，但肌肉很粗。眼睛跟臉色很搭，是藍的；由於濕氣的關係，頭髮筆直，髮色微紅。他們的宗教信仰缺少強韌性，這是由於他們冷的性情和缺少熱情。越偏北的人也就越笨、越粗野，這些特質越往北越明顯……從這個緯度再過去六十多英里（譯註：一百公里）住著歌革（Gog）和瑪各（Magog）（譯註：《聖經》中預言將跟著惡魔為非作歹的民族）。他們處在第六氣候區，被看成野獸。」⑨

這位學者在另一部著作中指出：

「我們所提到的民族，即法蘭克人、斯拉夫人、倫巴底人、歌革人、瑪各人、突厥人、（北高加索）哈札爾人（Khazars）、保加利亞人、（黑海東北部）阿蘭人（Alans）、（中歐）加利西亞人（Galicians）等等，佔據了摩羯宮的地帶，亦即北方，有些教法學界的權威指出，他們都是奴海（即挪亞）之子雅弗（Japhet）的後代……在這些民族裡頭，以法蘭克人最勇敢，裝備最完善，防禦力最強，有著最大的版圖和最大的城市，組織最好，對國王最忠誠——不過加利西亞人比法蘭克人還勇猛，一個加利西亞人就可以對付好幾個法蘭克人。

法蘭克人都忠於一個國王，他們在這方面並沒有起爭論或分派系。目前他們的首都名字叫做 Bārīza（譯註：聽起來應該是巴黎），這是座大城市。他們除了市鎮和村落，還有一百五十個城市。」⑩

歐洲的民族和膚色

從當時這些阿拉伯和波斯的地理著作，或許可以重新建構出，在穆斯林心目中有關歐洲情形的某種意象。在穆斯林安達魯西亞的文明國度北邊，在北西班牙的山區和庇里牛斯山的山腳下，有著信仰基督宗教的原住民，叫做加利西亞人和巴斯克人（Basques），在義大利這裡，穆斯林領土以北，是羅馬的領地，由一位叫教皇的人統治。再過去就是蠻族的地方，那裡的人叫做倫巴底人。在地中海地區的東邊，穆斯林邊境的北邊，就是魯姆（羅馬）的國，希臘的基督帝國，更過去就是斯拉夫人的大片土地，這是涵蓋許多部族的大民族，其中一些，對穆斯林商人和旅客來講已相當熟悉。斯拉夫人以西，直到阿爾卑斯山和庇里牛斯山的北部隘路，都是法蘭克人的土地。當中也有個優秀的民族，叫做勃艮地人（Burjān）。法蘭克人再往北邊過去，是拜火的 Magians，這本來是古代波斯人用來稱呼斯堪地那維亞人的，卻被阿拉伯人隨便用在這裡⑪。在伊斯蘭著作裡，會出現少許北方偏遠的地名，像是不列顛、愛爾蘭，甚至斯堪地那維亞。

穆斯林學者有時會拿魯姆一詞泛指中歐和西歐，亦即基督宗教國的同義詞，但一般來講，西歐人有著幾種不同的稱呼。最常見的是法蘭克人，阿拉伯人拼作 Ifranj 或 Firanj。這個名字可能是由拜占庭傳到穆斯林的，原先指的是西方查理曼帝國的人。後來就用在通稱歐洲人，它在中世紀的用法裡，通常不會用在西班牙基督信徒、斯拉夫人或斯堪地那維亞人，而是大略指大陸歐洲或英國。法蘭克人的領土，阿拉伯人叫做 Franja 或 Ifranja，波斯文和後來的突厥文叫做 Frangistan。

中世紀文獻裡用來指歐洲人的稱呼，有時叫做 Banu'l-Aṣfar，意思是「黃種人的子孫」。這原先是阿拉伯人指希臘人和羅馬人的，後來擴大到西班牙人，最後用來通稱歐洲人。穆斯林系譜學者一般認為，這個詞裡的人名 Aṣfar，是以掃（Esau）的孫子，Rūmīl 的父親，即希臘人和羅馬人（魯姆）的始祖（譯註：以掃為《聖經》中人物，個性短視近利）。有些學者認為，這個詞指的是歐洲人的淺膚色，看來像黃色或金黃色，有別於亞洲人或非洲人的棕色和黑色。這種說法不足採信。阿拉伯和波斯的學者，一般會說白種人而不是黃種人，而且他們很少用種族或膚色來講歐洲人。由於他們察覺到，本身和南方、東方民族深膚色的比較，對於北方民族的淺膚色，也就不覺得那麼重要。當然有時候也會以鄙視的口吻，講到一些北方民族那種病態的淺膚色。例如斯拉夫人、突厥人、其他草原民族，以及（較不那麼頻繁）法蘭克人。在鄂圖曼時代，Banu'l-Aṣfar 這個詞通常是用在中歐和東歐的斯拉夫族，尤其是俄國人，他們的沙皇有時叫做 al-Malik al-Aṣfar，亦即黃種人國王⑫。

有關法蘭克國王世系的資訊

穆斯林有關歐洲的資訊，來源是怎樣的呢？所用的文獻來源主要是希臘文，再加一點（古）敘利亞文和波斯文。不消說，他們不會從西方的書學到太多。就我們所知，中世紀時期譯成阿拉伯文的西洋書，只有一本。

有一、兩本書，是以輾轉的方式才為人所知的。所以馬斯悟迪簡介了（從西元五、六世紀）克洛維（Clovis）到路易四世的法蘭克王，他說他用的書，是九三九年法蘭克人主教，寫給科爾多瓦的王公哈坎（al-Ḥakam）的資訊：

「回曆三三六年（西元九四七年），在埃及的伕斯泰特（Fusṭāṭ），我無意間找到一本書，是（西班牙）赫羅納（Gerona）的主教戈德馬（Godmar）所寫的。赫羅納是法蘭克人的一座城市，主教是在回曆三二八年寫給哈坎・伊本・阿布達・拉曼・伊本・穆罕默德（al-Ḥakam ibn ʿAbd al-Raḥmān ibn Muḥmmad）的，他是他父親的繼承人，父親當時是安達魯西亞的國君阿布達・

拉曼（`Abd al-Raḥmān）……據這本書的說法，法蘭克人的第一任國王是克盧迪（Kludieh）。他本來是異教徒，王后叫蓋爾塔拉（Ghartala），使他改宗基督教。後來他兒子盧德里克（Ludric）繼位，然後是兒子達科席爾特（Dakoshirt）繼位，再來是兒子盧德里克繼位，然後是兄弟卡爾坦（Kartan）繼位，再來是兒子卡爾拉（Karla）繼位，跟著是兒子泰賓（Tebin）繼位，然後是兒子卡爾拉繼位，他在位二十六年，跟安達魯西亞的國君哈坎同一時期，之後兒子們互相鬥爭，甚至亂到讓法蘭克人幾乎滅亡。之後卡爾拉之子盧德里克成為他們的國君，在位了二十八年又六個月。圍攻（巴塞隆納附近）托爾托薩（Tortosa）的就是他。在他之後是卡爾拉繼位，然後是盧德里克之子繼位，就是他送禮給被奉為伊瑪目（al-Imām，譯註：伊瑪目為地位最高的宗教領袖）的哈坎．伊本．阿布達．拉曼．伊本．穆罕默德，在位了三十九年又六個月。之後，他兒子在位了六年，後來，法蘭克伯爵努薩（Nusa）起來反叛，奪取了法蘭克王國，在位了八年。就是他讓諾曼人七年回不了國，最後是付了七百拉特爾黃金，和六百拉特爾（ratls）白銀給法蘭克人才了事，之後是塔克外拉（Takwira）之子卡爾拉，在位了四年；再來是另一位卡爾拉，在位了三十一年又三個月；卡爾拉之子盧德里克繼位，他就是目前回曆三三六年的法蘭克王。根據所得到的資訊，他已經在位了十年。」⑬

在馬斯悟迪所提到的十六個名字裡，最後十個可以確定，是從鐵鎚查理到路易四世，在前六個名字裡頭，王后克洛維絲就是克洛提爾達（Clotilde），而其曾曾孫子達戈貝爾特（Dagobert）也很容易確認；至於其他的名字就很難在（法蘭克）墨洛溫（Merovingian）和卡洛林（Carolingian）王朝的混亂中辨認出來。

話說回來，這段文字的趣味，並不在於那一連串的名字，以及有著模糊、錯誤和省略之處，重點是在有這個東西的存在。伊斯蘭世界的古典史學相當龐雜，或許比中世紀歐洲國家的總和還來得多，而且水準也高得許多。當中最值得注意的是，儘管從地中海的西班牙到西西里，再到黎凡特的伊斯蘭和基督宗教國之間，有著長期的對立，穆斯林學者根本一直漠不關心，在國界那邊的歐洲發生了什麼事。在伊斯蘭的第一個千年期間，只留下了三部著作，讓穆斯林讀者得知有關西歐歷史的資訊。馬斯悟迪的書，就是當中的第一本。

有關英國和羅馬

如果說西歐的歷史幾乎全被忽略，它的地理卻是一直多少受到注意的。穆斯林學界很注重地理學，在這方面做出了既通博、又專精的資料。穆斯林學者以希臘的著作為基礎，再由許多遊記來加強，做出了更有系統的著述，有的是地理學論文，有的是地理字典，裡頭常有些歐洲的地名。

伊斯蘭世界當然是知道鼎鼎大名的羅馬的，但卻常把它和拜占庭的混在一起，亦即管它叫魯姆，不過還是有些學者知道，義大利也有個羅馬。早期有位阿拉伯學者，引用了大段哈倫．伊本．雅赫亞（Hārūn ibn Yahyā）的資料，他是個阿拉伯戰犯，約在八八六年左右，於羅馬待了一小段時間。哈倫有點誇張地描述了這座城市和各個教會，接著便講到了：

「從這裡搭船，直到抵達勃艮地國王的領土，要花上三個月。再從這裡翻山越嶺到法蘭克國，要花一個月，再從那裡前進到不列顛的城市，還要再四個月，這是位在（大）西洋的海岸的一座大城，有過七個國王。城門上有座偶像，外地人想要進去時，偶像就會倒下來，讓人進不去，等到城裡的人過來抓到他，確認了目的之後，才能進城。他們是基督教民族，這裡是魯姆國的最後一個國，再過去就是沒有人住的地方。」⑭

看得出來，從羅馬再過去，哈倫並沒有探得很遠。但有趣的是，他聽說過不列顛和盎格魯—撒克遜人的七國鼎立，甚至還講到了有關盎格魯撒克遜人的民族遷徙，因而可能是伊斯蘭史上的首度記載。不過他的資訊有點老舊，因為在三十年前，七國爭雄已經結束。

他的有關羅馬的資訊，顯然有不少是來自關於羅馬的故事集，有些例子常見於中世紀文學。有一些被伊本．法其赫（Ibn al-Faqīh）編集起來，穆斯林一位大地理學者亞克特（Yāqūt）有引用過，他在一二二九年歸真。亞克特對其中一些故事相當質疑。在他的地理學辭典裡頭，有關羅馬的部分是這樣的：

魯米亞（Rūmiya）。這個字的讀法是由可靠的權威訂定的。艾斯馬伊（Al-

Aşma`ī，原註：知名的語言學家）說：「這個字跟下面的地名同類，安塔其亞（即安提阿）、（敘利亞）阿法米亞（Afāmiya）、（小亞細亞）尼西亞（Nicaea）、（小亞細亞）塞琉西（Seleucia）和（亞美尼亞）馬拉提亞（Malatiya）。這樣的名字，在魯姆的語言和國家裡頭很多」。

有兩個羅馬，一個在魯姆，一個在馬代恩（Madā'in），這是用建國者取名的。說到在魯姆國的那一個，它是他們政權和學術的重鎮……魯姆語裡頭，這個名字叫做 Rūmī。這個名字後來有個阿拉伯文，凡是住在那裡的人便叫做 Rūmī。

這座城位於君士坦丁堡西北方，相距五十天或以上的路程。它目前是在法蘭克人手上，元首叫做阿耳曼（Almān）的國王。裡頭住著教皇……

羅馬是世界奇觀之一，奇在它的建築、規模和人口數。在我開始講下去之前，我要事先聲明，對於翻開這本書、看我講解這座城市的人，我概不負責，因為它確實是座非常偉大的城市，超乎尋常、無與倫比。但我看過很多以博學知名的學者，也講了我想講的話。我採用了他們的說法，真主最了解何者為真。」⑮

亞克特在這樣的小心聲明之後，開始多方引用中世紀的記載（其中多半應該是歐洲的學者），來談羅馬的奇觀，並下了這樣的結論：

「我在這裡對這座城的描述，都是引自阿赫默德．伊本．穆罕默德．哈馬丹尼（Aḥmad ibn Muḥammad al-Hamadānī）的書，一般叫做伊本．法其赫。這段講解中最困難的部分，是這座城非常之大，但它那可以走上幾個月的鄉村，卻生產不出餵飽其人口的食物。但很多人也會以巴格達為例，在規模、土地、人口眾多和澡堂數方面，也類似於羅馬，但這種事情對於只是看書卻不曾去見識的人來說，是很難接受的，真主最了解何者為真。就我而言，這就是我之所以沒有照抄大家的話，而是有所縮短的緣故。」⑯

亞克特這樣的觀點是可以同情的。

關於愛爾蘭和波希米亞

中世紀時穆斯林對西歐的記敘，多半是（直接或間接的）採自十世紀中期的易卜拉欣．伊本．葉爾孤白大使的介紹。在此要舉出他的兩個例子：

「愛爾蘭：位於第六氣候區西北方的一個島……這是維京人最常駐的大本營。周長有一千英里（一千六百公里），有著穿著傳統服裝的維京人民。他們穿長斗蓬，每件的價錢是一百第納爾（dinars），貴族穿的長斗蓬是有珍珠的。聽說他們在海岸獵小鯨魚（bālīna），鯨魚是種超大型的魚，他們獵小隻的來當大餐。聽說小鯨魚會在九月裡出生，十月、十一月、十二月和隔年一月適合捕捉，之後肉就長硬了，不適合吃。至於獵捕的方式是……獵人聚在船上，手裡抓著有著尖齒的大鐵鈎。鈎上有牢固的大環，環上綁著粗大的繩索。在碰到幼鯨時，他們就開始拍手喊叫。聽到拍手聲的幼鯨，會友善地靠到船邊來。這時就有一位水手跳到牠身上，用力搔牠的頭，這讓牠很快活。隨後水手把魚鉤擺在魚的腦門上，舉起鐵鎚使勁敲三下魚鈎，幼鯨對第一下沒感覺，但第二、第三下會讓牠很慌張，有時牠會用尾巴去拍船來破壞它們，水手就這樣讓牠掙扎到沒力氣為止。這時，大家就幫忙拖著魚直到靠岸為止。有時母親會發現幼鯨在掙扎，就尾隨著牠。水手們早已準備好大量的蒜泥，將它丟到海裡，母鯨受不了蒜泥的味道，就會轉頭離開。隨後他們就切分幼鯨的肉，並灑上鹽巴。魚肉白得像雪，魚皮黑得像墨水。」⑰

這段在愛爾蘭海捕鯨的介紹，顯然有實際根據，並顯示有關母鯨和捕鯨的知識。但他是否去過愛爾蘭，還是很可懷疑，他的介紹很可能是第二手的。另一方面，他講的波希米亞，卻顯然是親身經歷過的：

「波希米亞：這是波伊斯拉夫（Boyslav）國王的版圖。從布拉格到（波蘭）克拉科夫（Cracow）之間，有三個禮拜路程的距離，這段路程也相當於突厥人版圖的縱長。布拉格城以石頭和白堊打造，是各國裡頭的第一貿易大城。

俄國人和斯拉夫人從克拉科夫運貨到那裡；來自突厥人之國的穆斯林、猶太人和突厥人，也運貨過來做生意；他們帶走的是奴隸、鍍錫製品和各種毛皮。這裡的農村是北方民族裡面最好的，盛產各種食品。只要一塊硬幣，就可以買到吃上一個月的麵粉，或是讓一頭馱獸吃上四十天的大麥，也可以買到十隻母雞。

在布拉格城裡，他們製造鞍具、籠頭和各式輕巧的皮製護具。在波希米亞國內，他們製作輕巧、精細的方巾，例如繡著沒什麼實際用途的新月紋章的網眼織物，價錢一直都是十條方巾一塊硬幣。他們用這個來做生意，或是交換其他東西，像是花瓶。他們把成品當作錢，並用來買最值錢的東西，如小麥、奴隸、馬匹、黃金、白銀等。值得注意的是，波希米亞人是黑皮膚、黑髮的，其中金髮的少之又少……」⑱

法蘭克國和熱那亞人

收復失土運動和十字軍東征，讓穆斯林和西洋人接觸較為密切，戰時如此，平時也是如此。可想而知，在這段期間內，穆斯林對這些歐洲基督信徒，應該有較為詳細而精確的知識，亦即比之前含糊的報導、謠言和虛構來得實在的資訊。十二到十四世紀的穆斯林，對西洋自然懂得比十字軍之前的先人們來得多，不過對於他們懂得那麼少，甚至那麼地不關心，還是令我們感到驚訝。

當時最了不起的地理學者之一，就是波斯人宰凱里亞·伊本·穆罕默德·凱茲維尼（Zakariyā ibn Muḥammad al-Qazvīnī，一二八三年歸真），他主要靠的是伊本·葉爾孤白的歐洲介紹，話說回來，也因為有他的引用，伊本·葉爾孤白的記敘才得以流傳下來。有關法蘭克人的部分，他只講了這些話：

「法蘭克國：一個強國，位在基督徒版圖中的大國。這裡非常寒冷，因此空氣也很濃重。這裡有很多好東西，有水果和穀物，許多河流、充足的物產，耕地和牛群、果樹和蜂蜜。這裡有各種競技比賽，且法蘭克國的刀劍比印度的還要銳利。

這裡的人是基督徒，他們有位國王，國王擁有統治的實權，統治著非常之多的勇敢的人。他在伊斯蘭國的中央，即我國的海岸上擁有兩三座城市，且有派兵駐守。只要穆斯林派部隊過去，他也會加派部隊來防守。他的士兵勇氣十足，作戰時寧可被打死，也不想退卻。」⑲

這裡有一部分應該是來自之前的作者，很可能就是伊本．葉爾孤白，不過在講到法蘭克人「在伊斯蘭國的中央」擁有領地的部分，以及對法蘭克軍力的說法，可能是得自十字軍東征時期。凱茲維尼的介紹有個優點，就是他會從接觸所得的印象再加以反省，截然不同於遊記故事、老舊的傳說，或是就希臘有關西洋的片段資料所做的整理。

伊斯蘭世界中有著較好資訊的地方，是北非和西班牙。由於基督信徒的收復失土運動，使得穆斯林和歐洲有較密切（但不情願）的接觸。十二世紀時有位地理學家，叫做祖賀里（Zuhrī），（可能）以西班牙文寫到威尼斯、阿馬爾菲（Amalfi）、比薩和熱那亞，並稍微談到了那裡的商人和物產。他在講到熱那亞時指出，它是：「在羅馬人和法蘭克人的城市中，最了不起的城市之一，這裡的人可說是羅馬人的古來氏。」所謂古來氏（Quraysh）是先知穆罕默德所屬的麥加的世族，在阿拉伯人裡頭最為高貴，所以這算是過度的誇獎。不只這樣，祖賀里還說，熱那亞人的祖先，是阿拉伯改宗基督教的加薩尼族（Ghassān），在伊斯蘭傳布之前，住在敘利亞—阿拉伯邊境：「這些人長得不像羅馬人。一般羅馬人膚色是白的，但這裡的人是深膚色、捲髮、高鼻子的。這就是為什麼會有傳聞，說他們的祖先是阿拉伯人。」⑳

關於英國三島

同一時期，另一位穆斯林西洋人，亦即生活在基督宗教統治下、諾曼人的西西里島的學者，寫了一本著作，表現了中世紀時穆斯林對歐洲，以及世界各地的高水準地理知識。他叫做阿布．阿布達拉．穆罕默德．沙里夫．伊德里斯（Abū ʿAbdallah Muhammad al-Sharīf al-Idrīsī），是前摩洛哥王室家族的後代，一〇九九年出生在摩洛哥的修達（Ceuta）港。在他留學科爾多瓦、仔細遊歷過非洲和中東後，接受了西西里諾曼國王羅傑二世（Roger II）的邀請，並定居（首都）巴勒摩（Palermo）。他在此根據了自己的遊歷，和其他不知名作者的資訊，編寫成一本地理學大作，一般稱為《羅傑之書》（*Book of Roger*），這是在一一五四年完成的。可想而知，這部著作有不少關於義大利的資訊，以及一般西歐國家的細節。從各章來看，作者並不注重之前穆斯林的地理著作，而是直接運用西歐的基督徒作者、甚至地圖，在諾曼人的西西里島上，這應該是很容易拿到的。有關英國，他是這樣開講的：

「第七氣候區的第一塊，包括了整個大洋和廢棄、無人居住的島嶼……第七氣候區的第二塊，包含了有著英國（l'Angleterre）島的洋面。這是座大島，形狀像是顆鴕鳥頭；其中有著人口多的城市、高山、河流和平地。土地肥沃，人民肯吃苦、有毅力、有活力。那裡整年都是冬天，距離最近的陸地是法國的 Wissant，島嶼和大陸之間的海峽，寬十二英里（譯註：約十九公里）……」㉑

之後，伊德里斯繼續簡介了（英格蘭）多爾切斯特（Dorchester）、韋勒姆（Wareham）、達特茅斯（Dartmouth），以及「這座島的狹窄處叫做康沃爾（Cornwall），形狀像是鳥嘴」、索爾茲伯里（Salisbury）、南安普頓、溫切斯特（Winchester）、肖勒姆（Shoreham）、黑斯廷斯（「一座地方大、人口多的城市，繁榮、華麗，有著市集、匠人和大商人」）、多佛、倫敦、林肯和達勒姆（Durham）（譯註：上述城市皆在英格蘭）。再過去有蘇格蘭，作者是這樣講的：

「它鄰接英格蘭島，是座長形的半島，連接北邊的大島。這裡沒有人住，沒有市鎮或鄉村。縱長一百五十英里（譯註：一百八十公里）……」㉒

伊德里斯還聽說過更偏遠的地方：

「從蘇格蘭半島的荒地，到愛爾蘭島的荒地之間，有一段兩天西向的航程……《驚奇之書》（*Book of Wonders*）（原註：先前的東方著作）的作者說，那裡有三座城，一直都有人居住，商船通常停靠在那裡，跟當地人買琥珀和彩色的石頭。當地人裡頭有人想當王，就帶著手下和別人發生戰爭，他被大家打敗了。然後當中又出了一個這樣的人，他後來也被消滅了，有些人就遷到大陸去。於是他們的城市就衰敗了，沒有人再待在那裡。」㉓

伊德里斯有關英倫三島的資訊很少。相較之下，他對歐洲大陸就懂得很多，甚至包括了北方和東方的荒地。他對海島的描述，像是鮀鳥頭、鳥嘴等等，清楚顯示他看過地圖。或許有不少提到的地名，也是這樣看來的。

看待世界地理和世界史的視野

後來的阿拉伯地理學者，就仿效了伊德里斯的先例，也用了他的材料。伊本·阿布達·穆寧（Ibn `Abd al-Mun`im）是位來自伊斯蘭西方的某處、年代不詳的作者，他編了一本地理學辭典，其中包括了歐洲各部分；伊本·賽義德（Ibn Sa`id，一二一四—七四）是格拉納達附近的Alcala la Real人，他寫的《世界地理》一書，後來成為西方和東方穆斯林學者引用得最多的著作。

伊本·賽義德對西方的介紹，包括了許多新奇有趣的事。他在談到英國時說：「在（十二世紀埃及和敘利亞蘇丹）薩拉丁（Saladin）和（巴勒斯坦）亞克戰爭的歷史中，當時這座島的統治者叫做英吉塔（al-Inkitār）。」㉔所謂薩拉丁歷史中的統治者英吉塔，應該就是獅心王理查（Richard Coeur de Lion）的名字，一般出現在穆斯林對第三次十字軍東征的記載。關於十字軍在東方的軍事和政治活動，穆斯林官方史家講得很多；但他們對十字軍國內的事務，卻明顯沒什麼興趣，更不用說到各民族之間的差異，或是各國的起源。所以，伊本·賽義德將這些偏遠的、神祕的島民，和敘利亞—巴勒斯坦歷史等量齊觀，這個做法不太尋常。在平常的穆斯林史家看來，這些法蘭克人都是從北方化外之地來的異教徒，他們越早回去越好。法蘭克當權者的名字很少被提到，而是掛個模糊的頭銜或描述，例如「真主快讓他的靈魂下火獄」，或類似的話。

說到地理學者、天文學者和遊歷者的著作中，有關歐洲的少許資訊，史家卻很少設法利用有關在敘利亞的法蘭克人的知識，來加以補充修正，好像不曾有人，對法蘭克人的宗教、哲學、科學或文學發生過興趣似的。要等到十四世紀末，亦即有了貿易、外交關係幾百年之後，才有位阿拉伯學者含蓄地表示，歐洲也可能存在著這類事物。可想而知，這便是來自伊斯蘭文明中最卓越、最具原創性的人士，尤其他還是位學者。（北非）突尼西亞大史家兼社會學者伊本·赫爾敦（一三三二—一四〇六），他著名的《歷史緒論》（*Muqaddima*）的地理部分，其中有關西歐的敘述，在伊德里斯或其他穆斯林地理學者的著作中是看不到的。不過到了《歷史緒論》的結尾，他所講的理性科學的起源和發達，卻有大膽的說法。作者在講了希臘、波斯和其他古代民族科學的起源之後，接著談到了它在伊斯蘭的發展，以及向西經過北非傳到西班牙，並下了這樣的結論：

「我們最近聽說，在法蘭克人的國土，亦即在羅馬國和在地中海北岸的獨立國，哲學研究正發達，這類著作正在復興，學習課程正在增加，集會討論得很廣泛，老師多、學生也多，但只有真主才最了解其中內情。『真主創造的事物，就是祂所意欲和選擇的。』」㉕

結論中引自《古蘭經》的最後一句，意思似乎是說，就算法蘭克人產生了再傑出的學問，也是不出真主大能的範圍云云。

伊本·赫爾敦寫的這部世界史，其中知名的《歷史緒論》是篇導論。可想而知，當中以北非談得最多，也談到了被教會封為聖徒的法王路易九世，他帶領著注定失敗的十字軍攻打突尼斯。這段敘述有很多值得注意的。作者把這位國王叫做 Sanluwīs ibn Luwīs，封號叫做 Rīdā Frans，「在法蘭克語裡頭，表示法國國王」㉖。所以他知道這位國王有聖路易（Saint Louis）的封號——儘管我們不知道這對他有何意義——還有就是，他的父親也叫做路易。更重要的是，雖然他也像別的穆斯林史家一樣，不用「十字軍」一詞，但他還是把遠征突尼斯這段歷史，講成基督宗教與伊斯蘭之間、具有歷史意義的鬥爭，時間長達數百年，事件也從早期的阿拉伯─拜占庭戰爭，談到當時在巴勒斯坦與西班牙的衝突。最值得注意的，是他從侵略國的起源開始講起，卻並沒有跨出當時可用的地理資訊的有限範圍。

此外，他也很少講到歐洲。第二卷主要講的是，伊斯蘭之前和之外的民族，包括了古阿拉伯、巴比倫、埃及、以色列、波斯、希臘、羅馬和拜占庭。歐洲方面只提到了（西元五世紀的）西哥特人──這段簡介還是為了帶入穆斯林佔領西班牙，以及當作西班牙─阿拉伯歷史傳統的一部分。伊本．赫爾敦的世界史，沒有延伸到西班牙北部，也沒有到波斯東部。換句話說，這種史觀受限於自己的文化和前人，所以和一般晚近西方世界所寫、所謂的世界史，並沒有兩樣。

大時代中穆斯林的世界史觀

不過，將近一百年前，遠在波斯的東邊，出現過涵蓋所有人居世界、具有世界史意義的事件，當時可說是前無古人、後無來者。該事件的機緣，就是蒙古人的征服所帶來的、東亞與西亞史上首度合成一個大帝國，使中國和波斯兩大文明彼此接觸，並產生成果。

十四世紀初，波斯的蒙古人領袖合贊汗（Ghāzān Khan）請拉希德·丁（Rashīd al-Dīn），他是御醫兼顧問、改宗伊斯蘭的猶太人，編一部全人類的世界史，囊括已知的各個民族和王國。他所做的事，使他稱得上是伊斯蘭的，甚至全人類的最偉大史家。他以積極有效的方式，著手這項任務。在中國史方面，他請教了兩位被延攬到波斯的中國學者，在印度史方面，則是請教從喀什米爾請過來的佛教苦行僧。這部著作的層面之廣泛，連西歐的偏遠蠻族也有所記載，這些記載更因為與其中幾族的外交往來，而更加充實。歐洲方面的顧問，大概是位義大利人，換句話說就是羅馬教廷的代表之一。透過這位代表，拉希德·丁認識了位歐洲史家，最近才考證出來，是十三世紀編年史家（捷克）特羅保的馬丁（Martin of Troppau），雖然是捷克裔，但一般稱為Martinus Polonus（譯註：似乎是拉丁名字）㉗。

有關法蘭克人的部分，拉希德·丁將它分成了兩個大段。第一大段包括了對歐洲各國地理和政治的考察。第二大段是各代皇帝和教皇的簡單年表。作者顯然用到了先前有關歐洲的阿拉伯和波斯著作，但多半的訊息仍是第一手的、新的。他所講的教皇和皇帝之間的關係詳細且清楚，應該是得自教廷代表；有關皇帝的加冕，他有很好的資訊；他聽說過英格蘭的羊毛和緋布；聽說過巴黎和（義大利）波隆納的大學；聽說過威尼斯的潟湖；義大利各個共和國，和愛爾蘭沒有蛇等等。這些都顯示了知識方面的相當進展。就連他說到，愛爾蘭和英格蘭兩島的統治者叫做蘇格蘭，以及它們都是英王的屬國時，也有著幾分真實㉘。

他的皇帝和教皇年表，以阿爾伯特一世（Albert I）皇帝和本尼狄克十一世（Benedict XI）教皇做結束，這兩人當時都在世，且有正確的描述。內容應該是靠特羅保的馬丁來更新的。作者對歐洲的描述比較粗淺，甚至不太正確。相較於處理其他文明古國，例如印度和中國時，卻又臭又長，說來有點可惜。不過，在他引用了馬斯悟迪的法蘭克王名單之後，卻出現了難得的嘗試，此即勾勒基督宗教歐洲的歷史。第三位有這種心的學者，就要等到十六世紀的鄂圖曼王朝。伊斯蘭在整個中世紀時期，對於地中海北方落後、異教的人們，從來是漠不關心、不感興趣。值得注意的是，就連像伊本．赫爾敦的大思想家，伊斯蘭世界中能直接見識西洋的突尼西亞人，也有著這種漠不關心。在西洋史中如此重要的十字軍大鬥爭，在伊斯蘭世界中卻激不起一點好奇。就連十字軍之後，對歐的貿易外交大幅增加時，也看不到誰有心探得那邊的底細的。

最早的地圖和航海圖

當受到異族統治的西班牙，和東方的古老穆斯林國開始沒落時，安納托利亞朝氣蓬勃的小國正在崛起，很快就成為穆斯林帝國中最後且最大的強國。鄂圖曼國源自伊斯蘭和基督宗教的交界地帶，這批鄂圖曼人大概是皈依伊斯蘭的人裡最虔誠的，對於基督教歐洲的某些部分，也有著較深刻的認識。對於這些向外擴張的鄂圖曼人來講，法蘭克人的歐洲，不再像對中世紀的阿拉伯人和波斯人那樣，屬於偏遠、神祕的化外之地。這是他們的近鄰和對手，取代了衰敗的拜占庭帝國，成為基督宗教國的象徵，也是千年來伊斯蘭家族的頭號大敵。

突厥人只有在作戰技術方面，才有心從歐洲獲得資訊甚至指導，尤其在海軍方面，他們完全照抄西方，沒有再做什麼改進。在歐洲海軍技術方面，他們取得了歐洲的地圖和航海的實用知識，且很快就能拷貝、翻譯和運用歐洲人的航海圖，並製作自己的海岸線圖。鄂圖曼第一位知名的繪圖專家比里・賴斯（Piri Reis，一五五〇年歸真），懂得一些歐語，並善用西方資料。早在一五一七年，他獻給謝利姆一世蘇丹一張世界地圖，裡頭還有哥倫布於一四九八年製作的美洲地圖的副本。哥倫布的原稿已經散失，所以這份地圖（可能在多次對西、葡兩國海戰中所得），只有以突厥文版本保留下來，目前在伊斯坦堡托普卡珀宮圖書館中可以看到㉙。後來一五八〇年，鄂圖曼地理學者穆罕默德・伊本・哈珊・素迪（Muhammad ibn Hasan Su'udi）利用歐洲的材料，編成一份有關發現新大陸的介紹，獻給穆拉德三世（Murad III）蘇丹㉚。

突厥人編的地中海航海書，於一五二一年出版，一五二五年出修訂版，其中包括了航行地中海沿岸的詳細資訊。修訂版中增加了前言和附錄，以韻文的格式，提供盛行在突厥人之間的一些地理知識和概念。後來一五五九年的世界地圖（mappe-monde），大概是由一位叫做哈吉・阿赫默德（Hajji Ahmad）的突尼斯人所繪製，他曾在摩洛哥菲斯（Fez）清真寺大學求學，後來在歐洲，可能在威尼斯被俘擄。可以說，他在這裡做好了準備，後來就繪製出涵蓋歐洲、亞洲、非洲，和已知的美洲部分的突厥文地圖。他也留下一些有關自己的資料，可以用來判定，準備製作地圖的時間，是在一位「有道德和學問的人士」的受俘期間，講到他的書時，他說：「藉由翻譯法蘭克人的語文和著作，我以穆斯林的語文做了個版本。他們為了換得我的辛勞工作，答應放我走，這種事情是很難用文字來敘述的……我盡可能照著主人的意思，用突厥文寫下（原註：或聽寫下）這份稿子，因為這種語文是世上的權威。」㉛

地理著作和某些高官的相關知識

鄂圖曼人有關一般地理的第一部重要著作，是阿提布．伽勒比的《世界之鏡》（*Jihannüma*）。他在前言裡頭表示，他幾乎要放棄編一部世界地理的希望。他了解到，要描述不列顛群島和冰島，就要靠歐洲的著作，但手上所有的阿拉伯文、波斯文和突厥文的資料，都不夠完整、正確。他說，他曾透過中間人，查證了（十六世紀繪圖學者）奧特利烏斯（Ortelius）的地理學和（十五世紀繪圖學者）墨卡托（Mercator）的《地圖集》。就在他想找到奧特利烏斯的副本時，「他有幸找到了《小地圖集》（*Atlas Minor*），這是《大地圖集》（*Atlas Major*）的節選本」，同時他也認識了一位叫做薛克．穆罕默德．伊拉西（Sheikh Muhammad Ihlasi）的人，他是「一位改宗伊斯蘭的法國教士」。他在這個法國人的協助下，開始翻譯《小地圖集》，而於一六五五年完成㉜。

接近十七世紀末時，有另一位地理學者阿布・巴克爾・伊本・巴賀蘭・迪馬西其（Abū Bakr ibn Bahrām al-Dimashqī，一六九一年歸真），他是宰相法佐・阿赫默德（Fazil Ahmed）帕夏的謀士，多次參考了阿提布・伽勒比的《世界之鏡》的版本，並補上一些資料。他的重要作品是（十七世紀繪圖學者）布勞（John Blaeu）的《大地圖集》的譯本㉝。他對布勞的地理學的興趣，好像大過對他的幾何學的興趣。值得注意的是，他將（天文學家）第谷（Tycho Brahe）和哥白尼的宇宙觀，摘要成「有另外一個學說，太陽是宇宙的中心，地球是繞著太陽轉的」㉞。

阿提布・伽勒比和迪馬西其開的這種風氣，延續到了十八世紀，好幾本地理學的作品，是以「世界之鏡」的附錄或補篇的型態呈現的。其中有點意思的，是一位亞美尼亞學者貝德羅斯・巴羅尼安（Bedros Baronian）的作品，他擔任過低地國（荷蘭）的代表團通譯，後來成為兩西西里王國（譯註：一一三〇年西西里和那不勒斯合併建立的王國）的通譯。據說他曾將一本由雅各・羅伯斯（Jacques Robbs）寫的法文手冊，譯成突厥文，法文書書名叫做《地理研究法入門》㉟。

這種資料雖然有趣，但似乎影響有限，也不曉得，突厥的水手和地理學者，對地中海另外一邊懂得多少。一七七〇年，俄國艦隊繞過西歐，在愛琴海突然碰到鄂圖曼人時，鄂圖曼政府向威尼斯代表公開抗議，表示威尼斯政府允許了俄國艦隊，從波羅的海進到亞得里亞海。在一些中世紀的地圖上，這兩個海相通，南端有威尼斯（譯註：波羅的海算是歐洲北部的內海，而威尼斯位於亞得里亞海的北端，兩海不相通）。雖然阿提布・伽勒比及其學生一定比較懂，《世界之鏡》也早已出版，但那些官吏顯然只有著中世紀的地理概念。

十八世紀的鄂圖曼史家瓦瑟夫（Vasif）指出：鄂圖曼的大臣們不懂，俄國艦隊要怎樣從聖彼得堡開到地中海㊱。奧國的通譯兼史學學者約瑟・漢默（Joseph Hammer），講了個類似的「親眼見到」的故事：一八〇〇年，宰相優素福・奇亞（Yusuf Ziya）不相信，英國的支援部隊可以從印度出發，通過紅海。漢默指出：「我在會議期間全程擔任西德尼・史密斯爵士（Sir Sidney Smith）的通譯，他費了極大的功夫，在地圖上為宰相說明，在印度洋和紅海之間確實可以有航線。」㊲現代的歐洲史和北美史，在政界人士缺乏地理知識方面，也有些精彩的例子。不過話說回來，這種無知有時會出現在統治階層，但卻代表不了政治菁英的知識，且通常會被訓練有素、消息靈通的行政部門改正過來。

有關歐洲民族和歷史的記載

歐洲的人文地理，亦即住在各國的各個民族，稍稍進入了鄂圖曼人的視野，有一些資訊留在史料裡頭。有個有趣的例外，他叫做（土耳其）加利波利半島的穆斯塔法．阿里（Mustafa Âli of Gallipoli 一五四一—一六〇〇）。他是那個時代知名的史家、詩人、通才。阿里至少在兩個地方考察了歐洲的種族。在著作第五卷裡的世界史，並沒有包含到歐洲，他著重談了在鄂圖曼國內、外碰到的不同種族。類似的文字也出現在他的另一部著作，其中他談了不同類型的奴隸和僕役，及其所屬民族的種族特徵和習俗。有關帝國裡的種族，阿里當然懂得很多，也大大反映了奴隸主的一般成見。要求阿爾巴尼亞人的儀態和端莊，或是（中東）庫德族（Kurds）的忠誠，就好像不讓孵蛋的母雞咯咯叫一樣，又好比不能叫俄國小女奴不賣淫，或哥薩克男人不酗酒那樣。阿里比較重視巴爾幹的斯拉夫人。（南斯拉夫）波希尼亞人，尤其是克羅埃西亞人是高尚的種族，至於其他歐洲人，他只提到匈牙利人、法蘭克人和日耳曼人。法蘭克人和匈牙利人有點相像。他們有愛乾淨的習慣，包括了飲食、穿著和使用家具等方面。他們也很聰明、機智，不過也很容易變得陰險、狡猾、貪財。在阿里所重視的儀態和教養方面，他們屬於中等，還擅長有條理、清楚地談話。雖然他們一般有漂亮的外觀，但健康的人不多，大部分都患有不同的病。他們的面相是顯性的，容易做解讀。他們很會經商，且當大家一起吃喝玩樂時，也有一定節制。阿里說，總之，他們是優秀的民族。另一方面，日耳曼人固執、不通人情，手工藝之類很強，但別的方面就較為落後。他們的動作緩慢、口齒遲鈍，當中只有少許人改宗伊斯蘭，他們執著在自己的謬誤和不信道。但他們是很出色的戰士，不管騎兵或步兵都是如此㊳。

阿里寫的這些，應該都是聽來的。五十年後，艾佛利亞・伽勒比以親身觀察為根據，在匈牙利人和奧地利人之間做了比較。他指出，在前一個世紀鄂圖曼人的征討下，匈牙利人變弱了，沒被征服的人也受到奧地利人的欺壓。儘管如此，他認為他們比奧地利人優越，在他看來，這種人不善作戰。「他們就像猶太人一樣，沒有打仗的魄力。」匈牙利人較為傑出。

「他們雖然喪失了權力，卻還是注重飲食、很好客，也很能在肥沃的土地上耕作。他們就像韃靼人，不管到哪裡都是一隊人馬，帶著五到十把槍，手上一支劍，他們外表看來，確實就像是我國的邊塞戰士，穿著一樣的服裝，騎一樣的純種馬。他們在飲食起居方面很愛乾淨，也很好客。他們不會虐待戰俘，這跟奧地利人不一樣。他們練的劍術跟鄂圖曼人很像。總之，雖然兩者都是缺少正信的不信道者，匈牙利人卻較為乾淨且值得尊重。他們不像奧地利人那樣，早上洗臉用的是自己的尿，而是跟鄂圖曼人一樣的清水。」㊴

要是當時的異教徒還稍稍值得研究，過去的異教徒就更看不上眼了，一般的鄂圖曼史家並不關心歐洲的歷史。

話說回來，有時還是會出現一點興趣的。一四五三年，鄂圖曼人拿下具有歷史意義的君士坦丁堡，史家對該城的過去稍稍有了興趣，但這興趣很容易就滿足了。

「穆罕默德蘇丹打下君士坦丁堡之後，他看到了聖索菲亞大教堂（Aya Sofya），感到很驚訝。他問了魯姆人和當地人，問了教士和主教長，問了羅馬人和法蘭克人，亦即那些知道過去歷史的人，他想知道是誰建了這座城，誰統治過這裡，誰做過國王（padişah）……他還把知道歷史的教士、其他的魯姆人和法蘭克人叫過來，並問他們：『誰建了這座城，誰統治過這座城？』他們把從書本、史料和傳授下來的訊息，盡可能告知了穆罕默德蘇丹。」㊵

蘇丹詢問過的教士、官方史家、法蘭克人和希臘人是誰，並沒有清楚記載。之前的鄂圖曼史家介紹有關這座城的歷史，完全沒有實際根據，沒有談到它和希臘、羅馬或拜占庭歷史之間的關係。穆罕默德蘇丹的興趣，也有希臘和義大利學者為證，其中有些人是當時的官吏。像這份興趣，應該算是難能可貴的，不過在鄂圖曼的史料中，並沒有更多的記載。

少見的大格局史觀

突厥人有關西歐的第一部歷史性的著作，是在十六世紀後半寫下的。它包含了法國的歷史，從傳奇性的建國者法拉蒙（Faramund）直到一五六〇年。從版權頁來看，這本書是在菲利頓．貝伊（Feridun Bey）的授意下，譯成突厥文的。他在一五七〇年到七三年間，擔任國務卿到宰相的職位，執行的人有兩位，譯者哈珊．伊本．汗札（Hasan ibn Hamza），抄寫員阿里．伊本．希南（Ali ibn Sinan），譯本在一五七二年完成。由於這是以手抄本孤本保存下來，且是在德國，可見這部著作，並沒有在突厥讀者方面引發太大的興趣。

十七世紀期間，出現了變化的徵兆，幾位突厥史家和使者，開始顯示對歐洲的興趣，甚至熟悉起歐洲的資料。一位叫易卜拉欣．姆賀米（Ibrahim Mülhemi，一六五〇年歸真）的人，據說寫了一本有關羅馬人和法蘭克人國王的歷史，之間並沒有抄本保留下來。他那較知名的同時代人阿提布．伽勒比，在地理方面的著作中研究了歐洲，亦即寫了些歷史，並在他的某部著作中，提到了一本「有關異教國王的法蘭克史」的譯本。這本譯本至少有個抄本，保留在土耳其的私人典藏裡，且在一八六二到六三年間，於土耳其報紙上以連載的方式出版了一部分。阿提布．伽勒比交代了資料來源，即約翰．卡里翁（Johann Carion，一四九九—一五三七）的拉丁文編年史，他用的是一五四八年的巴黎版本。這是路德派學界的好書，在新教的宣傳文字中常被引用，這可能也顯示，這位法國作者之前雖然是位教士，但卻是新教，而非天主教的背景（譯註：當時的法國人一般是天主教背景）㊶。

除了譯本之外，阿提布．伽勒比也寫了有關歐洲的介紹。但目前只有在手抄本上，且只寫在該章的開頭。他表示他的用意，是要提供有關歐洲民族必要、正確的資訊給穆斯林。用意雖然良好，但他的論文卻是（借用維克多．梅納杰〔Victor Ménage〕教授的說法）「很瑣碎，只能當成索引，提供給對歐洲所知不多的鄂圖曼學界使用」㊷。

同一時間，也出現了對西洋史的少許興趣，儘管程度不高。在十七世紀後半，某種新的社會在伊斯坦堡形成時，這種興趣已有所增加。突厥學者開始碰到西化的、但操突厥語的鄂圖曼基督徒，甚至是歐洲人，所以就有機會學到些有關西洋學術和科學的東西。其中有位關鍵人物，他是羅馬尼亞親王迪米崔斯．坎特米爾（Demetrius Cantemir），鄂圖曼和歐洲社會他兩個都熟，自己也寫過鄂圖曼帝國的歷史，不過影響層面有限，對鄂圖曼人就外部世界的一般觀感而言，影響也小。箇中的例外，是十七世紀末稍稍知名的史家，叫做胡笙．赫札芬（Hüseyn Hezarfen，一六九一年歸真），他的作品多半都沒有出版。他就和他所讚賞的阿提布．伽勒比一樣，具有廣泛的好奇精神，對於遙遠國度的地理和歷史，就和對自己國家的古代歷史一樣感興趣。據說，他認識（義大利地理學者）馬西里（Ferdinand Marsigli）伯爵、（法國東方學者）加朗（Antoine Galland），甚至認識坎特米爾和法國大東方學者克魯瓦等人物。也許透過這層關係，使他得以了解到歐洲書的內容，並納入他的著作。

其中一本是 *Tenkih al-Tevarih*，完成於一六七三年。這本歷史著作分成九個部分，第六到第九個部分，處理了伊斯蘭世界之外的歷史和先人。這個份量佔得很重，值得注意。第六部分談希臘和羅馬的歷史，第七部分談君士坦丁堡的歷史，第八部分談亞洲、中國、菲律賓、東印度、印度和錫蘭（Ceylon，即斯里蘭卡），第九部分談美洲的發現。詭異的是，作者並沒有把歐洲列入研究範圍，但他對亞洲和美洲的描述，卻幾乎全靠歐洲資料，即多半是透過阿提布·伽勒比的《世界之鏡》。他描述的希臘、羅馬和拜占庭的歷史，用的也是歐洲資料，才能補充伊斯蘭古籍在這方面的不足㊸。

阿赫默德·伊本·路特富拉（Ahmed ibn Lutfullah），一般稱為穆內吉姆巴其（Müneijimbaşi，他是位占星官，一七〇二年歸真），他的著作有著世界史的大格局。他的大作，是從亞當開始到一六七二年的人類世界史，據他表示，該書用了七十種資料。

作者以阿拉伯文寫了這部著作，除了少數摘錄之外，原書還沒有出版。不過，十八世紀初，突厥大詩人奈迪姆（Nedim）做了突厥文譯本；一八六八年，伊斯坦堡出版了三卷本。可想而知，這本書談的多半還是伊斯蘭的歷史。但第一卷的主要部分，處理了伊斯蘭之前和之外的各國歷史。前者的部分，還是一方面包括了波斯人和古阿拉伯人，另一方面包括了以色列人和古埃及人，亦即多少照著傳統標準來談的。

作者的古代史跨出了伊斯蘭的一般範圍，他有關羅馬人和猶太人的敘述，顯然得自羅馬人和猶太人的資料，但也有一部分引用了伊本·赫爾敦的阿拉伯文版本。但作者的資訊，仍遠遠多過這位北非大史家，而囊括了亞述、巴比倫、（小亞細亞）塞琉西（the Seleucids）和（埃及）托勒密等伊斯蘭史學幾乎很陌生的王國。

顯然，他在這方面用了歐洲史料，這見於他談歐洲的章節。其中將「法蘭克」人分成幾塊，談了法國、德國、西班牙和英國的國王。資料來源似乎是得自約翰·卡里翁編年史的突厥文譯本，不過作者還往下談到法王路易十三、日耳曼的利奧波德（Leopold）皇帝和英王查理一世。在這裡，他一定是用了後來的補充資料。他介紹了（十七世紀中葉）英國內戰和處死查理王之後，說道：

「從他之後，英國人就不再任命國王；有關他們的內政，我們沒有進一步的資料。」㊹

官方史家的有限觀點

十六、十七世紀的阿提布．伽勒比、胡笙．赫札芬，和穆內吉姆巴其等人，提供了鄂圖曼史學有關西歐的大概。他們的資訊有限，主要在自家的範圍內找資料。而別的鄂圖曼學者，連最起碼的興趣都沒有。鄂圖曼的穆斯林多半都認為，歐洲唯一值得注意的成就，就是作戰的技術，而這只要藉著戰俘和背教者來研究所擄獲的槍砲和船隻，就可以了解。歐洲的語言、文學、藝術和哲學，不管有幾分重要性，都進不了他們的眼界，連文藝復興和宗教改革，也不曾在穆斯林這邊得到過迴響、甚至回應。

著重探討歐洲的人民和事情的那些著作，未受重視。它們以少許抄本的型態保存下來，有時只有一本孤本，而大部分著作都沒有出版。它們對鄂圖曼學界的影響，大概很小。鄂圖曼學者對歐洲若有較好的了解和想法，可由鄂圖曼的重要史家整理起來，有些人還有帝國史家（Vakanüvis）的職稱，有的則沒有官職。這些史家共同製作了一系列的編年史，涵蓋了帝國歷史的始末。一般的編年史很早就出版，大致來講，這對鄂圖曼人對自己的觀感、在世界上的地位，以及和別國的相處方式上，有著重大的影響。

鄂圖曼的官方史家，就像史上的其他國家一樣，只關心自己的事情，就算是牽涉到歐洲的部分，例如戰爭、貿易、外交等時，也是如此。史料裡偶爾也會記載彼此的接觸，反映了幾百年間的演變。

在十五世紀鄂圖曼進軍歐洲的大時代期間，他們的史學還是有些貧乏，仍然是純突厥文的純敘述，反映了伊斯蘭邊塞戰士的眼光和志向。他們看歐洲人，起初當成敵人，後來則看成提供戰利品的對象，對於邊疆另一邊發生的事懂得不多、也不關心。但他們還是知道，除了基督徒對手之外，還對付著哪些人，像「法蘭克人」一詞就常常出現在有關敵人的名單上。在早期鄂圖曼的著作裡，這個詞通常用來表示義大利人，尤其是威尼斯人，這是突厥人在擴張到希臘和地中海東部島嶼時所碰到的人。不消說，法蘭克人常常慘敗，並給戰勝者拿走了可觀的戰利品。早期鄂圖曼史家，在講九〇三年和一四九七年的兩次勝仗時，列出了戰利品的大清單，包括了金幣、銀幣、鼬鼠皮和其他毛皮、絲料、緞料，和有著金線、銀線的織錦——「在發現並搶奪這麼多東西時，也就沒人再去管馬車、馬匹、騾子、駱駝或是戰俘了，被帶走的戰俘多到數不清。」歐魯奇（Oruç）說，像這種找到輝煌的戰利品的聖戰，有過幾次，包括（保加利亞）瓦爾納（Varna，一四四四年）、（南斯拉夫）科索沃（Kosova，一三八九年）和打下君士坦丁堡（一四五三年）等戰役——「聽說是這樣的」。他繼續講，世上最富有的兩種人，是教皇和法蘭克人，「有著比一般世人更多的寶貝，所以讓給正信的戰士的戰利品，也就非常之多了」㊺。

官方史家對歐洲史的認識

有個令人驚訝、較為精細的歐洲觀，不在編年史或史料裡，而是在十六世紀初的一首史詩中，寫的是慶幸遠征的歐洲海軍敗給了突厥人。史詩本身並不長。突厥軍在希臘海岸俘擄了莫登（Modon）和其他威尼斯一線部隊。威尼斯人從歐洲各地找來了援軍，後來在一五〇一年十月底，一批以法軍為主的遠征軍，對突厥佔領的（希臘）萊斯沃斯島（Lesbos）發動反擊。遠征軍被打退，促成這首史詩的寫作，宣揚突厥的勝利。這位詩人很客氣地用了菲爾得福西（Firdevsi）的突厥假名（波斯大詩人叫菲爾達悟西〔Firdawsi〕），表示突厥拿下莫登，已大大打擊了法蘭克人，尤其是其領袖Rin-pap的氣勢（這大概是指羅馬的教宗）。詩人說當巴耶塞特蘇丹拿下莫登時，法蘭克人被他手上那把彎刀嚇到，連第九島（希臘的愛奧尼亞島）都像鱷魚一樣，縮到海裡。當「偽教的大頭目Rin-Pap」知道這個消息時，他開始號召收復莫登的盟軍，傳訊給所有異教的法蘭克人領袖。詩人在詩中不時穿插介紹這些法蘭克領袖，包括了法國、匈牙利、波希米亞和波蘭的國王，後兩國還照著斯拉夫人的成見，說成捷克人（Czech）。其他的歐洲領袖分別叫做Kız-khan，亦即女汗王（也就是卡斯提爾的伊莎貝拉），她派出她的ban（鄂圖曼文人用來稱呼軍事將領的匈牙利文），帶著西班牙部隊支援海軍；Doza，亦即威尼斯總督；安達魯西亞和加泰隆尼亞的領袖、羅德島的騎士，甚至有俄國親王伊凡三世（Ivan III）[46]。按照史詩的格式，敵軍的領袖也可以發表演講、撰寫國書，這就多少顯示了，詩人看待法蘭克人的信念和立場的觀感。不消說，他們所看的和所說的，都被呈現為不信道者。這在斯拉夫親王的講話中特別明顯：

「朕是基督的僕人，朕是馬可（St. Mark，原註：威尼斯的聖馬可區）的偶像的奴隸，跟匈牙利國王比起來，朕更是了不起的以物配主者（偶像崇拜者）和不信道者。」㊼

十六世紀期間，鄂圖曼帝國國力最強，從史家們就反映出，穆斯林的自信、優越與立於不敗之地的氣勢。只有告老還鄉的宰相路特菲（Lûtfi）帕夏，憂慮著帝國的未來，提醒著他那不太厚道的君主兩大風險，即國內的貪腐和法蘭克海軍的崛起。大半的史家並沒有為此感到憂慮，只要提到法蘭克人，要不是當成野蠻的對手，就是看作進貢的藩屬。在十六世紀末、十七世紀期間，有資料顯示，當時出現了法蘭克人的商人和商船，以及法蘭克人的使節團，偶爾來到伊斯坦堡。鄂圖曼史家希蘭尼其．慕斯塔法額芬迪（Selaniki Mustafa Efendi），記載了一五九三年第二位出使伊斯坦堡的英國大使愛德華．巴爾頓（Edward Barton），以下是作者的話：

「英國島國距離伊斯坦堡的黃金岬角，有三千七百英里（譯註：六千公里）的海路路程，英國統治者是位女性，她憑著完全的權力，統治著繼承下來的國土，維護著她的國家和主權。她屬於路德派的宗教，她派出大使，送去她表示忠誠的國書和禮物。那天有朝廷的會議，大使得到了合法的娛樂和表揚。一艘前所未見的陌生船隻，進入了伊斯坦堡的港灣。他走了三千七百英里的海路，帶來了八十三把槍以及其他武器，這些武器的外型有著令人討厭的豬的模樣。這件天下大奇事，值得記載下來。」㊽

作者這樣描述英國船隻和槍枝，似乎有點誇大。但至少他知道，英國有位新教的女王，而且還可能知道，這些沈重的武器是載運過大西洋而來的。

十七、十八世紀期間，鄂圖曼官方史家稍稍注意到了對歐關係。歐洲各國還是被稱作「英國不信道者」、「法國不信道者」等等，儘管早期官方史料中的咒罵習俗，已經慢慢減少、減輕。

話說回來，一般的鄂圖曼史家雖然開始留意起歐洲邊境的事物，但對其內部的事情還是講得很少。之所以如此，部分是因為鄂圖曼官方史家認為，敘述這種事，與其說是個別的陳述，不如說是經常性的流水帳，所以就隨意地大段抄錄。連十七世紀的學者阿提布·伽勒比，雖在史地著作中顯示了對歐洲的興趣，但在他官方的一般記載中，還是照著規矩作。例如當三十年戰爭期間的消息來到土耳其時，他就記得很簡短，後來幾位作者也幾乎照抄，它登載在回曆一〇五四年的事件的編年史料中。在當年的十月，相當於西元一六四四年十二月，他說，伊斯坦堡收到「來自（匈牙利）布達邊塞的要人」的彙報，有以下的消息：羅馬皇帝斐迪南（Ferdinand），想讓七位選帝的國王，同意提名他兒子成為終生的皇位繼承人。選帝侯當中有位法王的支持者，皇帝就在徵得西班牙國王的認可下，派人下手除掉了他。法國國王很憤怒，就與瑞典結盟，攻打了日耳曼，拿下布拉格古城。這場戰爭持續到回曆一〇五七年（西元一六四七年）簽訂和約為止。奧國被迫割地，將亞爾薩斯讓給法國，（中北歐）波美拉尼亞（Pomerania）讓給瑞典，奧國勢力大為削弱㊾。

這段記載，不管是瑞典軍進入布拉格（他們沒有拿下這座城），或是西伐利亞（Westphalia）條約，都有一些錯誤，而且顯然忽略了戰爭的先前階段，更不用談到，它在宗教和政治上的複雜關係。在另一個段落裡，標題是「法國和瑞典對抗異教的奧國的戰爭」，作者講得稍微詳細一點。事件被擺在回曆一〇四〇年（西元一六三〇到三一年）。他說，法王路易十三想當皇帝。皇帝要由七位選帝侯來推選，其中每位都有自己的封地。據說，法王多出了兩票以上。當時的皇帝，是現任斐迪南皇帝

（斐迪南三世〔Ferdinand III〕，一六五七年歿）的父親，他設法讓他的兒子被推選為終生的繼承人。幾位選帝侯否決了這項提名，表示這麼做並不好，且違背法律。法王便與瑞典王結盟，發動戰爭，並表示這種終身的任期制，有違異教徒的法律。菲利普四世（Philip IV，一六六五年歿）「仍然是西班牙王……是法王的母舅，所以兩者之間並沒有戰爭。但一般西班牙的國王就像日耳曼或匈牙利人一樣，是屬於 Dostoria（大概出自義大利文的奧地利〔d'Austria〕）家族的，所以他是站在皇帝那一邊」。西伐利亞條約之後，是有關三十年戰爭的簡短評語[50]。

在有關法國的事務方面，阿提布．伽勒比還有一些報導，在回曆一〇一八年的部分，他記載著法王亨利派來代表團，要求更改貿易協定[51]。法國大使的名字據說是法蘭西斯．薩瓦里（Franciscus Savary）。他指出雙方君主先前的友好關係，提到穆罕默德蘇丹時代所簽訂的條約（原註：實際時間比較晚）。這位大使，也就是德．布里佛斯伯爵（count de Brèves，一五六〇—一六二八），於（西元）一六〇五年離開伊斯坦堡，這些協定在一六〇四年五月二十日修訂。作者指出，除了法國之外，其他簽下協定的王國，還有威尼斯、英國、熱那亞、葡萄牙和（西班牙）加泰隆尼亞商人、西西里、（義大利）安科納（Ancona）、西班牙和佛羅倫斯，其中有很多都是用法國的國旗和法王的名義。作者說，大使還談到了其他問題，包括了能否到耶路撒冷朝聖，柏柏里穆斯林海盜的活動，和先前的軍事合作事項等。

一六五三年一月，威尼斯的使節團到來，在英國大使的協助下求和，這使得鄂圖曼官方史家留下了少見的個人化評語。他說威尼斯大使是「九十歲的、頭和手抖個不停的不信道者，但卻是老奸巨猾。」㊿這位大使是喬凡尼．卡佩婁（Giovanni Cappello，一五八四—一六六二），實際上，當時他六十九歲。

突破框架的另類史家

在十七世紀的鄂圖曼史家中，有個不一樣的人，他是易卜拉欣—義．培奎（Ibrahim-I Peçuy），一般叫做培伽維（Peçevi），他的歷史記載，是從一五二〇到一六三九年。他於一五七四年出生在匈牙利的佩奇（Pecs）城，城名也就是他的名字。就父方來講，他來自突厥家族，幾代以來都在蘇丹的政府中任職。母親屬於索科洛維契（Sokolovič）家族，所以有伊斯蘭化的塞爾維亞血統。他除了安納托利亞的公職之外，大半生大概都花在匈牙利和鄰近的帝國行政區。他不關心世界史或世界地理，更不用說撰寫或翻譯那些異教國王的歷史。他主要關心的，就跟一般鄂圖曼或歐洲史家一樣，是他所屬的帝國的歷史，尤其是和歐洲對手發生的戰爭。

在早期階段上，他大概還是照本宣科；但晚期階段，他主要用第一手的證據——自己的經歷和老兵們的敘述。除了資料來源超出正規之外，他也有個革命性的觀念，即請教敵方的史家。他最喜愛的是軍事史，尤其是發生在匈牙利平原的幾場大戰的細節。有時鄂圖曼的官方史家缺的就是細節，培伽維則是反其道而行，他說：「在我國，能讀能寫的匈牙利人何其之多（原註：他用的匈牙利字 deak 表示懂拉丁文的人）。」⑤³可見，當時在帝國裡有許多匈牙利人，若不是戰俘就是改宗者，都是這位史家心目中的讀者。他的寫作程序大概是這樣的，請人將拉丁文的匈牙利官方史料唸出來之後，自己譯成突厥文。他把很多段落納入自己的編年史，其中有莫哈奇（Mohacs）的大會戰（譯註：鄂圖曼於一五二六年打敗匈牙利的戰役），和其他與匈牙利人有關的戰爭事件。他雖然沒有標示資料來源，但其中有兩個被現代學者考證出來了⑤⁴。培伽維大概是史上首位鄂圖曼史家，在參考了敵方的說法之後，將兩方的史料編製成單一敘述的人，他在這方面可說是前無古人，之後也有很長一段時間是後無來者的。他的編年史包含了歐洲方面數種參考資料，通常是關心到鄂圖曼或伊斯蘭的人的資料。他簡短談到過，一五五二年法國和突厥的聯合海軍對抗西班牙的軍事行動，還談到了，一五六八到七〇年間一批改宗基督宗教的穆斯林出現在西班牙。說到邊境的戰爭，他當然講得很多，也講了不少在地中海對抗威尼斯及其盟軍的海戰。有時，他甚至敢於撇開一般官方史家最為關心的政治和軍事事項。例如，他敘述了英國商人將菸草引進土耳其及其結果，甚至簡短評估了歐洲在印刷術和火藥上的發明㊺。

史家看對歐關係與和平

在一系列的鄂圖曼帝國史當中，最出色的大概是奈馬的史書（Tarih-i Naima）。它涵蓋了從回曆一〇〇〇年到一〇七〇年，相當於西元一五九〇到一六六〇年。奈馬這位既編又寫這段歷史的學者，是鄂圖曼史家中最了不起的人之一。他有著不同於一般史家寫史的概念，而對歷史的性質抱持著某種哲學觀，且有過深刻的思考。這段歷史的重要主題之一，是歐洲的戰爭，包括了發生在巴爾幹半島和黑海地區的戰爭。他把事件經過交代得很詳細，而且在匈牙利和（羅馬尼亞）特蘭西瓦尼亞（Transylvania）的地方領袖上，談得很深入。但哈布斯堡的皇帝多半時候是若隱若現，而西方各王國的國王，幾乎不曾出現。講到在德國的三十年戰爭，雖說是當時的歷史大事，且對鄂圖曼人有直接的影響，但奈馬只是照抄之前的官方記載，以為西班牙國王菲利普四世「還是當時的西班牙國王」，其實時間相差了一百年。難怪他對更遠的事件就更不關心，例如法國的路易十四和黎塞留（Richelieu）主教的活動，或是英國的內戰和民生問題。

不過就某方面來講，奈馬也顯示了有別於鄂圖曼史學的格局。他對更遠古的歷史感興趣，而且有心做古、今事件的比較，但這在鄂圖曼史學當中並非完全沒有先例。十六世紀史家肯馬帕夏查德（Kemalpaşazade），就將一五二一年蘇萊曼大帝與歐洲皇帝開戰，拿來和中世紀時日耳曼的十字軍入侵小亞細亞作比較。奈馬寫史的時代，是在十八世紀初，那時鄂圖曼帝國遭到奧國和俄國的重大打擊，所以拿幾百年前的光榮事件，和十字軍的最終失敗來尋求慰藉。

「回曆六百年之後（原註：時間上略有錯誤），由於伊斯蘭的國王們之間並不和睦，常常出現紛爭，在他們彼此鬥爭的時候，法國的不信道者和別的不信道者國王，尤其是奧國大舉出兵（原註：設法將當時的奧國戰爭聯繫到十字軍，可謂別有用心），並派一大批艦隊來到地中海沿岸，加以佔領。」

作者接著敘述，戰勝的法蘭克人，一開始如何能在敘利亞和巴勒斯坦沿岸建立政權，甚至威脅到大馬士革和埃及。這種威脅被（埃及和敘利亞蘇丹）薩拉丁打消了，他牽制住十字軍，這最後被後來的蘇丹給趕走，「因佔領而污染的土地，現在又恢復了純淨」。大概要從這裡，奈馬才能為當時的鄂圖曼人找到憑靠。中世紀時，埃及的蘇丹們覺得要做點變通，甚至有人樂於訂約，把耶路撒冷讓給法蘭克人。可見鄂圖曼人也遭到一連串的挫敗，有心不計條件求和以避免毀滅，好東山再起㊾。

奈馬在別的地方講得更清楚：「這是……為這樣的目的而寫的，指出和不信道的國王們談和，以及和世上的基督徒保持和平有多重要，這樣（鄂圖曼）國土才可以維持，人民才得以休養生息。」㊿

十八世紀官方史家的眼界

接任奈馬的帝國史家職位的，是拉希德額芬迪（Raşid Efendi）。他從奈馬停下的那一年，即回曆一〇七〇年，相當於西元一六六〇年，接著下去，直到一七二〇年。所以他的編年史，涵蓋了鄂圖曼對歐關係中一系列的重要事件：維也納之圍的二度失敗及之後的撤退，一六九九年的卡爾洛維茨和約，一七一〇到一一年間對俄國彼得大帝的戰爭，及一七一四年到一八年間對威尼斯和奧國的戰爭，以及和瑞典國王查理十二世（Charles XII）複雜且耐人尋味的交涉，包括他有點不受歡迎的訪問土耳其的蘇丹。這就難怪，拉希德額芬迪比前輩更注重外交關係，包括了和鄂圖曼的直接對手之間的和平談判，如俄國、奧國和威尼斯，甚至是離得較遠的歐洲國家。拉希德也是首位詳談出使歐洲國家的代表的史家，他的前輩們最多只講到他們的出國和回國。拉希德用了新的辦法，將代表們回國後（有的成為大使）的報告，成段地引用到他的官方記載。話說回來，儘管他注重了對歐的外交關係，但對各國的內部事務還是不加關心，對該歷史時期內的主要歐洲事件，仍像他的前輩一樣略之不論。

他的同輩和十八世紀中期的後輩們也差不多，儘管他們在對歐的外交關係，和有關歐洲統治者方面的細節略有增加，甚至對歐洲事務的興趣也開始了。鄂圖曼史家希利賀達（Silhdar），提供了有關一六九七年才簽訂的里斯維克和約（Treaty of Ryswick）的詳細突厥文版本[58]（譯註：該和約是法國侵略萊因地區，遭歐洲聯軍擊退後所簽訂的）。幾位鄂圖曼史家都樂於以一、兩頁的篇幅，敘述奧國戰爭的始末，和有關國家的名單及其利益考量。除了有關三十年戰爭的極簡短敘述之外，這是第一場受到鄂圖曼史家重視的歐洲戰爭。當時的另一位史家謝姆丹尼查德．蘇萊曼額芬迪（Şemdanizade Süleyman Efendi），以鄂圖曼人的用語，講解了神聖羅馬帝國選舉制度：「這個國度包括了九個王國，其中三個是萊因河國區（Eyalet，譯註：在土耳其，該詞代表行省，但用於稱呼歐洲的區域時容易混淆，酌改之，關於 Sanjaks，也比照處理）裡頭的邦（Sanjaks），即美因茲、科隆和特里爾。這是前三個選帝候，具有祭司的特徵。」其次是捷克、巴伐利亞、薩克森和普魯士等國區，（德國西南）法耳次和漢諾威等邦。除了這九個邦之外，還有薩伏依邦，目前由薩丁尼亞國王統治；（德國中西部）黑森邦是獨立的公國；（德國西南部）斯瓦比亞國區則是獨立的共和國。謝姆丹尼查德對各個邦有一些說明。他指出，普魯士邦的統治者叫做 Grandebur，他說這個名字是布蘭登堡的訛傳，這是邦中的城堡名；正確名字叫做 Fredoricus（腓特烈）。講到第九個邦，即漢諾威時，作者指出它是「現任英王 Jojo 的世襲封地」[59]。這個顯然是 Giorgio 的訛傳，顯示是義大利人提供的消息（譯註：Giorgio 可能通英語的 George，即喬治）。有關奧國的情勢和戰爭的始末，就佔了兩個印刷頁的篇幅，是鄂圖曼官方記載中最詳細的。作者也簡短提到了在歐洲的其他事件，儘管重點放在奧國和俄國，有時也會順帶提到較遙遠、神祕的國家，例如法國、英國、荷蘭和瑞典。儘管他們彼此之間也有差異，甚至對立，不過共通點還是對穆斯林國的敵意。所以，在一七三六年鄂圖曼與俄國之間的危機爆發前，英國和荷蘭大使警告鄂圖曼政府要當心時，還被看成是跟俄國合作而別有居心⑥⓪。

從瓦瑟夫（Vasif）的編年史，可以看到後續的變化，時間包括了從回曆一一六六年（西元一七五二年）到一一八八年（一七七四年），所以是處理了危及鄂圖曼帝國存亡的時期，在與勝利的俄國簽訂喪權辱國的凱納甲湖條約時達到頂點。瓦瑟夫本身活在美國獨立和拿破崙戰爭的時代，親眼見過例如法國侵略和攻佔埃及的歷史事件，所以他還另外寫了本書。他在編年史中報導了鄂圖曼派到維也納和柏林的特使團，並成段地引用了使節對中歐政治情勢的報告。

十八世紀以來的研究狀況

在十八世紀初，當鄂圖曼帝國牽涉到較多的歐洲事務時，官方史家對這方面的注意顯然還是很少。除了戰爭部分有稍加敘述外，他們對與俄國、奧國和西歐的關係，還是不及對波斯關係那麼留意，更比不上對帝國內權貴們的鬥爭那麼留意。對國外事務的興趣，雖比以前稍多，但仍是很有限，而官方史家的資訊，似乎局限在外國人、背教者和當地非穆斯林等的小範圍。十八世紀時，鄂圖曼人對歐洲國家和民族的了解，相當於十九世紀歐洲人對非洲種族和民族的了解——兩者都抱持著類似的鄙視。只有危機感才開始改變這種態度，但這也是緩慢、漸進的。

直到十八世紀末，鄂圖曼人對歐洲的介紹，還是沒有什麼實質的內涵，但這還是比以前進步了點，尤其相較於完全缺乏波斯文或阿拉伯文資料（除了一些摩洛哥使臣的報告外）時，更是如此。

十八世紀時的新情勢，即戰敗和危機感，改變了鄂圖曼對歐洲的興趣之性質。現在主要關心的是防患未然。但分隔兩個文明的障礙一旦被突破，就很難再嚴格管制之間的交通。一方面是軍事科學上的興趣，另一方面是政治和軍事情報上的需求，都引起對歐洲最近歷史的興趣。儘管一開始時是零星片段，後來等到突厥人逐漸了解到，帝國的存亡很可能決定於正確掌握歐洲的時勢時，這樣的興趣也就變得更迫切。

土耳其的第一家出版社（印刷社）創於一七二九年，一七四二年停社，之間出版了許多有關歷史和地理的書。其中包括了穆罕默德額芬迪出使法國的報導、創社者易卜拉欣·穆特斐里卡（Ibrahim Müteferrika）所寫的、有關面對歐洲陸軍的戰略學論文，以及歐洲人寫的戰史的波斯文譯本。易卜拉欣也出版了一些先前的著作，包括十六世紀新世界的發現史，和阿提布·伽勒比部分的地理學著作。

能顯示對歐洲歷史的新興趣的，除了上述出版社的書之外，還有典藏在伊斯坦堡的一些手稿。一份記著一七二二年的手稿，概述了奧國從八〇〇到一六六二年的歷史，這是由（羅馬尼亞）蒂米什瓦拉（Temesvar）的奧斯曼·阿嘉（Osman Aga）通譯官，由德文譯出的。還有更關心時勢的稿件，這是兩份寫於一七二五年的匿名手抄本，提供了有關當時歐洲第一手的、幾乎是最新的資訊。

其中一份是有關歐洲事務的簡短考察，以至少四件土耳其文手抄本的型態保存下來，顯示了一些研究興趣。它從神職和世俗的各職級的定義來著手，亦即著重以統計學的觀點來考察歐洲各國。它先談神聖羅馬帝國的各個領土，次談義大利的城邦（威尼斯、熱那亞等），接著是瑞士、法國、西班牙、葡萄牙、（地中海）馬爾他、「英國人的國土」、荷蘭、丹麥、瑞典、波蘭和俄國。作者在英國方面懂得不多，例如他把在位的君主叫成威廉二世（原註：在寫下這篇文章前，威廉三世早已歿於一七〇二年），儘管寫得很用心，國外的地名也都很正確，但英國部分卻多半有點離譜。他在歐陸方面懂得較多，例如科隆的大主教是巴伐利亞親王的兒子，（德國）梅克倫堡（Mecklenburg）「這陣子遭到俄國人佔領」（原註：其實是在一七一六年），以及「上一任沙皇」（原註：彼得大帝歿於一七二五年）佔領了瑞典大半的波羅的海國土（原註：藉著一七二一年的條約）等等這類的變化。

另一份手抄本也是保存成好幾份的稿件，講的是世界各地的海軍，手抄本上有個說明：「來自法國（南部）圖盧茲（Toulouse）一位有學問的教士，在宰相面前皈依了伊斯蘭。他遊歷過許多地方，通曉各地的事務，這篇論文得自他的見聞。」61

這兩篇論文顯然是由同一位作者寫的，作者很可能從法國的那位背教者，取得有關海軍事務的訊息。從那些西洋名字的拼寫方式來看，作者有匈牙利的血統——說不定就是易卜拉欣·穆特斐里卡本人62。

另有一份介紹，記載著一七三三到三四年，講的是「歐洲國家的一些歷史形勢」。作者是克勞德—亞歷山大·德·波納瓦（Claude-Alexandre de Bonneval），後來叫做阿赫默德帕夏，是位進入鄂圖曼政府並皈依伊斯蘭的法國貴族。這篇文章講了奧國、匈牙利、西班牙和法國的事件，被譯成土耳其文，可能是直接譯自作者的法文手抄本。還有一位史家阿布達・拉曼・蒙尼夫額芬迪（Abd al-RahmanMünif Efendi，一七四二年歸真），扼要考察了數個重要的王朝，除了伊斯蘭的君主外，還有異教的君主，如基督教羅馬皇帝、拜占庭皇帝、法國國王和奧國國王等。有一份十八世紀末的手稿，標題是「歐洲事務的考察」，它談到了腓特烈威廉二世的普魯士，和革命政府下的法國，以及一七九九年一位叫科斯莫・科米達斯（Cosmo Comidas）的伊斯坦堡基督徒，列了一份突厥文的參考目錄，列出在位的歐洲君主，包括了他們的誕生和登基，首都和封號、繼位者和其他有用的資訊㊸。

在阿拉伯國家裡頭，亦即鄂圖曼的領土或屬國，除了基督信徒少數族群的有限範圍之外，一般對西方的興趣就更小了。在摩洛哥方面，派駐歐洲各國首都的大使的一些彙報，提供了有關政界人士的一些基本訊息。但在歷史方面的興趣，就要等到十九世紀才出現。在受鄂圖曼統治的阿拉伯東方，只有在十八、十九世紀之交法國人和英國人打進來時，才暫時引起這些人的關心。但當時寫下的介紹，數量很少，且幾乎只關心到法蘭克人在東方的活動，而不是研究其國內的事件，亦即促使他們來到這裡的因素。要等到一八二〇年代，埃及才首度出現有關西洋的書，這是力求現代化的統治者穆罕默德·阿里（Muhammad `Alī）帕夏，在開羅設立的印刷社所出版的西書譯本。在伊朗及別的阿拉伯國家，穆斯林對西洋的興趣出現得晚了許多，這還是西洋勢力的直接影響。

6

宗教

Religion

以宗教做首要的認同和分別

在穆斯林看來，宗教就是自我認同和認同他人的核心價值。伊斯蘭家族就是文明的世界，當中有穆斯林政府的統治，穆斯林教法的教導，只要非穆斯林接受這樣的前提，他們的群體也可以享受到穆斯林國家和社群的包容。在穆斯林和外部世界之間的基本區別，就是接受伊斯蘭教義與否，普通地理、甚至人文地理的習慣性稱呼並不是最重要的。我們都知道了，穆斯林人士了解一項事實，在北方國界那邊的人，叫做羅馬人、法蘭克人、斯拉夫人等等，講著各種不同的方言。但這件事本身並不重要，在伊斯蘭世界內，就有許多人種和民族，儘管穆斯林比較想拿少數幾種語文作為政治、文化和貿易的媒介，這種情況，也相當於歐洲大陸種種的地方方言和慣用語。

真正的差異在宗教。信仰伊斯蘭的人叫做穆斯林，不管是身處哪個國家、受誰的統治，都是真主的共同體的一份子，不接受伊斯蘭的人就是不信道者。它的阿拉伯字就是 kāfir，本義是不信或否認，一般特指不相信伊斯蘭的教義，並否認它的真理的人。

嚴格說來，不信道者泛指所有的非穆斯林。不過，就阿拉伯文、波斯文和土耳其文的用法來說，這已經成為基督信徒的同義詞。同樣地，戰爭家族也漸漸被視為有著敵對的信仰的群體，它一開始代表基督宗教國，之後則代表歐洲。當然穆斯林也知道，在基督信徒之外，也有別的不信道者，有的是相距太遠，如亞洲的印度教徒和佛教徒，影響不到中東和地中海的伊斯蘭社群的認知和用語；其他像是非洲的非穆斯林原住民，和他們的關係比較密切，而被視為、稱為多神崇拜者和以物配主者（即偶像崇拜者）。在中東只有兩種外教比較有名，即祆教（拜火教）和猶太教，但兩者勢力都不大、影響也小。這兩者都已喪失了政權，且不被看成處於與伊斯蘭戰爭的狀態。猶太人只被看成 **dhimmīs**（協定之民），殘餘的祆教徒也擁有差不多的地位。**kāfir** 在鄂圖曼時代，甚至在官方用語中，並不包括猶太人。在許多處理非穆斯林群體的稅務及其他事項的文獻中，官方慣用語是「不信道者和猶太人」，可見後項並不包含在前項之內。這部分證明了基督信徒的一定地位，部分也承認了猶太人一神信仰的不容忽視。在鄂圖曼（以及現代）土耳其文當中，**kāfir** 一詞，常被 **gavur**（異教徒）取代，可泛稱一般的不信道者，也可單稱基督信徒。這個詞顯然是 **kāfir**

普遍的錯誤發音，可能是受到波斯古字 gabr 的影響，這個字本指祆教徒，但有時候也可指基督信徒。

在鄂圖曼的關稅規定上，也可看到同樣的區分。它通常規定了三種關稅費率，不是決定於商品，而是決定於商人，尤其是商人的宗教。在三種費率中，穆斯林和鄂圖曼人的最低；協定之民的費率中等；費率最高的，是來自戰爭家族的不信道者。耐人尋味的是，猶太人的話，不論其國籍或宗派，都是協定之民的費率，即使他來自歐洲。波斯人也有著同樣的原則。在十九世紀初，他們給俄國人，亦即給俄國的基督信徒境外特權，但同樣來自俄國的遜尼派穆斯林，卻沒有這種特權。

所以，標準的不信道者就是基督信徒，其所屬的國家在穆斯林看來，就是「不信道者的領土」，亦即基督宗教國。這種認同與分別的宗教界定，可以說具有普遍性。相對於從歐洲來到穆斯林世界的人，把自己看成英國人、法國人、義大利人、德國人等等，但穆斯林去到歐洲的卻很不一樣，不管來自摩洛哥、土耳其或伊朗，他們都把自己看成是到基督宗教國的穆斯林，而不去區分彼此的國籍、領土或種族。他們幾乎都把自己的國家稱為「伊斯蘭的國度」，稱自己的領袖為「伊斯蘭的君主」，或類似的說法。

談到基督宗教時的習慣用法

直到將近十八世紀末時，鄂圖曼出使歐洲的代表，才以鄂圖曼人稱呼自己和自己的國家，而有別於一般的宗教認同方式。不過一般出國的人，還是自稱穆斯林，稱其社群為伊斯蘭，也還是把接待的歐洲主人和其他人都稱作不信道者。十八世紀時，一位到奧國的土耳其人回憶時說：「奧國大使派了三個不信道者來會見我們……」①。意思是大使（原註：之所以叫奧國大使，是因為只有當地政府才能認可國外的大使）派了三個人來會見他們。不信道者一詞不僅用在歐洲人，也用在一些國籍或宗派；這個詞也常常取代了較為基本的詞，像個人、人或人類。

歐洲人之所以不同，並不是因為他屬於另一個國家，從屬另一位統治者，住在另一個地方，或是講另一種語言。他之所以不同，是因為他信另一種宗教。這樣的不同就使得他必然受到敵視或鄙視。難怪現在談基督宗教的作家，會運用現代文宣的常見方式，不斷強調這些重點。只要是有關歐洲的，不管是國家、團體甚至個人，幾乎一律被稱為不信道者，也不管是以名詞或形容詞的型態。不管是在官方交涉或是歷史著作中，這個詞在區別基督宗教的不同國家或民族上，常變得很必要。換句話說，就是講英國不信道者、法國不信道者、俄國不信道者等等。這個意思還常用一些難聽的綽號或咒罵來強調，多半還用了押韻的形式。在鄂圖曼的用法裡，各國都有押韻——Ingiliz dinsiz（沒宗教的英國佬）、Fransiz jansiz（沒靈魂的法國人）、Engurus menhus（帶衰的匈牙利仔）、Rus ma'kus（不開竅的俄國佬）和 Alman biaman（陰狠的德國人）等等。在穆斯林國家方面，正面的和負面的押韻字都有，可視情況使用。用在gavur（異教徒）的押韻字都是負面的，想表示善意的話，就不要去用它②。在中世紀的著作中，歐洲人個人的名字都附上了咒罵。這些都不是隨便說說，而是明顯別有涵義，且常以強調的語氣講出來的。

把歐洲人叫做不信道者，這個習俗顯然是很久遠、很普遍的。它甚至出現在表達友好和禮貌的國書，亦即穆斯林君主寫給基督宗教的歐洲君王的國書上頭。例如穆拉德三世蘇丹在修書給英王伊莉莎白時，告訴她，他打贏了「奧國和匈牙利的不信道者」，他的軍隊挺進了「卑鄙的不信道者的土地」，要求女王「趕緊一起來對抗西班牙不信道者，在主的佑助下，陛下將大獲全勝」，並表示對波蘭和葡萄牙不信道者的善意，「這些人是陛下的朋友」。連七世紀中期的阿提布．伽勒比在提到法蘭克人時，也總是附上咒罵的慣用語，如「注定被毀滅的」、「命定下火獄的」等等。後來，到了十八世紀中期，鄂圖曼官吏在報導他和奧國人協定國界時，還用解放（即恢復）貝爾格勒作開頭，從「奧國的異教徒賊一樣的手上」解放「吉哈德家族」③。歐洲政府或個人的政策和作為，一般都用這些詞來形容，如為非作歹的、惡搞、耍陰、用詭計、玩花招，和其他表示道德敗壞的說法。既然這種評價是這麼根深柢固，在文字裡頭也就用得理所當然。這些習慣用法，一直沿用到鄂圖曼帝國直接涉入歐洲事務，不管是盟國或敵國的時期，以及鄂圖曼的官吏、甚至史家開始注意到這些國際利害關係的時期。直到十八世紀末，這些慣用語才消失，但在穆斯林使節的報告裡，還是繼續使用不信道者一詞，來指他所碰到的人、團體或機構。十九世紀期間，這種語言才開始從公文和史學用法消失，儘管在一般的、口語的用法中還保留得很久。

儘管穆斯林的思考、甚至言談都以宗教為重，但還是可以發現，他們有留意到西洋世界的宗教。穆斯林的使節和史家多半會談到宗教事務，但對歐洲的基督宗教並沒有太大興趣，所提供的介紹也很少。他們都知道歐洲人是基督信徒，對大部分人來講，懂到這樣就夠了。基督宗教對他們來講，畢竟不是新的，它是伊斯蘭直接的前身，在穆斯林國之中，仍有一定的少數群體為代表。從穆斯林的觀點來看，基督宗教可說是被知道、被品評和被駁斥的。

基督教的分裂和對方政界利用新教

中世紀時的穆斯林學者，在基督宗教的信仰和實踐方面，擁有一定規模的阿拉伯文文獻，在初期的基督教歷史、以及基督教會的不同宗派方面，都可以整理出相當詳細的知識。但早期這種興趣並沒有持續，而鄂圖曼學者談基督宗教時，靠的似乎是早期穆斯林的阿拉伯文文章，而不是利用新的考察或消息。例如阿提布·伽勒比有一篇關於歐洲的論文（寫於一六五五年），以講解基督宗教做開頭，用的卻是中世紀的概念。他告訴讀者，這個宗教的根據是四福音書，他正確地列舉了出來，和伊斯蘭很相近，有著五大信條，即洗禮、三位一體、道成肉身、聖餐和懺悔。他在每一條上稍加解說，在「三位一體」一條下，談到了初期教會在基督方面的爭論。在這一點上，阿拉伯文的古籍中，有相當詳細的資料（譯註：伊斯蘭裡頭沒有「三位一體」的信條）。他引用了阿拉伯文版本的（西元四世紀基督教）尼西亞信經（Nicene

Creed）的經文（省略了filioque一條），並指出，基督信徒從此分成三大「宗派」——他在此所用的詞madhhab（突厥文mezheb），一般指的是遜尼派的四個教法學派。基督教三個宗派，是雅各比派（Jacobites，敘利亞基督一位論派）、（古敘利亞、埃及等的）東儀天主教派（Melkites，一譯正宗東方基督教），和聶斯脫里派（Nestorians，即景教），作者講解了各派在基督的人格和神格上的不同信條。在作者談到雅各比派時，嚴格來講是雅各．巴拉迪俄斯（Jacob Baradeus）的敘利亞教會的教徒時，他像是在強調基督一位論，所以他指出「雅各比教徒多半是亞美尼亞人」。正宗東方基督教徒，就是從社會階層和教會等級來看，都可證實為正統的宗派的信徒，所以是希臘人和羅馬人的宗派。他指出，聶斯脫里派是較晚的宗派，打破了一般所接受的信條，而自成一個宗派。在作者的那個時代，雅各．巴拉迪俄斯和聶斯脫里的宗派，都已經沒落，連亞美尼亞和（古埃及）科普特的一位論教會，都安心服從伊斯蘭的治理。後來又因為宗派的關係，使正宗東方基督教分裂成希臘正教的東方，和羅馬天主教的西方等教會，西方教會後來又因為宗教改革而分出新教教會，這樣的史實就鄂圖曼的觀察家來講，應該比之前宗派的論爭來得重要——但作者卻根本未加評論④。

天主教和新教之間的差別，雖然沒有受到注意，但史家對於發生在中歐的宗教戰爭，也有他的說明。他告訴讀者，有一天奧國皇帝突然心事重重，眼眶充滿淚水，這使得他妻子，亦即西班牙國王的女兒問起了箇中原委。他就說，問題就出在他和鄂圖曼蘇丹之間的差異。每當蘇丹傳送指令，要屬國的親王們帶著部隊前去支援，他們就馬上出動，沒有留下後備部隊給他。奧國皇帝也可以傳送這樣的訊息給匈牙利的親王，但他們並不需要為他而出動部隊。聽到這樣的苦衷，皇后就表示：「鄂圖曼屬國的戰士，都屬於蘇丹的信仰和宗派，這就是他們樂於效忠的緣故。匈牙利親王們不肯派兵，是因為他們和陛下不同信仰。」皇帝恍然大悟，馬上派代表和教士到匈牙利親王那兒，命令他們「徹底反省自己的偽信」。有些人照辦，但很多人不肯，這就造成了不少的苛政和壓迫。「而這就是大能的真主，連不信道者都不肯放棄的真主，之所以派出伊斯蘭的武力來制伏他的緣故。」⑤不久之後，遊歷過匈牙利和奧國的艾佛利亞．伽勒比也指出，兩者屬不同的教會，匈牙利人是路德派，而奧國人「服從教皇」。他指出，為了這個緣故，他們彼此敵對得很厲害。但由於兩者都是基督信徒，就聯合起來對付穆斯林，艾佛利亞就引了一句穆斯林傳統中的話：「所有的不信道者，都算同一個宗教。」⑥

就新教和天主教之間的分裂，及其對伊斯蘭的重要性和價值而言，鄂圖曼的官方可能比學界還要來得警覺。這部分可能是因為，離開西班牙的穆斯林難民會帶來消息；還有部分是因為，新教國家的一些使節設法表示，他們和穆斯林同樣是一神論者，有別於崇拜偶像、信仰多神的天主教，所以不妨在貿易、政治、其他方面互相往來云云。鄂圖曼官方大概沒有信以為真，但偶爾會加以驗證。一五六八到七〇年間，在西班牙被迫改宗基督宗教的穆斯林起來反抗，蘇丹派出特使團，要他們效法路德派的奮戰精神，來對抗「服從教皇及其宗派的人」。他們建議反抗軍跟路德派建立祕密聯繫，當路德軍與教皇的軍隊作戰時，反抗軍要在自己的地盤上，挖天主教教區和軍隊的牆角⑦。謝利姆二世蘇丹甚至派出祕密代表，去會見在西屬低地國的新教領袖。一封鄂圖曼的國書，點出了穆斯林和路德派之間的共同利害，當時的路德派起兵反抗天主教及其偶像崇拜：「自從諸位起兵反抗教皇派，並名正言順殺死他們，我國便開始想方設法來關切你們。在你們的立場，是不要崇拜偶像，廢除偶像和肖像，以及教堂的『鐘聲』，並宣佈你們的信仰，表示全能的主是獨一的，聖耶穌是祂的先知和僕人，現在憑著全副的靈和心，渴求著、追尋著正信；但他們所謂的教皇缺乏正信，並不認他的造物者為獨一，把神性歸給聖耶穌（求主賜祂平安！），並崇拜著從自己手裡做出來的偶像和畫像，才給主的獨一性蒙上多少疑惑，使得多少主的僕人誤入偽信的歧途。」⑧後來，鄂圖曼與英國伊莉莎白女王的通信，也顯示了新教方面類似的利害關係，但不是與之結盟，這不是主的意欲，而是用以有效分化天主教的勢力。

對天主教的了解

教皇制也幾乎逃不出穆斯林的注意，許多穆斯林學者評論過，這種有關羅馬的領袖的怪現象。他們稱教士們的最高統治者為 al-Bāb，亦即教皇（譯註：天主教界習稱教宗，以下依循此例）。伊斯蘭既沒有祭司職權，也沒有教會等級制，而組織嚴密的基督教會，在穆斯林看來也很難理解。到了鄂圖曼時期，他們就近認識了東方教會的等級制之後，才得以觸類旁通。第一個談到教宗的人，是阿拉伯戰俘哈倫．伊本．葉赫亞（Hārūn ibn Yaḥyā），他在八八六年左右到過羅馬，他只講到：「羅馬是個由國王統治的城市，這個國王叫做 al-Bāb，即教皇。」他沒有說明這個職銜，大概是以為，這是這位君王個人的稱號。有關羅馬的報導，在亞克特（Yāqūt）的地理學辭典中比較詳細。「羅馬目前掌握在法蘭克人手中，國王叫做 Almān 國王。裡頭住著教宗，法蘭克人服從他，他的地位相當於我們的伊瑪目。要是當中有不服從的人，會被公認為是叛教者、罪人，受到逐出教會、驅逐出境或死刑的懲罰。教宗頒佈種種戒律，不管是有關女人、洗禮、飲食等，沒有人可以反對。」⑨

這種不太尋常的制度，似乎也有些詞語傳到了伊斯蘭世界的東半部。十三世紀時一位波斯詩人哈卡尼（Khāqānī），在一首諷刺詩中談到了當時的主教長，巴特里克—義．札曼內．巴伯—義．布特魯斯（Batrīq-i Zamāne Bāb-i But rus），即聖彼得的座位（譯註：使徒彼得創立了羅馬的教會，所以天主教界把教宗的職位稱作「聖彼得的座位」）⑩。看來，他把這個制度和東方教會的主教長制給混淆了，後來一般的穆斯林學者也都犯這個錯。

談到教宗權威的最早記載之一，來自於敘利亞史家伊本．瓦須爾（Ibn Wāsil），他在一二六一年擔任使節，訪問了義大利本島南部，並這樣講到了教宗：「他對他們而言，是基督的正統領袖（khalīfa）、代理首長，擁有禁止和批准、決定和撤銷的權力。」後來有好幾位人士，都有類似的說法。其中有位突厥文人，他寫過葉姆親王的流亡，指出了更為特別的事情——基督宗教認為，教宗可以赦免人的罪，教宗的這種權力，總是讓來訪的穆斯林感到驚訝。穆斯林很熟悉何謂宗教權威——可以說，他們只認一個宗教權威。但伊斯蘭並不曾承認過，人類可以擁有宗教權威，他們認為，教宗擁有的這種權力，應該只屬於真主。伊本·瓦須爾也說：「他（教宗）可以任命國王、為他加冕。就他們的教法來說，要是沒有經過他，就沒有事情可以成立。他是僧侶（譯註：意即不能結婚生子），一旦他歸天，就有另一位具有同等僧侶素質的人來接替他。」⑪

在卡爾卡宣迪（Qalqashandī，一四一八年歸真）的官方手冊上，有一段關於教宗的簡短說明：

「給教宗的致詞格式，他是正宗東方基督教會的主教長，地位相當於我們的哈里發，值得注意的是，Tathqīf（之前的官方手冊）的作者說，他的地位相當於韃靼人的大汗。其實汗王等於韃靼人偉大的國王，而教宗只擁有宗教事務上的權威，擁有著宣佈何者是許可的、何者是禁止的權力……致詞給他的格式……如下：「願大能的主加倍賜福給這位大人物，這位受敬愛、聖潔、屬靈的、謙卑的、盡心盡力的羅馬教宗，這個基督教國的當權者，由耶穌所形成的共同體的典範，基督宗教國國王的加冕者……橋樑和運河的保護者……主教長、主教、神父和修道士的庇護人，福音的繼承者，向大家宣告何者許可、何者禁止，國王和蘇丹的友人……」

在卡爾卡宣迪所引用的文字裡頭，Tathqīf的作者表示：

「這就是我在檔案裡頭所能找到的，在我任職期間內，並沒有寫給他的書信，我也不知道他之前寫了些什麼題目……」⑫

有關教皇制，在拉希德．丁的《世界史》裡頭，同時有著歷史和當代的報導。這寫於十四世紀初的伊朗，之前提過，資料來源是教宗的使節，及其之前的編年史。葉姆親王本身接觸過羅馬教廷，而有關之後新教皇的任命程序，回憶錄的作者交代得有點誇張，這件事還伴隨了常見的暴力。至於在阿提布．伽勒比有關歐洲的短論文中，有一章專講教皇制，從使徒彼得談到保祿三世（Paul III），保祿三世是在一五三五年當教宗的，作者列出了所有教宗的名單，他們的任命和任期的長度等⑬。由於作者並沒有提到保祿三世的過世（在一五四九年）及其繼位者，可見他所用的資料，是一百多年前的舊資料。所以可以說，取得更新的資料，對穆斯林學者來說並不是那麼必要（或許也缺乏機會）。既然作者談的基督教神學是上千年的老資料，也就難怪他的教宗名單是一百年前的舊資料。

有關教皇制、甚至歐洲基督宗教較好的報導，是由摩洛哥大使加撒尼（al-Wazīr al-Ghassānī）所提供的，他在十七世紀末訪問過西班牙。他談得很多，不僅談了教宗，且還談了教廷的組織，紅衣主教的角色，甚至新教宗的選拔方式。整個制度似乎讓他很惱怒，每提一次教宗就咒罵一次。作者接著還談到了像異端審判、迫害猶太人、宗教改革，和之後在基督宗教界的紛爭等等的情形。他甚至還談到了英國的宗教改革，當中的成因，他認為是亨利八世（Henry VIII）的婚姻問題，該觀點肯定得自他所訪問的西班牙。他還談到不少在西班牙實施的天主教信條，講到修女和修士、天主教的告解和可能引起的罪惡⑭。後來，去過西班牙的摩洛哥使節在討論教會制度時，就以他為範例，其中有好幾位還特別注重異端審判這個主題。

對遺民、遺物的感觸

能讓訪問歐洲的穆斯林稍感興趣的少數主題之一，就是和伊斯蘭有關的事物。在一些回歸基督徒統治的地方，穆斯林設法繼續生存，這自然會受到注意。伊本・瓦須爾發現，在義大利本島南部，還有一批穆斯林受到諾曼人的統治（譯註：伊本・瓦須爾是十三世紀的人），這讓他很感興趣：

「在我待的地方，附近有座叫盧切拉（Lucera）的城市，這裡的居民都是西西里裔的穆斯林，這裡還看得到聚禮日的叫拜，穆斯林的宗教是公開的（譯註：穆斯林的聚禮日相當於基督徒的禮拜天，不過時間是在星期五；所謂叫拜是由專人定時叫大家一起來拜）。這是從曼弗瑞德（Manfred）的父親（腓特烈二世）皇帝就開始的。曼弗瑞德在那裡建了一所科學之家，促進思辨科學的各門學問。我發現到，在幫他辦事的好友裡頭，多半都是穆斯林，在他的轄區裡，叫拜和禮拜本身都是公開的。」

伊本·瓦須爾指出，教宗「因為曼弗瑞德支持穆斯林，而將他開除教籍」。⑮

後來，穆斯林便被逐出西西里島和義大利本島。一五〇二年二月十一日，卡斯提爾王國下了一道法令，要所有穆斯林在改宗、放逐或死刑之間做選擇。後來西班牙王朝的所有其他領土，都頒佈了類似的法令。但在這些驅逐令之後，某種祕密的穆斯林社群，設法維持了一段時間，並反抗過好幾次，甚至攻佔過格拉納達城。在徹底失敗之前和之後，這些西班牙穆斯林曾向鄂圖曼求助，它是當時最強的穆斯林國，但效果不大。鄂圖曼政府確實和這些被迫改宗的穆斯林談過，也設法透過各種管道，提供建議、甚至協助。鄂圖曼派出祕密使節團，在西班牙、北非和伊斯坦堡之間居間協調。但這並沒有成功，後來這些人只好像前人一樣，到處流亡。

後來，隨著鄂圖曼人撤出中歐，類似的狀況也開始出現。基督徒收復失土之後，多半地方都出現了大批的穆斯林移民。到了十九世紀，除了被俄國人征服的韃靼版圖，多半的穆斯林人口都脫離了基督宗教的統治。後來這些地方，都成了穆斯林訪客發思古之幽情的場合。到西班牙的摩洛哥代表，和到中歐和東南歐的鄂圖曼代表，常會經過那些被基督徒收復的穆斯林失土，這些使節都顯示了同樣的情懷。就像歐洲人到東方尋訪有著古代和基督宗教過去的遺跡一樣，來到歐洲的穆斯林，也對他們的遺跡很感興趣，受到穆斯林碑文的感動，話說當年穆斯林的往事，甚至設法尋找能顯示穆斯林存在的遺物，有遺民更好。因此，摩洛哥大使葛札爾（al-Ghazzāl）指出，西班牙某個地方的人叫做Villafranca-Palacios，這是「安達魯西亞人」的遺民，意思是說，這就是之前住在西班牙的穆斯林：「他們身上流著阿拉伯人的血，他們的風俗習慣不同於那些洋人（`Ajam）。他們傾向穆斯林，有心和我們親近，告別時的難過，這些都在在顯示了，他們是安達魯西亞人的遺民。不過他們誤入不信道的歧途，已有很長一段時間，願真主佑助我們。」葛札爾甚至宣稱，他發現了一位祕密的穆斯林，那個人叫做貝拉斯科（Belasco），是帶著女兒一起到當地的，「一位長得很像阿拉伯人的姑娘」，她做了幾個「祕密的手勢」，使得大使不需要再確認，就肯定地指出那人確實是穆斯林⑯。鄂圖曼的大使們對於他們之前在匈牙利、甚至在波蘭南部的人民，也都表示同情。例如，阿茲米額芬迪於一七九〇年經過匈牙利時指出，匈牙利人對他、他的任務和整個鄂圖曼帝國，都表示了高度的友好和善意⑰。其他經過中歐和東南歐之前失地的鄂圖曼使節們也宣稱，那裡的人對之前的主人也顯示了懷念之情。更令人訝異的是，直到十八世紀時，出使西班牙的摩洛哥大使，還發現得到這種感念。有些摩洛哥大使能很敏銳地發現，在這個國家當中有許多伊斯蘭遺民，如今雖然是世俗化，甚至為基督宗教所利用，但這些代表認為，西班牙的基督宗教化，只停留在表面，穆斯林舊日的忠誠，有朝一日仍會重新出現。

到國外尋訪的穆斯林，常因為穆斯林古蹟被損壞或褻瀆而感到困擾。摩洛哥大使葛札爾在訪問格拉納達期間，曾要求人們將一塊刻有阿拉伯文的石碑擺正，這樣才方便閱讀，也比較美觀。據他的說法，當他訪問科爾多瓦的清真寺時，曾發現一塊刻有阿拉伯文宗教碑文的石碑，被用做鋪路的石版，他堅持不能再放在那裡。（清真寺的）叫拜塔（Minarets，一譯喚拜樓）也很受穆斯林的注意。有一座在西班牙被用做燈塔，一座在塞爾維亞被用做鐘樓，都使到訪的穆斯林感到困擾。連（穆斯林用來淨身的）澡堂也難免被褻瀆，奧國人佔領貝爾格勒之後不久，一位參觀過的突厥人不悅地指出，其中有一些竟被當成住宅⑱。這再次顯示不信道者的習慣很不乾淨云云。

不管是到東歐或西歐的穆斯林失土，穆斯林所留下的文字透露著一種感觸：這些是伊斯蘭的版圖，被佔走是一種錯誤，注定終將恢復。連短期的佔領也可以拿來證明這一點。一七六三年，瑞斯米額芬迪訪問了波蘭的卡梅尼茨（Kameniets）堡壘，這裡曾在一六七二到九九年間被鄂圖曼人佔領，在看到叫拜塔上有著落成的日期和《古蘭經》經文時，瑞斯米大受感動：「當我誦讀這段文字時，從內心裡禱告，若將這些地方還給伊斯蘭，一定能使造物主喜悅，使正道的話語成為喚拜樓上的回音。」⑲直到一七七九年，到西班牙的摩洛哥大使穆罕默德・伊本・烏斯曼・米克納西（Muḥammad ibn ʿUthmān al-Miknāsī），每提到一個地名，就一定跟著這麼一句「願真主把它還給伊斯蘭。」⑳

面臨歷史變局時的觀感

一般的穆斯林並不認為，基督宗教對伊斯蘭而言構成宗教上的威脅，即使基督教軍在西班牙，以及之後在東南歐的節節勝戰，這種威脅仍然被看成是政治和軍事上、而不是宗教上的威脅。即使是戰敗的穆斯林，說到要在真主的啟示中，選擇一種較早、較不完整的型態，仍然是荒謬、不值一顧的。還有，心悅誠服從伊斯蘭改宗基督宗教的穆斯林，實在是少之又少。在穆斯林的國度中叛教（改宗要有別的穆斯林在場），是大逆不道的。不過就算在基督教國家，朝野也寧可穆斯林照著教法的指導而移民，也不要臣服於基督宗教的統治，在他們看來，強迫性的改宗算不上誠心誠意。

穆斯林史上首度感到其信仰受到西方的威脅，是在法國大革命時代。在穆斯林看來，革命的宣傳並不是以舊宗教的名義，而是本身具有誘惑性的、新的意識型態。鄂圖曼人開始感受到這種威脅，這種徵兆出現在一七九八年春，鄂圖曼的國務卿寫了外交備忘錄，用來指導國務會議之用。在說明了近來發生在法國的事件的來歷之後，國務卿表示：「知名的無神論者伏爾泰、盧梭，和這類的唯物主義者印製、出版了各種作品，裡頭包含了（願真主佑助我們），對聖潔的先知和偉大的國王的侮辱和誣衊，廢除所有宗教的主張，以及有關平等和共和的甜言蜜語，用的都是通俗易懂的詞句，用老百姓的語言來冷嘲熱諷……」㉑

在法國入侵埃及時，造成了更迫切的、新的威脅，使得鄂圖曼帝國投入了今日所謂的心理戰。在蘇丹發給穆斯林人民的一份文告當中（用了阿拉伯文和突厥文兩種文字），有關革命黨人的邪惡，有如下大段的描述：

「法國（願真主摧毀他們的住處、扳倒他們的旗幟，因為他們是殘暴的不信道者、抱持異議的罪人）並不認天地之主的獨一，也不相信審判日的代理人的使命，還廢除了所有宗教，否認了後世及其懲罰。他們不相信復活之日，硬說只有時間的流逝才能毀滅我們，還說世上只有子宮才能生出我們，只有大地才能吞食我們，除此之外並沒有什麼復活，沒有所謂清算，沒有審判，沒有報應，沒有審問，沒有答辯……他們斷言，先知的天經是明顯的偽造，而《古蘭經》、《討拉特》（譯註：在基督教是指《舊約》首五卷，即摩西五經；在伊斯蘭，似乎泛指《舊約》）、《引支勒》（譯註：福音書，亦即泛指《新約》），不過是謊言和廢話，而那些自稱先知的人……哄騙了無知的人們……說所有人在人的屬性上是平等的，在人的身分上是相似的，沒有任何人優於別人，每個人各管各的靈魂，各謀各的生計。他們憑著這種空虛的信念、荒謬的見解，弄出了新的信條和法律，照著惡魔的耳語，建立新的事物，破壞了宗教的基礎，一味幹著違背天意的事情，放縱自己的七情六慾，隨著誘惑落入罪惡而不知，老百姓成了語無倫次的瘋子，到處散播對宗教的背叛，在各國國王之間挑撥離間。」

文告的作者要大家提防法國的騙術：

「他們用欺騙的書籍和虛偽的謊言，告訴各個宗派說：『我們屬於你，屬於你的宗教和你的社群。』然後對大家做出空洞的承諾，提出可怕的警告。」

法國人搞垮歐洲之後，把目光投向了東方。「於是乎，他們將邪惡的陰謀，轉向了穆罕默德的社群……」㉒

這些話講得不錯，伊斯蘭面臨了有史以來最具威脅性的意識型態和哲學的挑戰，威脅到穆斯林的教法和社會的根基。就穆斯林的經歷來說，這是前所未見的。伊斯蘭在征服和同化中東的古代社會後，曾遭遇過三大文明，即印度、中國和歐洲。其中只有一個，亦即歐洲文明被視為擁有名符其實的宗教，成為可能在政治上和軍事上替代伊斯蘭勢力的方案。但基督宗教在碰到伊斯蘭時，從來都是先撤退，基督教強國頂多只能抵擋穆斯林武力的進犯。誠然，在中世紀的全盛時期，伊斯蘭神學曾遭遇到希臘哲學和科學的挑戰，但由於這個挑戰局限在一定範圍，且來自於受征服者的文化，所以被克服、打消了。有些希臘文化的遺產被伊斯蘭整合了，有些則被摒棄。

但伊斯蘭面臨的新的挑戰——歐洲的世俗主義（secularism），就又是另一回事了。它的層面多、勢力大，範圍廣得許多；再者，這次是來自征服者、而非被征服者的世界。有種不受基督宗教界定的哲學，在某個富有、強盛且擴張迅速的社會上顯示出來。在一些穆斯林看來，該哲學似乎體現了歐洲人的成功祕訣，給逐漸意識到自身的衰弱、貧窮和落後的穆斯林，提供了一個解決辦法。在十九、二十世紀期間，歐洲的世俗主義，和由它啟發的一系列政治、社會和經濟學說，對著穆斯林的子孫後代，不斷散發著吸引力。（譯註：作者所謂的世俗主義，其實應該就是帝國主義。）

7

經濟事務：認識與接觸

The Economy: Perceptions and Contacts

初期人士看西方事物

九世紀時，巴格達有人寫了篇短論文，題目叫做〈看清貿易〉，當中談到了形成貿易基礎的多種商品及其類型、特性和產地。其中有一大段，專講由「國外」進口到伊拉克的一系列商品和貨品。這個「國外」，幾乎全是穆斯林帝國在亞、非洲的不同屬地。其中只有四個地方不在穆斯林國內：位在歐亞草原上的突厥國哈札爾（Khazars）、印度、中國和拜占庭帝國。哈札爾出口「奴隸、女奴、盔、甲和頭巾」；來自印度的有「虎、豹、象、豹皮、紅寶石、白檀木、烏木和椰子」；從中國進口「香料、絲、瓷器、紙、油墨、孔雀、烈馬、馬鞍、毛氈、肉桂和純的大黃根」；而來自拜占庭帝國的是「金、銀器皿、帝國純金幣（第納爾，dinars）、藥材、繡花布料、織錦、烈馬、女奴、紅銅珍品、大鎖、里拉琴、水力工程師、農耕專家、大理石工匠和閹人」。當中沒有提到歐洲的出口貨品，大概是太少、太不重要而不值得一提，不過也有可能，有一些被放在拜占庭帝國的清單中①。

中世紀時，穆斯林地理學者所談到的西歐商品，並不引人注目。經過俄國的斯堪地那維亞的進口貨，看來重要得多。除了文獻的記載，這項貿易也留下了許多穆斯林的古錢，這是在斯堪地那維亞，尤其是瑞典發現的，古錢多半是在中亞鑄造的。

中世紀時有關西洋的經濟情況，學者留下了些零星的資訊。伊本．葉爾孤白在談到（荷蘭）烏得勒支時，指出：

「法蘭克人擁有大片土地，這是其中一座大城。土壤鹽分太高，沒有辦法種植。人們靠畜牧維持生計，取其乳汁和毛。那裡沒有木材可供燃燒，但他們有一種土石可供作燃料。情形是這樣的：夏天，土地變乾時，他們拿著斧頭到土地上，把土剁成磚塊狀。每個人按照需要來挖取，並擺在陽光下曬乾。土塊變得很輕，可以用火焰點燃，這跟木材一樣易燃，並冒出火燄、發出高熱，就像吹玻璃時冒出的火燄一樣。土磚燒完時會留下灰燼，但不是炭粒。」

伊本．葉爾孤白對去過或聽過的城市，也有類似的觀察。他說（法國）波爾多「盛產木料、穀物和清水。但人們在這座港都的沿岸地帶，發現了很好的琥珀」。

（法國）盧昂（Rouen）這座城是……

「用塞納河的石塊，以對稱的方式建造起來的。這裡不產葡萄和木材，但盛產小麥。在河裡可以捕到他們所謂的鮭魚，和一種聞起來和吃起來像黃瓜的魚……到了盧昂冬天最冷的時候，會出現一種有著紅色的蹼和喙的白鵝……這種鳥只會在某無人島上生蛋，發生船難的人有時到得了這座島，靠牠的蛋或雛鳥，可以維持一兩個月。」

講到（德國）什列斯威（Schleswig）時，他說：

「這座市鎮沒有太多美好的事物。他們的主食是魚，產得很多。當中要是有人不小心生了小孩，他們會把小孩丟到海裡，以節省開銷。」

他對（德國）美因茲（Mainz）比較有印象：

「很大一座城市，部分用做居住，其餘用做耕種。它是法蘭克人的領土之一，傍著一條河，叫萊因河。這裡盛產小麥、大麥、萊姆（酸橙），和一般水果，這裡通行迪拉姆（dirhams，貨幣），鑄造於回曆三〇一到〇二年（西元九三四到三五年）的（烏茲別克）撒馬爾罕（Samarkand），上頭有領袖的稱號和發行的日期……有一件事較奇特，就是這座城市雖然在較偏遠的西邊，卻能從遙遠的東方弄到所需的香料。例如胡椒、薑、丁香、松香、艾橘和高良薑等，這些是從盛產的印度運送過來的。」②

到了中世紀晚期，穆斯林學者懂得較多，譬如伊德里斯就提供了相當詳細的訊息。連像英國這種偏遠地方，也開始出現在其中。伊本·賽義德在講到英國的奇聞時，指出：

「這座島上只有雨水，他們只靠雨水來灌溉作物……島上有金、銀、銅和錫的礦脈。由於嚴寒，他們沒有葡萄園。當地人將這些礦產運到法國，換得葡萄酒。這就是法國統治者之所以有這麼多金、銀的緣故……」③

波斯史家拉希德．丁，對英國的這種財富也是印象深刻，說英國有著無數的「金、銀、銅、錫、鐵等礦藏，以及多種的水果……」。他還指出，法蘭克商人去到埃及、敘利亞、北非、安納托利亞和（伊朗）大不里士（Tabriz），他們是從熱那亞搭船過去的④。

穆斯林國內奴隸的來源

有關中歐和西歐的物產，只有三樣吸引了穆斯林人士的注意，即（中歐和東歐）斯拉夫尼亞奴隸、法蘭克武器和英吉利羊毛。由於法律規定，在帝國之內的穆斯林或非穆斯林，只要他守法、納稅，就不得充作奴隸。於是要取得奴隸，只能透過兩條管道：出生（不論宗教，父母為奴隸者，子女就是奴隸），或是來自國外。後來，國內奴隸漸漸不敷所需。羅馬帝國或其他古國，可以把犯罪或破產的人降為奴隸，來增加勞動人口，但這在穆斯林帝國行不通。所以新的奴隸要從國外輸入，方式有進貢、俘擄，甚至購買。

這使得伊斯蘭帝國和以往的帝國有所不同。在古代，除了戰爭勝利和經濟衰退時期，奴隸多半出自本地。但在伊斯蘭帝國，大多數奴隸都來自國外，而這也大大促進了伊斯蘭的鄰國的奴隸買賣，以因應日漸擴大的需求。

伊斯蘭奴隸有兩個主要來源，一個是北方歐亞草原的白種人，多半是突厥，主要是軍事用途；另一個是熱帶非洲的黑人，他們被俘擄後，被運送到國內充作一般勞力。不過，還有次級的來源地，歐洲就是其中之一。在伊斯蘭版圖中的西方國家，尤其是穆斯林西班牙，歐裔奴隸當然較優秀。由於身處邊疆的戰區，他們起初是因為戰爭才成為奴隸的。把在戰場上俘擄的敵軍異教徒，拿來充作奴隸是合法的，而這在一定時期內也還夠用。

隨著伊斯蘭的進攻、拉鋸戰和逐漸的撤退，戰俘日漸短缺，因戰俘可以透過對方的贖金或交換而恢復自由。後來逐漸出現奴隸的買賣，這類買賣包括男奴和女奴，它逐漸興盛，以因應穆斯林西班牙和北非的需求。這種穆斯林西方的白種奴隸，整體來講叫做 **Saqāliba**，是阿拉伯文 Saqlabī 或 Slav 的複數。在歐語裡頭，Slav 一詞即奴隸，似乎牽涉到某種具有社會涵義的種族。在地理學者的著作中，**Saqāliba**（暫譯斯拉夫奴）一詞指的是中歐和東歐的幾種斯拉夫尼亞族。它在穆斯林西班牙的官方史中，成為科爾多瓦的伍麥葉（Umayyad）哈里發的奴隸禁衛軍的特殊名詞，相當於東方哈里發國裡的突厥馬木路克（譯註：「馬木路克」的本義，是埃及的奴隸）。西班牙第一批 Saqālibạ，大概是日耳曼人到東歐打劫時所俘擄，並賣給西班牙穆斯林的奴隸。後來這個詞的意義有所延伸，涵蓋了在軍隊或家庭中做事的白種洋奴。十世紀時，阿拉伯人伊本．郝卡爾（Ibn Hawqal）曾遊歷穆斯林西班牙，他指出，他在此碰到的歐洲奴隸，除了來自東歐，還有法國、義大利和西班牙北部。一部分還是要靠俘擄，但現在主要不是戰區的戰俘，而是海上的俘虜。陸路的奴隸買賣，持續來自法國，借用荷蘭史家多濟（Reinhart Dozy）的話，凡爾登（Verdun）是當時重要的「閹人的製造場」⑤。

奴隸的社會機會及其後來買賣的變遷

由於穆斯林社會的特殊結構，奴隸也可以爬到高位、握有權勢，於是穆斯林西班牙的 Saqālibạ 就成為西班牙—阿拉伯社會的重要份子。他們可以擔任文、武官員，擁有財富，甚至自己的地產和奴僕。在精通阿拉伯語文的同時，他們之中還出現了不少重要的學者、詩人和科學家，其中有一位是希沙姆二世（Hishām II，九七六—一〇一三）時的人，他甚至寫了本書，專談安達魯西亞 Saqāliba 的優點和成就，但並沒有抄本保留下來。

當法蒂瑪王朝（the Fatimids）在突尼西亞建立政權，在十世紀初、以及之後一、兩百年向東佔領埃及期間，斯拉夫尼亞奴隸扮演了一定的角色。一位帶兵征服埃及，並成了開羅的建城者之一的賈華爾（Jawahr），就曾是個奴隸⑥。

當時有很多歐洲人，把奴隸輸出到穆斯林世界。當中有基督信徒、猶太人、義大利人、法國的商業都會市民，以及往來於地中海東部的希臘奴隸販子。威尼斯人在此很重要，早在八世紀時，他們就開始和希臘人在這方面競爭。

歐洲人好像沒有什麼顧忌，把基督徒奴隸賣給西班牙、北非，甚至埃及的穆斯林，儘管查理曼大帝禁止過，之後的撒迦利亞（Zachary）和哈德良一世（Hadrian I）兩位教皇也設法阻止過。威尼斯人不屈不撓，甚至還在羅馬城買男、女奴隸⑦。且威尼斯人還是閹人的主要供應商，同時提供給伊斯蘭和拜占庭的宮廷。這項貿易後來引起公憤、遭到禁止，但既然是在威尼斯總督的管轄下，禁令顯然不太有效。

這些禁令和指摘，並不足以遏止這項高獲利的買賣。威尼斯處在斯拉夫尼亞人土地的邊緣，與穆斯林國之間的海路交通便利，這樣的地理條件有利於威尼斯商人。

後來，亞得里亞海的普拉島（Pola）成了威尼斯人的地盤，亦即主要的奴隸市場。

當時還有別的供應來源。來自西班牙、西西里島和北非的穆斯林海盜，出沒於地中海的基督教港灣，尤其在十到十二世紀期間，擄走了大批的俘虜。九二八年時，據說在打劫過亞得里亞海之後，帶回到突尼西亞的馬赫迪耶（al-Mahdiyya）港的俘虜，達一萬兩千人之譜。海盜頭子叫沙比爾（Sabir），是前西西里總督的奴隸，經常在義大利和（南斯拉夫）達爾馬提亞海岸攔路打劫。

這項通商經過了中世紀，到了十五世紀尚未消失。此時開始有所轉變的因素之一，是穆斯林商人開始尋求斯拉夫尼亞奴隸，就像西洋人尋求香料一樣，現在取得了直通供應來源的管道。地中海的中間商遭到兩端的包夾。當時葡萄牙人繞航非洲，從印度運回香料；而突厥人進佔巴爾幹和黑海地區之後，就能直接從中歐和東歐輸入奴隸，先前的歐洲商人，從歐洲將斯拉夫尼亞奴隸運到中東和北非，這項服務也就大受影響。十五、十六世紀期間，主要來源在東南歐。鄂圖曼的擴張帶來了各種奴隸的持續供應，其中包括了阿爾巴尼亞、斯拉夫尼亞、（羅馬尼亞）瓦拉幾亞（Wallachian）、匈牙利等的基督徒奴隸。部分是由有名的 devshirme（暫譯徵童吏）徵集的，亦即從帝國的屬地徵集基督徒男童；其他則是作戰時俘擄的。十七世紀期間，

devshirme 就逐漸消失。在這期間，鄂圖曼帝國和哈布斯堡王朝之間的拉鋸戰，使奴隸的供應時斷時續，無法因應鄂圖曼社會的需求。

替代的管道出現了。克里米亞的韃靼汗國，是個獨立性強的穆斯林國，為鄂圖曼的屬國，發展出抓、賣奴隸的大規模機制。韃靼人從俄國、波蘭和烏克蘭擄人，帶到克里米亞半島來賣，奴隸船運到伊斯坦堡，進而配送到鄂圖曼帝國的各市場。韃靼人稱這種活動為「草原民族的收成」，這種定期、大型的、男女奴的供應，持續到十八世紀後半，亦即俄國人併吞克里米亞半島為止⑧。

奴僕的地位和功用

有不少人知道，透過 devshirme 進入鄂圖曼機構的巴爾幹基督教少年，後來扮演了怎樣的角色。其中有大批人進入了鄂圖曼的軍方和官方，之後，鄂圖曼的國家和穆斯林信仰受到這批新人的左右。這些巴爾幹歐洲人在權力結構中的優勢，是受到注意的。當時有其他成員的不少怨言，例如身為主要對手的高加索奴僕，而舊的、自由身的穆斯林更不愉快，他們因為這些新的改宗者受寵，而覺得受到冷落。詩人費希（Veysi）在十七世紀初寫出了其中的委屈和糾葛：「令人不解啊！享有權位的，全是阿爾巴尼亞人，和波希尼亞人，而真主、先知的子民們（原註：即舊的穆斯林，也可能是阿拉伯人），卻遭到忽略。」⑨

這些人的影響確實很大。許多人在鄂圖曼國中爬到了高位，有的成為學者、詩人，甚至成為穆斯林教法學者或神學家的。至於那些歐洲農民，在被韃靼人擄獲並運送過黑海之後，地位較差、生活較難捱。他們不像一些童奴那樣，常能進入統治階層，而是擔任較低賤的工作。但這些工作並不像一般所認為的那樣，只局限在王室或後宮，而是常被運用在經濟用途。據中世紀的資料指出，奴隸曾被運用在墾荒和開礦，儘管這些產業在當時尚未興盛。但到了鄂圖曼時代，奴隸常投入大規模的墾殖，這主要不是自耕農的方式，而是以官辦的方式進行。

有不少穆斯林文獻指出，利用不同種族的奴隸來工作，有著一定的重要性。文獻包括了阿拉伯文、波斯文和突厥文，時間從中世紀初期到十八世紀，都強調不同種族的奴隸適用於不同的用途。早期的著作幾乎只談了亞洲的奴隸，更特別的是，還談到了非洲裔的奴隸。其中也有留意到斯拉夫尼亞和別的奴隸，但除了少數例外，並沒有提到西歐的奴隸⑩。

進入後宮的女俘虜

到後來，伊斯蘭世界的西歐奴隸，只有靠柏柏里穆斯林海盜來供應，他們不斷俘擄船隻，有時就在基督宗教國沿海下手。當十七世紀初範圍擴及英國三島和冰島的時候，這些活動就進入了新的密集階段。這時的俘虜，與其說是有實際用途的商品，不如說是作為勒索之用。

其中有些俘虜（自願或非自願的），留在穆斯林俘虜者身旁。這種人一開始主要是男性，他們皈依伊斯蘭，在穆斯林海盜手下工作。他們跟之前的（十七世紀初）的歐洲海盜一樣，成為私掠者，也為新的主人貢獻了新的技術，如造船、鑄砲和航海等。他們也常常提供內幕消息，在西歐一些較偏遠、防備較差的港灣下手，奪得豐厚的戰利品。不過沒有證據顯示，這些投機者對於原先所屬的國家，有過較大的影響。

還有另一種俘虜，是由於穆斯林海盜而（非自願的）長久居留在穆斯林國的。她們是稍有姿色的女性，被留在海盜身邊做妾，或是以賣或送的方式，進入中東的後宮。最出色的女人常會留在伊斯坦堡的後宮，成為蘇丹或其他權貴的妻妾，度過後半輩子。鄂圖曼蘇丹的父親，都很知名且有文獻記載，但其母親卻不然。她們多半是後宮的人，其身分、血統、甚至名字都遭到王室的刻意隱瞞。有不少人猜測起一些貴婦的出身，她們在進宮時是卑微的女奴，後來卻擁有權勢，成為在位蘇丹的母親。這方面有過很多故事，其中有的指出，有些人具有歐洲血統。最知名的就是娜克熙迪爾（Nakşidil），她是銳意改革的馬哈茂德二世蘇丹的母親，這個名字是當初後宮的人為她取的。據一般傳聞，她是（法屬）馬提尼克（Martinique）島的法國貴婦艾米·杜·布克·德·里弗芮（Aimée du Buc de Rivery），（拿破崙的愛人）約瑟芬（Josephine）的姪女，只是這個說法並沒有可靠的證據。較確切的例子是努兒·芭努（Nur Banu），她是謝利姆二世的妾，繼位者穆拉德三世的母親，曾是位具有貴族血統的威尼斯貴婦。據一些資料指出，她的本名叫做塞西莉亞·芬妮兒·巴弗（Cecilia Venier-Baffo），（希臘）科孚（Corfu）島的威尼斯人總督的女兒。十二歲時被突厥人擄走，後來被送給蘇萊曼大帝，他再轉送兒子謝利姆。後來她和之後的皇太后，亦即穆罕默德三世的母親莎菲耶（Safiye），成為對威尼斯、甚至英國的居間協調者⑪。

這些貴婦在穆斯林、甚至自己兒子的洋知識方面，談不上貢獻良多，她們本身在年紀還小時就進了後宮。就穆斯林社會的性質而言，只要來到宮廷之外，這些人的衝擊和影響就變小了。

作戰物資的供應

武器的貿易並不像奴隸買賣，它呈現的是持續的成長。根據阿拉伯史料，早在十字軍之前，阿拉伯人就稱讚過，法蘭克人和其他歐洲人的刀劍的品質。到了十字軍東征時期，這成為重要的出口商品，有助於平衡歐洲和伊斯蘭國之間的貿易逆差。武器的輸入有時還多過基督教奴僕的輸入，引起了宗教界、甚至政治界的指摘，但效果很小。

覺得法蘭克武器有用的不只是穆斯林，製造並使用的人本身也這麼覺得。埃及的官方史家指出，在法蒂瑪朝代，法蘭克人供職於開羅的機關，為海軍和其他單位造武器⑫。從西班牙到黎凡特和小亞細亞，穆斯林部隊中的法蘭克軍人很受重用。根據傳聞，早期有些安納托利亞的突厥領袖，用了數千位基督徒傭兵，其中包括了西洋人。也有傳聞，中東的統治者，尤其是蒙古的官方，用了熱那亞水手和其他歐洲人⑬。

到了鄂圖曼時期，武器的買賣盛行，甚至涵蓋了主要的原料。一五二七年，克雷芒七世（Clement VII）教皇頒佈了諭令，宣佈了逐出教會和放逐等刑罰，禁止「所有給阿拉伯人、突厥人等基督教的敵人，提供馬匹、武器、鐵、鐵鍊、錫、銅、紅銅、硫磺、硝石，和其他適用於製造火砲、器具、武器等的材料，以及可以用來對抗基督徒的攻擊用具，如繩索、木材，及其他海事用品和違禁品等等……」。一百年之後，教皇烏爾班八世（Urban VIII）也頒佈了類似的禁令，這次違禁的作戰物資清單還長了點，凡是給突厥人和其他基督宗教的敵人提供救援、幫助或情報者，不管以直接或間接方式，都處以逐出教會和放逐的懲罰⑭。

關心這項通商的，不只是梵諦岡而已，歐洲各國政府也經常抱怨，歐洲各國給突厥人提供了作戰物資和軍事技術。十六世紀末、十七世紀初期間，天主教強國常指摘清教徒，特別是英國，提供了多種作戰物資，特別是錫。「突厥人為了錫，積極向英國人示好，近幾年來一直有這樣的買賣，這對突厥人有極大價值，因為他們要有這個才能鑄槍，而英國人單在這項上就有很大的獲利，他們就靠這個和黎凡特維持貿易。」一艘朝土耳其航行的英國商船，在（希臘）米洛斯（Melos）島遭到截獲，經過搜查，它載運了「兩百捆呢絨、英吉利毛料、七百桶火藥、一千根火繩槍管、五百支火繩槍成品、兩千支刀身、一整桶純金金塊、兩萬枚金幣、大量銀幣，及其他有價物。另外還發現了一張羊皮紙，上頭寫著突厥文，為蘇丹批准的許可證」⑮。

這種高獲利的買賣，是很難被有關的譴責或重罰遏止的。由基督宗教強國提供給鄂圖曼、和其他穆斯林國的武器和作戰物資不斷增加，後來達到了很大的比例。

有關英國布料的說法

除了奴隸和戰爭物資，歐洲能讓穆斯林買家感興趣的東西就很少了。但還有項商品是常被穆斯林人士提及的，那就是英國布料，這早在中世紀全盛時期，已聞名於西方世界。十世紀時到過西洋的伊本·葉爾孤白在談到 Shāshīn 的島，亦即盎格魯撒克遜英國時，就指出過：

「這裡有種非常出色的羊毛，是其他各國找不到的。他們說，這是因為當地婦女用豬油潤過這些羊毛，來提高品質。它的顏色是白的或青綠的，非常地出色。」⑯

後來的地理學者伊本．賽義德多了點資訊：

「在那裡（原註：英國）有精緻的緋布（scarlet，ishkarlat，一譯鮮紅布）。這座島上養著綿羊，羊毛像絲一般柔軟。他們給綿羊披上衣物，以防日曬、雨淋和灰塵。」⑰

這段話也常被後來的地理學者引用。拉希德．丁在談到法蘭克人的歐洲時，提供過第一手的說法，他指出：

「這兩座島上（原註：愛爾蘭和英格蘭）養著母羊，用牠們的毛可以製造毛料，和細緻的緋布。」⑱

scarlet 一詞的來源有爭議，儘管較可能是由西文轉成阿拉伯文和波斯文，而不是相反的方向。有關這個字指的是布料的顏色、還是特殊質料，在十三世紀有過不少爭論。比較有可能的是後者。但無論如何，緋布都是十三世紀時英國的特產之一，而那遙遠的東方對這項英國貿易的反應，是頗有趣的。前引的資料顯示了，緋布是種由傳聞得知的東西，只有在遠方歐洲才有。但根據鄂圖曼史料，到了十五世紀，英國布料便成了進口鄂圖曼國的商品⑲。

貿易性質的改變與嗜好品的流行

到了十八世紀後半，歐洲開始取得貿易的優勢，這不利於中東和北非的伊斯蘭國家。該過程起於歐洲產業和貿易的興盛，時間在中世紀末期、近代初期。到中東的海路開通和發達，甚至波斯絲綢的貿易，原本是土耳其的原料以及歲收的重要來源，如今卻被西歐商人掌控。歐洲商人在中東有三項優勢條件：在新世界的歐洲殖民地、東方的通商據點，和歐洲新工業本身的產能。

伊斯蘭和基督宗教國之間的貿易，在性質上已有所逆轉。以往，歐洲從中東進口布料，現在它進口原料、出口布料。這種通商關係的改變，可以用中東一般的嗜好品，即一杯咖啡來表徵。咖啡和砂糖這兩樣東西，原先是由中東引進歐洲的。原產於紅海南端的咖啡，原產地可能是衣索匹亞，十六世紀期間傳到地中海東部國家，然後再從這裡傳到歐洲。到了十七世紀最後二、三十年，咖啡成了中東出口歐洲的重要商品。後來十八世紀二〇年代，荷蘭人為了歐洲市場，在爪哇大量種植咖啡，法國人則在西印度群島的殖民地種咖啡，甚至能出口到土耳其。根據資料指出，到了一七三九年，西印度群島的咖啡，已經可與土耳其東部的埃爾祖魯姆（Erzurum）的相提並論，西洋商人的殖民地咖啡比紅海地帶的來得便宜，佔去很大的市場。

砂糖原本也是源自東方，蔗糖先在印度和伊朗提煉，歐洲人從埃及、敘利亞和北非進口，阿拉伯人將甘蔗移種到西西里島和西班牙。它在這裡又被移植到大西洋中部的群島，之後還到了新世界。西印度群島的殖民地，在此又提供了商機，後來還有所發展。一六七一年，法國人在馬賽建了煉糖廠，將產自殖民地的糖從這裡出口到土耳其。或許由於西印度群島咖啡豆的苦味，突厥人的糖消耗量日漸增加。他們之前主要是用埃及的糖，但西印度群島的糖價格便宜，很快就盛行於中東的市場。到了十八世紀末，在突厥人和阿拉伯人喝的咖啡裡頭，咖啡和砂糖都是長自中美洲、並由法國和英國商人進口的，現在只剩熱開水是當地土產。

在這新的貿易中，菸草是新的重要商品。這對伊斯蘭世界來說嶄新的事物，是英國商人從美洲殖民地帶來的。史家培伽維（Peçevi）在一六三五年左右講到了這個東西，他稱之為「臭的、噁心的菸草味之出現」。他表示：「英國的不信道者在回曆一〇〇九年（西元一六〇一年）帶來這樣東西，當作藥材，以治療因濕氣而產生的疾病」。但菸草的使用很快就跨出了藥用範圍。它被許多「貪圖享樂者」，甚至「大學者和權貴們」使用。作者藉著生動的文字，描繪了這種新惡習的流行及影響：「由於菸客們不停地抽，茶館內瀰漫著藍色的煙霧，甚至還到了裡頭的人看不見彼此的地步。」這種癮頭還污染了公共場所的空氣：「他們的菸管子一刻不曾離手，把煙吹到對方的臉和眼睛，弄得街上和市集裡臭薰薰的。」但儘管有著種種的不良影響，「到了回曆一〇四五年（西元一六三五到三六年）年初，它的流行和聲名已是筆墨所難以形容」⑳。

所觀察到的歐洲經濟

到了十八世紀末，中東的經濟弱勢越發明顯，而歐洲在這方面的優勢，也促成了後一世紀政治、軍事的優勢。但穆斯林人士仍然少有覺醒者，有關西洋經濟的資料，穆斯林讀者仍然都不知道。直到十九世紀，還沒有一本經濟書被譯成阿拉伯文、波斯文或土耳其文。連有關歐洲的有限的報導，仍側重在政治、軍事上，關於歐洲各國的經濟，講得很少。當中的例外，大概是一六九〇到九一年、去過馬德里的摩洛哥大使加撒尼（Ghassānī）。他所談的西班牙在美洲的擴張及其效應，顯示了他的敏銳度，並呼應了伊本・赫爾敦的社會哲學：

「西班牙人在印度群島，仍然握有許多屬地和大片領土，每年從中所獲取的，使得他們日漸富有。西班牙藉著征服這些土地、剝削那裡的富人，如今擁有了最大的財富，成為基督徒中歲收最多的國家。但他們已沈迷於文明的奢侈和舒適，這個國家已很少有人從事貿易，或出國四處通商，像別的基督教民族，如荷蘭、英國、法國、熱那亞等民族那樣。而且，這個民族還鄙視起低階層和老百姓從事的手工業，自認為優於別的基督教民族。在西班牙從事手工業的，大都是法國人，這是因為他們在自己的國家謀不到好生計。他們整批進入西班牙找工作、賺錢，沒多久就發了財……」㉑

於一七八七到八八年間、待過西班牙的鄂圖曼大使瓦須夫（Vasif），也指出了美洲貴重金屬的一些經濟效應：「西班牙人每隔三年，就帶著五、六千人來到新世界的礦場。這是不得不然的，因為工人多半都受不了這裡的氣候而死。金礦和銀礦送到了馬德里的鑄幣廠，但這裡的人口不多、農業不發達，迫使西班牙人從摩洛哥進口糧食。這就是為什麼他們要與摩洛哥統治者交好。他以高價提供糧食，馬德里為他鑄造一定數量的金、銀幣，模版是他提供的，上頭有他自己的幣面文字。」㉒

加撒尼在經濟方面也談得不少。穆罕默德額芬迪也談到了些，其中印象最深刻的，是他參觀製造花毯和玻璃品的工廠㉓。

來到十八世紀後半時，像瑞斯米和阿茲米等使臣，就常常提到所訪問國家的貿易和產業。瑞斯米在一七七七年到過柏林，遊歷過羅馬尼亞和波蘭，並有不少記敘。

他指出：「在波蘭王國，除了波蘭人，還有俄國人和猶太人兩種民族。俄國人從事農業和其他粗活，而市鎮中的猶太人，則做小麥的買賣和其他高獲利的生意；但最大的利潤，仍掌握在已很富有的波蘭人手中，他們穿著滾金邊、寬袖口的大衣，戴一頂小羊皮便帽。」在普魯士，他看了糖廠和布廠，指出這些工廠用機器進行生產，且這在柏林城內也有。他還指出，普魯士人愛好瓷器，他們之前從中國和印度進口，直到懂得自行製造為止。這最早出現在薩克森，後來在柏林也出現了㉔。阿茲米接掌他的職務，在一七九〇年去過柏林，他注重軍事和政治，但是也談到普魯士人用心建立工業，及其所帶來的力量㉕。

有關西方經濟的見識

在十九世紀之前，在鄂圖曼的純文學中，談到歐洲的非常之少。文學作品中的例子，有詩人哈希米特（Hashmet），描寫一七五七年穆斯塔法三世（Mustafa III）蘇丹的即位。詩人為了烘托這種尊榮，以文學手法虛構了一場夢，各國國王都來此，向這位伊斯蘭君王宣誓效忠。國王們紛紛向這位新蘇丹請求，賜給他們在朝中效力的大權。國王們一個接著一個來到詩人這裡，說明自己的來意和條件，以爭取適當的任命。每位國王都講了本國的長處，並向新蘇丹要求相應的職位。中國皇帝想保管宮中的瓷器，葉門的伊瑪目（宗教兼政治領袖）想掌管咖啡的生產。接著，順序出現了六位歐洲領袖：俄國沙皇想掌管毛皮加工；奧國皇帝誇示本國在玻璃、水晶和鏡子等的製造技術，要求這方面的執掌；而「威尼斯共和國的首長」，想負責貴重金屬的鑑定；英王誇示本國盛產火藥和武器，要求掌管軍火；荷蘭的「國王」以鬱金香等花卉自豪，想做這方面的管理者；最後是法王，他說本國生產闊幅布、緞子等布料，要求當這方面的官吏。關於歐洲的領袖就這些了㉖。

哈希米特的見解，在經濟史上或許還有點用處，但這還代表了，十八世紀時的鄂圖曼人，是如何看待歐洲國家及其產品的。

十八世紀末到過英國的阿布．塔利布．汗（**Abū Ṭālib Khan**，譯註：波斯—突厥裔印度人，英國地方官府的稅吏，參閱本書第四章），在書中花了一整章篇幅，描述了當時所能看到的工業的起步。他在機器的數量和完善上，看到了促成英國的財富和優越的重要因素。就是這一點，讓英國人得以將勢力延伸到許多遙遠的地方，而使擁有力量和勇氣的法國人，對付不了這個厲害的鄰國。作者介紹了好幾種機器，從最簡單的，亦即碾磨玉米粉的工廠講起，後來談到了鑄鐵的大工廠「用蒸氣產生動力」。他談到了大砲、金屬板和針頭的工廠，並羨慕紡紗機的效率。他談到它的運轉方式，並指出，靠著這個辦法，就能以超快的速度和極少的人力來生產布料。不過他覺得產品質地並不怎樣，認為遜於印度的手工布料。他也參觀了酒廠、紙廠和其他設施，還談了很多關於倫敦的抽水站。他甚至聽過有關廚房用具的發明。他認為：「這個王國的人對於耗費時間的瑣事很反感、沒耐性」，所以就發明了廚房用具，來取代像是烤雞、絞肉和切洋蔥等等的勞務㉗。

阿布．塔利布去了英國各地，看了不少工廠。這些見聞令他印象深刻，他對於這些構成政治和軍事實力的經濟基礎，有很坦白的評價。不久之後，亦即一八〇三到〇六年間、來到巴黎的鄂圖曼大使哈萊特額芬迪（Halet Efendi），把這幾方面的關聯性看得更清楚、交代得更詳盡。他是極端的保守派，瞧不起法國人等等的歐洲人，反對在任何大方面仿效他們。他所知的解決辦法，是簡單明瞭的：

「真主知道的，我的意見是這樣：每三年以緊急措施的方式，籌出兩萬五千袋小錢幣，用來設立五家工廠，即鼻菸、紙、水晶、布料和瓷器等工廠，以及一所教語言和地理的學校。不出五年的時間，就可以讓洋人喝西北風了，因為目前他們貿易的基礎，都在這五種商品裡頭。願真主降賜心力給我們的當權者，誠心所願。」㉘

哈萊特提到了改進教育，這是十八世紀的改革者所注重的。他看出歐洲工廠是實力的來源之一，雖然失之簡化，對中東人來說，卻算是提出了一個新穎而重要的議題。在十九世紀期間，這一點成了一般的共識。而土耳其、埃及等國有心改革的當權者，還將科學和工業視為法力無邊的巫師，能把神祕的西方擁有的各種寶貝，一下全給變出來。

8

政府及正義

Government and Justice

初期穆斯林眼中的伊斯蘭

在穆斯林看來，他所屬的社群就是世界的中心，並由真主指示的正路，和教法所允許的範圍來界定。在這個世界中，基本上只有一個國家，即哈里發國，以及一位君主，即哈里發，他是伊斯蘭家族的正統領袖，穆斯林政體的最高首長。

就伊斯蘭史的頭一百年而言，這個概念是符合事實的。當時的伊斯蘭確實是一個社群、一個政治實體；它的擴張迅速、一往無前，而它帶給當時人的觀感，就是這種氣勢、這種征服與改宗的同步進程，即不用多久，就能將全人類納入伊斯蘭世界。

在西元八世紀期間，阿拉伯人的伊斯蘭達到極限，並逐漸承認，在穆斯林王國和信仰的必然壯大當中，也會有停頓。攻取君士坦丁堡的大業停擺了，要等到好幾百年之後，才有鄂圖曼土耳其人來接續。新一波的伊斯蘭擴張，後來又在中歐陷入膠著。久而久之，穆斯林接受了一個觀念，即伊斯蘭也有它的疆界，疆界之外還有著別的社會和政體。普及全人類的、獨一的伊斯蘭概念，仍得以保留，但其成功則有待於未來的救世主。

伊斯蘭的領土和領袖

在嚴酷的現實世界中，伊斯蘭政體的單一和普及，在私底下遭到否棄。在伊斯蘭帝國之內的君主們，有時候也會起爭端，後來頂多是象徵性地承認哈里發的宗主權。之後，還出現了勢均力敵的哈里發國，而自從一二五八年蒙古軍破壞了哈里發國以後，伊斯蘭在理論上的政治統一，也告一段落。即使如此，穆斯林心中仍有著單一的伊斯蘭共同體的理想，這見之於後哈里發時期穆斯林君主的稱號。從中世紀直到十九世紀，穆斯林國的最大特色就是，不曾有過一成不變的領土或種族，甚至君主稱號。而歐洲呢，很早就有所謂法國國王、英國國王，和丹麥國王等等稱號。

在伊斯蘭中東，並沒有這樣的東西。這部分反映了，中世紀時這個國度的劇烈變化和不穩定，因為很少有連續兩位統治者統治著同一塊領土的。但即使在後蒙古時期，王國大致穩定的時候，伊斯蘭王室的稱號仍保有這個特色。到了一五〇〇年，重要的中東國家只有三個，土耳其、伊朗和埃及。在埃及被鄂圖曼人征服之後，就剩兩個。而所謂土耳其蘇丹、波斯沙王或埃及蘇丹這些稱呼，都是外人或對手在用的，而不是他們的自稱。歐洲人的這種用法，純粹是描述性的。這種領土性的稱呼，用在各個統治者身上，意在表示，他們的主權是地方性的、有限的。當埃及、土耳其、波斯等的統治者講到自己時，他們自稱為伊斯蘭君主、伊斯蘭民族或伊斯蘭領土，而從不用土耳其、波斯或埃及等詞。

其他方面也一樣，看待自己的方式，也就反映了看別人的方式，這在穆斯林或基督徒皆然。既然伊斯蘭自視為單一的實體，自然而然就有所謂的戰爭家族。劃分那些不信道者，尤其是伊斯蘭境外的那些人，並沒有意義，也不重要。

就史家來看，其中具有歷史意義的重要部分就是：真主自己的共同體的事情，及其所任命的統治者。儘管伊斯蘭國家統治者，不屑於了解境外不信道的蠻人的紛擾擾，卻不得不和這些蠻人打交道，並蒐集相關的情報。

對境外統治者的稱呼和致詞格式

與異教的政體交涉時，先要對不同的統治者進行命名和區分。這件事本身引起一些耐人尋味的問題。最早的穆斯林傳統，亦即伊斯蘭還局限在阿拉伯半島的部分時，給三個主要的鄰國取了名字——Kisrā、Qaysar和Najāshī。《古蘭經》中並沒有直接指出這些名字，但在偶爾約略提到的部分，得到了學者的進一步解釋。這些都是進到阿拉伯文的借用字，或許源自（古敘利亞）阿拉米文（Aramaic）。Kisrā 源自 Chosroes 或 Khusraw，這是伊朗薩珊（Sasanid）王朝最偉大的末代統治者之一；Qaysar 當然是皇帝，而 Najāshī 是衣索匹亞的尼格斯（Negus，譯註：皇帝之謂）。在初期穆斯林看來，這三個與其說是稱號，不如說是人名——給當時已知的三個重要國家統治者的命名。據說，穆罕默德曾以先知的口吻說過：「如果 Kisrā 死了，他之後不會再有 Kisrā。如果 Qaysar 死了，他之後不會再有 Qaysar。我的靈魂安息在主的臂彎裡，你們將以真主之道，花用他們的財寶。」①

Kisrā 死了之後，就真的沒有繼位者。薩珊王朝被推翻之後，併入伊斯蘭家族，祆教皇帝的世系到此告一段落。衣索匹亞的基督宗教君主國存留了下來，但受到包圍，成為小國。只剩東羅馬帝國，還保持著伊斯蘭鄰國和對手的地位。但 Qaysar 的名稱，卻很少用來指拜占庭的皇帝們。有時候倒是罵名較廣為人知。常見的是 *tāghiya*，亦即暴君，之後也用在歐洲的君主，這是北非文人的常用字。還有一個典型的致詞格式，出現在哈倫．拉希德（Hārūn al-Rashīd）哈里發修給拜占庭皇帝奈基佛拉斯（Nikephoras）的一封知名國書中，他是這樣起頭的：「信徒的領袖哈倫，給羅馬人的狗奈基佛拉斯致敬。」②

但用來指稱拜占庭皇帝，以及別的基督宗教國的統治者，最常用的名字就是 ***malik***，即國王。在《古蘭經》和傳統中的阿拉伯字 ***malik***，就像《舊約》中的希伯來同義字 ***melekh*** 一樣，有著很負面的涵義，用在人類統治者身上，意味著世俗的、非宗教的權威。它在穆斯林早期的世紀和國土之中，被當成譴責的用語，表示某世俗君主不虔誠的、不正當的統治，而不是哈里發神授的、神意的統治。直到波斯王朝出現，其政治傳統中的君主概念和術語，才開始在穆斯林方面博得一些敬意。但在當時，這還是有著幾分負面的涵義。例如用來指稱基督宗教國君主的 ***mulūk al-kuffār***，表示不信道者的國王，以及 ***mulūk al-kufr***，表示偽信的國王。

甚至有一種統治者，還配不上國王一詞。十字軍在從穆斯林拿下的領土所建立的基督宗教小公國，甚至被看成，缺乏歐洲統治者的正當條件。在埃及的官方手冊中條列出的致詞格式，在稱呼塞普勒斯和小亞美尼亞的國王時，***malik*** 一詞還被換成 ***mutamallik***，亦即表示表面上是國王，實際上卻不是國王的阿拉伯字。而法蘭克的親王、非洲的部落酋長、拜占庭、印度和中國的皇帝，以及歐洲的君主，一概稱為 ***malik***。

在和這些君王通信時，是有必要精確一點的。伊斯蘭方面最早的例子，是先知穆罕默德和鄰邦三位統治者之間的國書。雖然這些文獻的真實性還受到爭議，但這確實是源自很早的時期，可以考據出，其與非穆斯林統治者間的外交。在這些國書中，先稱呼對方君王的名字，接著是稱號，通常叫國王，有時稱作陛下（*ṣāḥib*）或大王（*ʿaẓīm*），有時則用所統治的地名或族名來稱呼。於是，拜占庭皇帝被稱作羅馬人的 ***malik***、***ṣāḥib*** 或 ***ʿaẓīm***，衣索匹亞的尼格斯稱作 ***najāshī*** 或國王等等。但給穆斯林君主的，就不同於這些致詞格式。穆斯林君主在修書給另一位君主時，他用的標準格式是「願陛下平安」。給非穆斯林君主致詞時，就換成「願所有走上正路者平安」。這句稍帶言外之意的致詞，後來成了與非穆斯林統治者通信的標準格式。摩洛哥大使加撒尼在參加西班牙國王的覲禮時，就用這句話來委婉致意。加撒尼指出，那位西班牙暴君對這種前所未有的致詞方式感到驚訝，但還是勉強接受了，因為他知道大使是故意挑這句話來講的③。幾百年之後，葉姆親王回憶錄的作者指出，遭軟禁的親王起初拒絕吻教皇的手、足甚至膝，後來才同意按東方的禮節而吻了他的肩膀。

鄂圖曼官方對歐洲君主的稱謂

說到和非穆斯林強國的外交通信，在前幾個世紀裡付之闕如，至於哈倫．拉希德所謂的「羅馬人的狗」，很可能是寫在戰爭爆發的前夕，但這也只能說是例外，而不是通則。我們在中世紀伊斯蘭裡所能找到的最好資料，是得自埃及和非穆斯林君主，即十世紀時對拜占庭皇帝交換國書的最早報導④。之後，在埃及官方文獻以及許多文件中，可以找到很好的報導，這些主要都保存在歐洲的檔案室中。

要等到鄂圖曼時期，才有豐富的資料，除了官方史料，還出現了許多文獻。從官方史料來看，鄂圖曼政府並不關心正確的歐洲名稱。例如蘇萊曼大帝時的史家肯馬帕夏查德（KemalpaŞazade），就把法國、西班牙和（德國）阿拉曼（Alaman）的君主叫做總督，這是鄂圖曼帝國中一省首長的稱呼。基於同樣的用意，這些歐洲君王所統治的領土，通常用 vilayet（行省）一詞來稱呼（即使在國書裡頭也是），這個詞通常用在鄂圖曼帝國的屬地。

更常見的，是拿 *kiral* 一詞來指歐洲的君主，顯示了有心用歐洲人自己界定的稱號向他們致詞，而不是加進穆斯林的基本立場。例如給英國女王伊莉莎白一世的信函，是這樣開頭的：「篤信耶穌的信徒之光輝，基督教共同體中備受敬愛的女長者，拿撒勒人（Nazarene）的宗派事務之仲裁者，集尊容與敬仰於一身的英國領土的女王，願陛下臨終時得到極樂。」⑤ 這樣的致詞格式（*intitulatio*），常見於給基督宗教歐洲君主的信函，顯示了鄂圖曼官方所認知的宗教區分。在提到英國之前，伊莉莎白女王的基督信徒身分，就被提了不下三次。女王是基督宗教國的領袖之一。她在這個大的共同體之內，統治著英國的行省（vilayet）。就像上述先知的說法一樣，最後一句的祝福也表示了，她若肯在死前成為穆斯林，才能求得永生的極樂。

在伊莉莎白時代，土耳其很少有人知道，英國這個國家及其統治者的權能。在他們較了解中歐的情況下，難怪他們能以較近似的稱號，和同樣的格式，向維也納的皇帝及其之後的普魯士國王致詞。

宗主國的措詞和居高臨下的態度

鄂圖曼官方在基督教統治者方面，曾有很長一段時間拒絕使用比國王更大的稱號。相對於摩洛哥蘇丹，習於用蘇丹來稱呼其他穆斯林君主、甚至基督宗教統治者，鄂圖曼官方則限用在自身身上，只願用較小的稱號來稱呼別的穆斯林君主，至於歐洲的君主就更不用說了。連神聖羅馬帝國的皇帝，通常只被稱作維也納國王，這是種把對方降格的外交策略。第一位得到較尊嚴的稱號的歐洲君主，是法國的法蘭西斯一世（Francis I）。他在一份法國—鄂圖曼的條約中，被稱作 padishah，這原先是個波斯字，意指最高的領袖，有時還用在鄂圖曼蘇丹本身。所以拿這個來稱呼法王，算是相當地禮讓。要等到後一個世紀（十七世紀），才有較尊貴的稱號用在奧國、俄國等等的歐洲君主身上。這時的一般慣例，就是照他們自己的稱號來稱呼他們。奧地利皇帝通常被稱作 çasar，亦即皇帝，俄國的則稱為沙皇（czar）。

在一七七四年的凱納甲湖和約中，俄國人很重視這個稱號，要戰敗的鄂圖曼照他們的意思做，於是在和約的第十三條，就有「高門承諾，在所有的公開場合和書信中，採用全俄國人的女皇的尊稱，即使在突厥文裡頭，亦稱作 Temamen Roussielerin Padischag」。在該條約裡納入突厥的譯詞是很值得的。當時俄方為條約所寫的備忘錄指出了這點，除了經濟、戰略和政治上的斬獲之外，稱號也是該條約的成就之一。在鄂圖曼人來講，不樂於採用洋人首領的稱號，並不只是官方禮儀的事情而已，這深深植根於鄂圖曼穆斯林對尊卑的感覺。這點可見於一位突厥官吏的書面報告，一七一九年陪同大使易卜拉欣帕夏來到維也納的作者，不是外交官或幕僚，而是寫得一手簡單明瞭的突厥文的軍人，他把奧國皇帝稱作「皇帝」，用的是突厥語詞。他為了說明這個陌生的字眼，便指出「這在德語裡頭表示 *padişah*」。為了避免顯得不倫不類，他加了個慣用語 ***la-teşbih***，意思就類似英文裡頭的「上帝保守這個稱號」⑥。

鄂圖曼人刻意在自己的伊斯蘭君王，和歐洲的較低位君主之間做區隔，也見於信件開頭的格式。一五八三年，穆拉德三世蘇丹修書給伊莉莎白女王：「高門對於所有表示忠誠的人，總願施以愛護與恩德。對於歸順的人，朕總懷抱著欣慰之情……閣下的使節，就像他國國王的使節一樣……給吾國高聳的樑柱和光輝的門檻，帶來忠實與喜悅……將會受到細心的保護……故望閣下克盡職責，維持與天朝的忠誠和友好……堅定走上奉獻與忠誠的正路，時刻不離友好與忠實的大道……」⑦鄂圖曼君主與歐洲君主的這些通信格式，以及更為強勢的措詞，反映了稍嫌過高的期待，強求歐洲人默許這種關係。

難怪，穆斯林大使只注重經過認可的君主，而忽視地位不夠高的要人。他們所提到的，通常是其會談的內容和互換的事物。加撒尼談到了有關封號的世襲這奇特現象，甚至談到了婦女的家世，以及西班牙人的汲汲於追求封號，不管是靠功勳或婚姻⑧。穆罕默德額芬迪為讀者簡短說明了法國的政府體制：

「他們有好幾位被稱為『ministres』的大臣，地位僅次於親王和元帥。每位大臣全權職掌某項特殊事務，各大臣彼此不相干涉，在各個得到授權的職務上可獨當一面。上述者（原註：康布雷〔Cambrai〕大主教）有權處理宣戰和媾和等事務，管理一切通商事項，與國外派來的大使交涉，對於派至忠誠的門檻（原註：即伊斯坦堡）的法國大使，有任命或罷免權。」⑨

仿效普魯士的改革建議

要到十八世紀後半，來到歐洲的穆斯林使節和訪問者，才開始注意其政府結構及較低的官吏。其中最有意思的，自然是阿茲米額芬迪，他是一七九〇到九二年鄂圖曼派駐柏林的大使。他也像同時期的突厥訪問者和文人一樣，對歐洲人的觀感和態度已有所改變，不再把他們看作未開化的異教徒，有著奇特的風俗和事物。相反地，他們已被看作是先進的強勢對手，需要加以研究，甚至進而仿效才能夠對付的。阿茲米的報導從例行的記敘開始。較有意思的是報導的第二部分，其中他以各種題目來談普魯士王國：該國的行政組織、居民、政府的高級機關、財政狀況、人口、官府的糧倉、軍隊、兵工廠和彈藥庫等。令阿茲米印象深刻的是，該國政府的組織，尤其是國家機關的效率和官吏的本職學能，亦即沒有無能的冗員，以及敘薪和升遷的制度。他談到普魯士設法建立工業，也談到普魯士國內的安定。他最稱道的，是他們的財政。他所談的普魯士陸軍及其培訓制度，成為鄂圖曼官吏改造軍事組織的重要參考。阿茲米覺得意猶未盡，還在報導的末段，將普魯士經驗，轉成改革自己國家的一系列建議。這些建議如下：

一、腐敗是暴政的起因，國內的亂源，務必加以剷除。
二、國家機關需要加以精簡，只任用賢能的人。
三、照著各個官吏的工作性質，規定一定的薪俸。
四、只要官吏不違法亂紀，不得任意解除其職位。
五、不適任者不應留在其職位上。
六、可提供有心向學、力爭上游的低層人員進修。

七、武裝部隊，尤其是砲兵和海軍，須施以適當訓練，以備冬、夏不時之需。若能確實做到，鄂圖曼的軍力和士氣即可大增，擊敗對手。此為鄂圖曼克敵制勝之道⑩。

對歐洲女王的觀感和政制之認知

穆斯林學者有時會談到，西歐君主制中的特殊現象。其中之一就是女王的統治。在一個以一夫多妻制為常態，尤其是由君主所示範的社會中，女性君主是很難出現的。他們當然有過少數幾位女性，設法在這種不利的情況下掌握大權，但都為期不長。但女王在穆斯林世界中並不是全然陌生的。他們知道鄰國拜占庭有過女王，大概也了解到其中的道理。之後不久的穆斯林史家，在談到七九七到八〇二年在位的女皇艾琳（Irene）時指出：「之所以由女性來統治羅馬人，是因為她當時是其皇族中僅存的人。」⑪

穆斯林史家曾經記載，九〇六年使節團曾來到巴格達，他們是義大利的倫巴底君王貝爾塔（Bertha），即洛泰爾（Lothar）之女派來的，但並沒有交代有關她及其國家的事情。在卡爾卡宣迪的官方手冊裡，關於君主的部分，還談到「那不勒斯的女性統治者」。他在引用之前的資料時指出，她的名字是喬安娜（Joanna），回曆七七三年（西元一三七一年）末有一封給她的國書，開頭是這樣的：「致集愛戴、敬仰、榮譽、尊貴、光輝和偉大於一身的女王，深具宗教素養，治國公正無私，拿撒勒人的宗教的偉人，基督宗教共同體的維護人，疆域的保護者，國王和蘇丹的友人。」作者接著還表示：「如果她的王位由男性來繼任，那麼致詞時的稱號應該換成男性的格式，或是基於男優於女的考量，使用較高的稱號。」[12]

至於從英國的伊莉莎白、到奧國的瑪麗亞·德雷莎（Maria Theresa）等歐洲女王，鄂圖曼人都相當熟悉。耐人尋味的是，相對於訪歐的穆斯林，經常抱怨女性在基督教社會中的較高地位，鄂圖曼人對女性君主倒是不太介意。

有好幾位穆斯林學者談過教皇的世俗權力，其中波斯史家拉希德·丁在他十四世紀初的世界史中，甚至設法界定在教皇、皇帝和一般國王之間的關係：

> 「法蘭克人的君主制度如下：首先是教皇（*Pāp*），意思是眾神父的父親，地位可說是基督徒的哈里發。再來是皇帝（*Chasar*），法蘭克人稱作 *Āmperū*

r，意思相當於眾蘇丹的蘇丹。再來是Rēdā Frans，意思是國王中的國王。皇帝的權力，從登基之日起到去世時為止。他們從許多適當的人選中，挑出能力與操守最佳者，並為他加冕。皇帝的皇位是以父傳子，在位時位高權重。在他之下有十二位君主，每位君主之下有三位國王。接著是Rē，意思是親王或爵士。

教皇的職權很高、很大。每當他們想選出一位新皇帝時，七位負責選帝的王侯就要聚會商討，其中有三位侯爵、三位親王和一位君主。他們從法蘭克人的所有貴族當中選出十位，然後從中仔細檢視，找出具備虔誠、威望、能力和正直的人，且在信仰、忠誠、毅力、品格、性情、出身和道德上各方面皆出色的人。他們在阿勒曼尼亞（Allemania）為他戴上銀質皇冠，法蘭克人認為這是塊佔了世上三分之一的大領土。他們接著來到倫巴底國，為他戴上鋼質皇冠，之後再來到羅馬，即教皇的都市。教皇站在他身旁，捧起金皇冠為他戴上，之後他趴在地上，手握馬蹬，讓教皇踩在他的頭和脖子上，越過他上到馬背。於是乎，他就有了皇帝的稱號，法蘭克人的君主們都要聽令於他，他的權力及於法蘭克人陸上和海上的疆域。」⑬

作者的資訊很道地，顯然是得自教皇的資料。接著，他概述了到當時為止的教皇的歷史。

關於共和制的認識

穆斯林在歐洲碰到的統治類型，還有比女性和教士更奇特的，有時可見之於穆斯林的著作。就中世紀穆斯林而言，共和的概念是很陌生的。在有關希臘政治著作的阿拉伯文譯本和著述中，會出現希臘文 ***politeia***（拉丁文是 ***res publica***），亦即政治體制或公共福利，在阿拉伯文是 ***madīna***。柏拉圖所說的「民主制度」，在阿拉伯文古籍中是 ***madīna jamā'iyya***。就伊斯蘭共同體本身來說，遜尼派教法學者所形成的共識是，哈里發的職位並不是世襲的，是經過選拔、在教法之下而非在之上的。

在伊斯蘭最初四十年和前四位哈里發之後，其實就像當時世界上大部分地方一樣，難免幾乎全是君主制。來自希臘哲學的共和概念，除了一小圈哲學學者和讀者之外，也沒有太大影響。後來在界定歐洲政府的共和型態時所用的新術語，並沒有運用或引用這些古代哲學典籍，可見其影響之小。

政府的共和型態，顯然引起了一些理解上的問題。這方面較早的說法，得自於一三四〇年前後烏瑪里寫的報導。

「威尼斯人沒有國王，但他們有自治區（commune）的治理型態。意思是說，他們在一致同意下，選出一個人來治理他們。這些威尼斯人被稱作Finisin。他們的國徽是有著一張臉的人形，這個人叫做馬可（Mark）。這位治理者來自他們之中的一個望族……」

作者在指出擁有同樣行政系統的，還有比薩人、托斯卡納人、安科納人（Anconitans）和佛羅倫斯人之後，還詳談了熱那亞，情報是由來自當地的背教者提供的：

「熱那亞人的政府型態是自治區，他們以往不曾有、以後也不要國王。目前他們由兩個家族治理，一個是多里亞家族（Doria），這是我的消息提供者巴爾班（Balban）的家族，另一個是斯皮諾拉家族（Spinola）。巴爾班還說，在這兩個家族之後還有格里馬爾迪（Grimaldi）、馬洛諾（Mallono）、迪馬里（de Mari）、聖托托瑞（San Tortore）和菲契（Fieschi）等家族。不管由誰來治理，這些家族的成員都是指導的顧問……」⑭

卡爾卡宣迪按照（官方手冊）*Tathqīf*，指示在與熱那亞和威尼斯通信時的注意事項。講到熱那亞時，他說：

「致詞給熱那亞統治者時的格式：他們是一組不同職位的人，包括市長（podestà）、將領和長老們。根據*Tathqīf*，給他們的信函應該用四開的紙，並使用以下的格式：『敬啓者，各位受尊重、愛戴、敬仰和榮耀的、高尚的市長和將領，某某和某某，以及卓越而榮耀的長老（sheikh），裁判與諮詢的主事者，熱那亞自治區的管理者，基督教共同體之光，拿撒勒人宗教的典範，國王與蘇丹之友人，願全能的主引導他們走上正路，讓他們的事業與隆，使他們決策合乎明智……』」

Tathqīf 還說明：

「回曆七六七年（西元一三六五到六六年）年初，他們自己停用了這種給市長和將領的致詞格式，而以總督的致詞格式取代之。」

關於威尼斯，卡爾卡宣迪寫道：

「給威尼斯統治者的致詞格式：*Tathqīf* 的作者說：現成的格式被採納的時間，是在回曆七六七年他收到回函時。當時對方的名字是馬可·科爾納羅（Marco Cornaro）……我們已經收到閣下的信函，這位受到愛戴和敬仰、勇敢、高尚、偉大的總督，基督教共同體的驕傲，十字架的宗派的光榮，威尼斯和達爾馬提亞的總督……洗禮之子的宗教的維護者，國王和蘇丹的友人……」

卡爾卡宣迪引用其他例子之後，加了自己的評語：

「之所以採用這個格式，是因為總督不同於國王。在第一個和第二個例子裡，致詞格式大致相同，但在第三個例子中的職位，是低於前兩個的……假使總督即國王，那麼致詞格式會根據一些狀況而有所差別，或是根據信函用途上的一些差異，或是因為缺乏有關收信者職位的資訊，諸如因為公務繁忙而產生的疏失等等的明顯因素。」⑮

在更東方，（波斯）拉希德．丁似乎也聽說過義大利的共和國。他說：「在這些城市中沒有世襲的國王。望族和要人們一同選出一位虔誠的善人，請他治理一年，當一年到期時，有位探問者大喊：「這一年之間，有誰受到不公正待遇的，請他出來講講自己的委屈。」所有受到委屈的人都把話講了出來，於是結束他的任期。然後他們再找另一位來當治理者……該國再過去（熱那亞的鄰國），有個地方叫波隆納（Bologna），它的首都是座大城……再過去的海岸旁，有座叫威尼斯的都市，他們的建築物多半是蓋在海的上方。這裡的治理者也擁有三百艘船。這裡領袖的權位，也一樣不是靠武力和世襲得來的。該地商人一同選出一位虔誠的好人，延請他當治理者，等他過世，他們再選舉、延請另一位。」⑯

到了鄂圖曼時代，共和制度較為人熟悉、甚至了解。鄂圖曼帝國繼續和達爾馬提亞海岸的拉古薩諸共和國，即威尼斯、熱那亞等的義大利城邦，以及後來低地國的聯邦，維持密切的關係。但致詞格式多半還是個人式的。拉古薩的共和國的首長，用的稱號是「治理長」（Rector），在鄂圖曼的文獻中用的是斯拉夫文 *knez*，有時致詞格式是「致拉古薩的首長和騎士」或「致拉古薩的首長和商人」。同樣地，鄂圖曼在去函給威尼斯或談到威尼斯的事時，通常直接稱作總督或大人（signoria），而不是叫做共和國的總督或大人。

對三種政治制度的認識

在阿提布．伽勒比於一六五五年寫書時，甚至能區別威尼斯的寡頭共和，和低地國與克倫威爾英國的民主共和之間的不同，以及概述各自的選舉程序。

講到政府組織，他指出，歐洲的國家分成三個類別，每一類各由一位大賢人所創；所謂的 *monarchia* 由柏拉圖所創，*aristocratia* 由亞里斯多德所創，而所謂的 *democratia*

則由德謨克利特（Democritus）所創。君主制表示所有人民服從一位賢能、公正的統治者。歐洲的統治者多半採用這個體制。在貴族政治裡，政府的作為操在貴族手中，人們在一般事務上是獨立自主的，但從自己的貴族裡選出一人當領袖。威尼斯的城邦就是靠這個政府組織的。至於民主制，就是政府的作為操在人民（*reaya*）手上，如此一來就可以預防暴政。他們的辦法是靠選舉，每個村鎮的人選出一、兩位賢能的人，來到政府所在地，組成一個委員會，從中推選出領導人。荷蘭人和英國人就是採用這種體制。

阿提布．伽勒比簡介了威尼斯的各種委員會（*Divan*），甚至提到選舉程序。每位委員會的成員，手上都有兩顆金屬小球，一顆白的、一顆黑的。它們稱作 ***ballotta***。結束委員會的討論之後，裡頭的委員們便照著自己的意思，投下黑球或白球⑰。

十八世紀初一位談到歐洲事務的人士，還設法說明共和國（*jumhūr*）一詞，這個詞本是用在威尼斯、荷蘭等共和國的。他說：「在這樣的國家裡，沒有唯一的領袖，所有事情要經過主事者們的同意才定案；而這些主事者，都是由人民選舉出來的。」他把瑞士界定為「聯合的共和國」，每個州都是個分立的邦國。他說共和國這個詞也適用於荷蘭，只是體制稍有不同，它可以說是個 *stadt*，做決定的是一批主事者，但其中有一人得到授權，負責執行這個決定。他舉例說明，像波蘭同時就是王國和共和國⑱。

普遍敵視共和思想

到了十八世紀，去過歐洲的鄂圖曼人，都會提到這類令人好奇的制度以及自由的嘗試。穆罕默德額芬迪在前往巴黎時，經過了圖盧茲（Toulouse）和波爾多，就說這是兩座自由的（*Serbest*）城市，有著當地的守備部隊，以及有著議會（*Parlement*）和議長（*President*）的政治制度。這兩個法文字都轉成了突厥—阿拉伯譯詞⑲。十八世紀初，考察過歐洲的人也同樣用了「自由」一詞，來形容（德國）但澤港，它不必接受帝國的法令和課稅。另一位十八世紀的文人，談到神聖羅馬帝國的組織時，用了「自由」甚至「共和」的詞彙，來形容像史瓦本（Swabia）這樣的特殊自治區⑳。有些去過匈牙利的鄂圖曼人，甚至談到當地人抱怨失去自由之後的情形。

在法國大革命之後，有關共和制的概念，進入了新的階段。鄂圖曼帝國不只要應付法國的新共和國，還要應付其他的共和國，像土耳其就有些鄰國，是照著法國模式建立的。既然法國和土耳其之間在打仗，從法國而來的思潮，就多少受到了阻礙。另一方面，法國人以不到三萬人的部隊打下了埃及，並佔領了三年多，這令人印象深刻。而法國地方政府的厚道和公正也是如此。埃及史家賈巴爾蒂曾提過這些，他有好幾部歷史著作，記錄了法軍佔領埃及時期，當地學者有關的就近觀察。

到了一八〇二年，和約簽訂之後，法軍撤出埃及和愛奧尼亞島，新的鄂圖曼大使哈萊特額芬迪出使巴黎，並留到一八〇六年。他的話很有啟發性：

「既然法國人不需要國王，大概也就不需要政府。而且在這樣的空窗期之中，多半的高位是由人渣而非貴族所把持，權勢仍掌握在賤民的手上。因此想要組成什麼共和，就很難了。既然這不過是革命份子的烏合之眾，或用突厥話講白一點，是狐群狗黨，那麼各國就無法從這些人身上期待什麼忠誠或友好。拿破崙是瘋狗，總想把各國弄得跟他可惡的國家一樣凌亂不堪……（外交大臣）塔列朗（Talleyrand）是被寵壞的教士……其他人不過是匪類……」㉑

一八〇七年五月二十九日，第一位採行改革的偉大蘇丹謝利姆三世（Selim III）遭到罷黜，反動派大殺改革派。事件之後一、兩年，帝國史家阿赫默德·阿須姆額芬迪，寫了一七九一年到一八〇八年的編年史，概述了對改革運動的印象，尤其是法國思潮的影響。阿須姆大致上同情改革，他希望國家能整軍經武、抵抗外敵。在引人入勝的段落中，他舉俄國為例，表示該國就是因採行了西方的科技，才擺脫了落後與衰弱，進而成為強國。但他採行西法的立場，並沒有使他放下反對基督徒的態度，而仍將基督教強國視為伊斯蘭的敵人。他認為，與這些強國談和，是大惡不赦的。他尤其敵視法國人，認為土耳其的親法份子愚蠢之至。有關法國國內的事，他嗤之以鼻而沒有多談。他認為法國共和不過是「像鬧肚子時的大驚小怪」。共和的信條包括了「摒棄宗教和相信貧、富的平等」㉒。

有關西方的立法與司法

西洋制度中最令穆斯林觀察家不解的，是人民代表的會議。如上所述，阿提布·伽勒比在共和制和民主制上著墨不多，他的相關資訊很少，有關歐洲的論述也不太有人知道。一般的鄂圖曼文人在這方面談得更少，偶爾會提到義大利、法國和荷蘭的人民代表，或只顯示了少許的興趣或了解。

第一位做出詳細敘述的，是十八世紀末到過英國的阿布．塔利布．汗。在他以較長篇幅，和友好、翔實的態度談英國的政治制度時，講到了該國的慣例及其功能，但卻只有在兩個地方簡短談到下議院，這是他在英國友人的陪同下訪問到的。

在第一個段落中，他不客氣地指出，那些講個不停的議員們，像是一群印度的鸚鵡。他看出，議員們有三種職權：幫國家課稅、防止契約人出錯，並監督君主和大臣們及一般事項㉓。在第二個段落中，作者概略敘述了下議院議員，亦即其選舉方式、責任範圍和特定的職能。他在此有些驚訝地指出，執法機關和刑罰大小的訂定，在這裡是必要的，他們不像穆斯林擁有神意法，所以制定法律的依據，是順應時代和狀況、事情的性質和法官的經驗㉔。

就作者指出了議會的立法功能來講，他點到了基督教和伊斯蘭之間的眾多差異之一。在穆斯林看來，人是沒有立法的權能的。真主是唯一的法源，藉由降示啟示來立下法令。神意法（一譯教法）規範了人類生活的各個方面。世俗的種種權力，沒有資格廢除、甚至修正這些教法。他們的職責就是加以維護和執行，這才是本分。

其中留給人的餘裕，基本上就是加以詮釋，而這是由有資格的詮釋者，亦即教法說明官的職責。不過，實際情況與理論稍有不同。教法的規定，若不是在私底下，就是在公開的重新詮釋中大大遭到漠視。因而種種情況的改變，使得教法變得不太適用，實際上還要靠習慣法，甚至統治者的意志加以補充或修正。但這些都是實際而非理論。就原則來說，真主是唯一的立法者。人世的權威所能做的，不過是加以詮釋、調整和執行。

早期有些穆斯林文獻在談到基督教時，也從類似的觀點來看，甚至還講「基督徒的教法」，彷彿這就等同於穆斯林的教法一樣。後來大家才逐漸了解到，基督教世界對法的性質有著不同的概念，對於公義仍有不同的觀點和實施辦法。

這就難怪，早期穆斯林在談到歐洲的審判程序時，抱持著敵意甚至鄙視。例如中世紀時有位穆斯林到過中歐，描述過幾種不同的裁判方式：

「他們的習俗很奇怪。例如某當事人想控告對方詐欺，則兩造都要接受武力的測試。程序是這樣的：原告和被告兩人帶來自己的兄弟和辯護人，每個人都發給兩把劍，一把握在手上，另一把配在腰上。然後被告在大家面前發誓，他沒有犯下被控告的那項惡事；原告則發誓，所說的話都屬實。然後兩人隔著一小段距離、朝著東方跪下。隨後，兩人站起來開始比武，直到有一方被殺或受重傷為止。

另一項怪風俗，是利用火的神明裁判。有人被指控謀財或害命，他們就拿一塊鐵在火中加熱，複誦《討拉特》（《舊約》）和《引支勒》（《新約》）的經文來施加法力。然後他們在地上豎立兩根椿子，用火鉗取出鐵塊，放在兩根椿子上頭。然後被告就過來洗淨雙手，取下鐵塊走上三步。隨後他放下鐵塊，留下烙印並纏上紗布，接受一夜又一天的看管。到了第三天，如果在手上發現冒膿液的水泡，他就是有罪；如果沒有水泡，他就是無罪。

另一項風俗，是用水的神明裁判，這指的是，被告的手腳被縛住，身上還牽著條繩子。要是他漂在水上，便是有罪；要是沈到水裡，便是無罪，因為大家認為，這是水接納了他。

只有奴隸才以水、火來裁判。至於自由民，假使他們的案子，在財物上的價值少於五第納爾（dinars），兩造就直接以棍棒和盾牌互鬥，直到有一方受重傷為止。假使其中有一造是女性、殘障或猶太人，這人就要花五第納爾請一位代打者。假如被告輸了，他就一定得接受苦刑，並沒收所有財產。原告則可從中取十第納爾。」㉕

以上引文是凱茲維尼（Qazvīnī）引自烏德里（`Udhrī），所以也可能部分得自易卜拉欣．伊本．葉爾孤白的報導。

關於歐洲人執法的其他記載

十字軍時期，一位敘利亞人烏沙邁．伊本．蒙奇德，留下了在巴勒斯坦十字軍佔領的納布盧斯（Nabulus）城的親身經歷：

「有一天，我在納布盧斯看到他們用格鬥做裁判。事情的原委是這樣的：一些穆斯林強盜搶了納布盧斯的一個村鎮，大家控告其中一位農民作了內應，讓強盜進入村莊。這個人逃走了，但國王扣押了他的子女，因此他回過頭來表示：『請為我主持公道，我要挑戰那個說我做了強盜內應的人。』國王把這件事告訴了該村的領主：『找人來跟他格鬥吧。』於是領主來到村上，找到了位鐵匠，要他參加格鬥：因為領主想要保護自己的農民，避免有人受到殺害，或是自己的產業受到損害。

我看到了這個鐵匠。他年輕力壯，不過卻少了格鬥的鬥志，他走了不過一段路，就坐下來討飲料喝。挑戰者是個老人，卻是鬥志高昂、信心十足，郡長（viscount）過來擔任這個場合的監督，給兩人各發一根棍子和一張盾牌，帶到圍觀的人牆裡頭。隨即打鬥開始，老人壓制了鐵匠，逼得他退到觀眾圈邊，這時才再回到中央。他們打來打去，直到渾身是血。過了段時間，郡長喊出了『趕快！』來催促他們。鐵匠有著揮鋤頭的經驗，佔了上風，老人逐漸敗退。這時鐵匠砸下一棍，對方倒在地上，棍子落在背後。鐵匠將膝蓋壓在他身上，想把手指頭插到他眼睛裡，但因為老人眼睛已血流如注而作罷。於是站起來拿棍子敲擊他的頭，直到他斷氣為止。然後他拿繩子綁住屍體的脖子，拖走、並吊掛起來。領主走了過來，把自己的披風賞給了他，幫他坐上自己的坐馬，讓他騎走。

這就是個例子，顯示了他們的審判方式和執法程序，願真主責罰他們。」㉖

開化的穆斯林，習慣的是教法法庭的和平程序等、這類的法律與正義，所以那種蔑視是可以理解的。但歐洲人的法律程序，並不只到這類格鬥裁判的水準，後來有機會就近觀察的穆斯林，在評價上就較為正面。早在十二世紀，到過敘利亞的西班牙穆斯林伊本・祖拜爾就曾經指出，法蘭克人對於被征服的穆斯林人民，處理得很公道，他還因此感到很困擾。十八世紀末的埃及史家賈巴爾蒂，也表達過類似的感受。他敘述了法軍佔領了他的國家，稱讚他們對當地人民很厚道，還尊重執法的權威和程序，而有別於自己國家的專制獨裁。最令他印象深刻的，就是法國軍方審判了暗殺克萊貝爾（Kléber）將軍的穆斯林，將軍繼任了拿破崙，在埃及擔任法軍總司令。

他說，法國人在刊行有關審判的全程報導時，就用了三種語文，法文、土耳其文和阿拉伯文。他本來想略之不論，因為報導太長，阿拉伯文版本又很粗劣，但因為顧及到有許多讀者想要了解，所以他不只提供了整個事件的經過，也透露了法方的審理方式，即：「官方是由民方授權的，他們沒有皈依的宗教，是藉由理性來統治與裁判的。」他指出，這個案子很有啟發性：「一位來自遠方、躁進的外國人，大逆不道地攻擊並殺害了他們的領袖，並當場遭到逮捕。儘管他們逮捕他時，他手上還握著凶器，並滴著領袖的鮮血，他們卻沒有馬上殺掉他，或他後來所供出的人。相反地，他們設立了特別法庭，開始了審理程序，亦即傳喚兇手，以口頭和刑求的方式加以訊問。之後他們傳喚他所招認的人，並以分開和一起的方式加以訊問。後來，他們照著法定的程序給出判決，並釋放了書法家穆斯塔法・額芬迪・布爾沙利（Mustafā Efendi al-Bursali），因為缺乏確切的事證。」賈巴爾蒂顯然大受感動，法國人堅守法律的正當程序，即願意在證據不足的情況下，釋放任何一位嫌犯。他還痛苦地指出：「後來，我們看到殘暴的軍人所犯下的罪行，他們自稱穆斯林，冒充聖戰戰士，卻只為了逞其獸慾，殺害和蹂躪人民。」㉗

對英、法法律制度的觀感

並不是所有的穆斯林觀察家，都稱讚西方的司法程序。阿布・塔利布・汗曾經因為十先令，被倫敦的裁縫告過，除了被判處如數賠償之外，還因為傳喚不到，另罰六先令，所以他的觀點就不那麼認同。他並沒有看重這種陪審團制度，因為陪審團很容易受到法官的左右，不得不採納他的看法，或是重新審視大家的裁定。不只是這樣。假如裁定都不被採納，法官有權讓陪審團閉關，且不提供食物，法官和律師卻可以在法院大樓的另一處，以公家的費用大肆飲食。比陪審團更令阿布·塔利布莫名其妙的，是伊斯蘭司法程序中所沒有的辯護律師。他承認英國的法官「值得敬佩、敬畏上主，防範律師的詭計多端」，但也指出這種法律訴訟太耗時間與金錢，因而經常致使原告不能認同這種公義的管道。即使再好心的法官，也可能讓律師模糊了焦點、威脅了證人。阿布·塔利布發現到，法治常會違反自然正義的規律，而即使是敬畏神的法官，在做下公平的裁定時，也常會牴觸到這種人為的法律㉘。

話說回來，肯花功夫考察歐洲司法和立法程序的穆斯林，大致都加以認同。於一八二六到三一年間待過巴黎的埃及學者里發教長，甚至投注心力，翻譯了法國憲法的全文。

他並不相信法國人的平等學說，並指出該學說不適用於經濟事務：「法國人的平等只存在於他們的言、行之中，而不在他們的財產上。假使朋友要求的只是借貸，而不是贈予，甚至確定可以歸還的話，他們的確是不會拒絕這樣的請求的。」此外他還指出，法國人「比較像是貪心而不是慷慨……慷慨其實屬於阿拉伯人」。然而，他對於法國人的「法律之前人人平等」的準則還是印象深刻，並認為這是「一項最明白的證據，證明他們達到了較高的正義，在文明上有較大的進展。他們奮力爭取所謂的自由，相當於我們所說的正義和公平，因為所謂自由的治理，便意味著法律之前的平等之機制……」。他特別留意成文法的存在，也注意到憲法保障法律之前的自由和平等，以及擁有立法職權的議會制度等等的重要性㉙。

歐洲的憲政和議會制度，越來越受穆斯林訪問者的矚目，大致來講，這在一開始時，甚至還重要過經濟的發展。當中有許多人，想在這裡找到那把鑰匙，來打開西方先進國的祕室，並享有其財富和強盛。

9

科學與技術

Science and Technology

中世紀時看歐洲醫學

古典穆斯林科學的大時代，開始於翻譯和改編波斯、印度，尤其是希臘的科學著作。翻譯運動雖然在七世紀末告一段落，但伊斯蘭科學卻持續了好一段時間。穆斯林科學家從這些流傳而得的資料中，增加許多新的東西，靠的是自己的研究、實地的實驗和對各個不同領域，如醫學、農學、地理和戰爭學等的考察。經由譯本或其他方式的外來影響，對伊斯蘭科學的發展有過貢獻的，以希臘人最為重要。至於其他文化，有些也很可觀。印度的數學和天文學，尤其是位置計數法，即所謂阿拉伯數字（其實是印度數字），特別的重要。此外，蒙古的侵略首度給伊斯蘭世界帶來對中國的直接關係，而遠東的文化和科學的一些要素，也開始影響穆斯林的實踐，甚至多少影響到他們的思想。

在這段時期裡，西洋的影響微乎其微——很可能是因為，西洋能提供的本來就很少。目前為人所知的，只有一部以西歐手抄本為基礎的阿拉伯文科學著作。這是個猶太—阿拉伯文版本，亦即以阿拉伯文表現的希伯來文，其中包含了一系列星象圖，呈現了行星的運行，這顯然出自西元一三二七年問世的、義大利諾瓦拉（Novara）某書中的圖表①。這本書雖然是用阿拉伯文寫的，但顯然是提供給猶太科學家使用，不懂希伯來文的穆斯林阿拉伯人，是讀不通的。這預示了個普遍的現象，即中世紀末、近代初期時，猶太科學家，尤其是醫學家形成了個唯一的管道，使西洋的科學知識滲透到伊斯蘭世界。

十二世紀的敘利亞文人烏沙邁．伊本．蒙奇德，對於中世紀歐洲的醫學實踐給穆斯林造成的印象，提供了生動的描述：

穆納提拉（Munaytira）男爵（原註：附近的十字軍男爵）寫信給我叔父，請他派一位內科大夫，去治療他的一位生病的夥伴，他給他派去一位名叫塔比特（Thābit）的（敘利亞）基督徒大夫。他這麼一趟來回不到十天，我們就對他說：「你這麼快就醫好病人了？」他就回答說：「他們帶了兩位病人來找我，一位是腳上有膿腫的騎士，一位是患有心病的女士。我給騎士上了膏藥，膿流出來之後，他就覺得好多了。我讓女士按規定進食，使她的體液保持濕潤。然後，有位法蘭克大夫過來告訴他們：『這個人根本不懂怎麼治療他們！』並隨即對騎士說：『剩一條腿活著，或保有兩條腿死去，你選哪一樣？』騎士回答：『剩一條腿活著。』大夫就說：『給我找一位強壯的騎士，和銳利的斧頭。』他們就給他找來了，這段時間我都站在旁邊，他就把病人的腿擺在一塊木頭上，告訴騎士：『拿斧頭砍掉這隻腿，要一次搞定！』我在旁邊看的時候，他砍了第一下，但沒有砍斷；他隨即砍了第二下，腿的骨髓濺了出來，病人馬上就死了。

大夫接著診療那位女士，並說：『這位女士頭腦裡有個惡魔，已經愛上她了，給她剃頭。』他們就給她理髮，並開始回到之前的一般飲食，亦即加大蒜和芥末等的飲食。她的病情更加嚴重，大夫就說：『惡魔已經深入她的腦髓。』於是他拿了把剃刀，在她頭上劃開十字，翻開中間的頭皮，直到頭骨出現為止；他在這裡抹上鹽巴，女士很快就死了。

這時，我問他們：『你們還需要我什麼幫忙嗎？』他們說沒有，我也就回家，從他們那裡懂得一些之前不懂的事情。」②

烏沙邁的叔父當然寧可派一位基督徒醫師，而不會要穆斯林到法蘭克人那兒冒險。這位敘利亞基督徒，也和傳承自（古希臘大醫家）蓋倫（Galen）和希波克拉底（Hippocrates）的穆斯林一樣，會覺得法蘭克醫師的診療是落伍和蠻幹的。烏沙邁還舉了不少例子，檢視法蘭克人的診療方式。其中一個例子是淋巴結結核的處方，烏沙邁觀察到，法蘭克醫師會先要求病人以基督徒的身分發誓，不會為了錢而將處方告知他人。大致看來，他對法蘭克人的觀感顯然是負面的。

不敢小看西方的軍事技術

就十字軍的成就而言，中世紀穆斯林會稍加重視的，只在一個方面，那就是作戰技術。穆斯林在武器研發、甚至防禦工事方面，接受了法蘭克人的影響，一方面是透過採行法蘭克人的辦法，另一方面是任用法蘭克戰俘。

到了鄂圖曼時代，鄂圖曼人越來越感覺到掌握法蘭克作戰技術的重要性，尤其是在砲術和航海方面。雖然中國早在幾百年前就發明了火藥，但真正發揮其功用的，卻是基督教歐洲人。起初，穆斯林各國還不願採行這個新技術。（敘利亞）阿勒坡在遭到蒙古族帖木兒包圍時，似乎用過火槍，但一般來講，埃及和敘利亞的馬木路克拒絕使用武器，他們覺得這不合尚武精神，也可能破壞他們的社會秩序。鄂圖曼人則較快就懂得欣賞火器的價值，這主要是因為他們用了火槍和火砲，使得他們打敗了兩個頭號大敵，即埃及蘇丹和波斯沙王。火砲的妙用，顯示在一四五三年鄂圖曼人佔領君士坦丁堡，和打贏歐洲及其他的穆斯林對手上。他們的鑄砲工匠和砲手，顯然主要是歐洲的背教者或投機份子。雖然鄂圖曼人擅長運用這些新武器，但在這方面的科學、甚至製造技術上，還是繼續仰賴外人。在砲兵團和工兵團方面，也有類似的情況。結果一定就是，鄂圖曼人的火砲逐漸落在他們的歐洲對手後頭。

在鄂圖曼人對火砲和地雷感興趣的同時，他們也有心趕上歐洲人的造船和航海技術。當一艘威尼斯戰艦擱淺在土耳其領海中時，鄂圖曼的海軍技師興致勃勃巡視了一番，希望將它的構造和裝備上的幾個特點，運用在自己的船艦上。這件事的可行與否，呈交給首都的教法說明官：在這方面若是採行不信道者的辦法，是否還合乎教法？答覆是，為了擊敗不信道者，仿效他們的武器是允許的。

從教法來看軍事

這個問題關係重大。就穆斯林的傳統而言，除非新措施能證明本身是好的，否則會被認定是壞的。*bid'a* 一詞，即新措施或新事物代表了一種背離，換言之，由先知、追隨者，和初期穆斯林流傳下來的聖訓和聖行的傳統是好的，其中記載著真主降賜給人們的信息，所以悖離傳統是不好的，當時穆斯林所謂的 *bid'a*，也就相當於基督宗教所謂的異端（heresy）。

bid'a 中最令人厭棄的，便是仿效不信道者的辦法。據說，先知有句格言：「凡仿效異族者，將成為其中一份子。」一般認為，這句話的意思是，採行或仿效不信道者的辦法，本身便是不信道的行為，因此也就背叛了伊斯蘭。穆斯林的宗教權威常提出這樣的教義和見解，來反對任何的仿效西法，並認定這是和偽信妥協。這句話在宗教保守派手上，成了有力的論據，常用在阻撓採行西法，例如技術、印刷，甚至歐式醫學上。

不過其中還是有個重大的例外，那就是戰爭。對抗不信道者的吉哈德，即聖戰，是穆斯林國家和共同體的集體義務之一。如果戰爭是防禦性的，這就成了每位穆斯林的個人職責。於是乎，加強穆斯林的武力，更有效地打擊不信道者，這件事本身就成了宗教上的優點、甚至職責了。為了對抗不信道者，或許有必要從他們身上學習。鄂圖曼的教法學者和文人，在這件事情上常訴諸一項所謂的 *al-muqābala bi'l-mithl* 原則，即以子之矛、攻子之盾，也就是用對手的武器和措施來打擊他們③。贊同在軍事上採行西法的人，可以在歷史甚至天經中找到先例。他們指出，先知自己和初期的穆斯林戰士，都樂於採用當時最先進的作戰技術，亦即向拜火教的波斯人和基督教的拜占庭人學習，以便更有效地對抗他們。後來，哈里發的軍隊從拜占庭人那兒引進了希臘火砲，所以，日後從基督教那兒採用了火藥和火器，也就理所當然。甚至在《古蘭經》中，也可以找到依據，指示了信眾們應有的作為：「以物配主的人群起而進攻你們，你們也就應當群起而抵抗他們。」④這句話還被詮釋為，穆斯林應該運用所有的武器，包括異教徒的武器，來打敗他們。

軍事上採行西法的情況

大致來講，鄂圖曼人在戰爭方面樂於採用歐洲辦法，尤其在砲兵和海軍方面，在這點上，宗教方面也沒有什麼反對意見。他們在採礦方面，也用了西洋技術。在鄂圖曼人東南歐的疆域裡，有著鐵礦、甚至銀礦的重要礦藏。這些礦脈的開採作業，主要操在德國專家手上，他們是由鄂圖曼政府以分紅的條件招聘過來的。開採的技術類似於他們在德國的技術，連管理礦場的辦法，用的都是撒克森有關採礦的法令。這個管理法的突厥文版本存留至今，名字叫做 ***Kanun-i Sas***，即撒克森法⑤。

基於有關的目的，鄂圖曼人樂於任用相當數量的歐洲專家，在朝廷中形成一個公認的團體，叫做 ***Taife-i Efrenjiyan***，即法蘭克團。鄂圖曼的蘇丹和大臣們，很懂得歐洲科技的重要性，並四處招募歐洲人，為他們服務。但宗教保守派在這點上總有反對意見，雖然不足以阻撓這種借用和一些仿效，但卻足以阻撓有活力的在地科技的出現。蘇丹們有不少權力和手段，來雇用海外的科技人員，卻沒有力量從這種由教法學者主導的教育體系中，造就出自己的科技人員。

儘管鄂圖曼人也有自己的問題，但他們的處境，比其他伊斯蘭國好得許多。鄂圖曼的君臣們，起碼知道西洋技術的重要性，甚至在一定時間內，能推動技術革新的一些辦法。在鄂圖曼的強盛時期，他們不僅跟得上最先進的歐洲武器，自己還能夠有所研發和改良。十六、十七世紀時，一些歐洲觀察家指出過，鄂圖曼人採用、甚至改良歐洲武器和軍火時的效率。就連在一六八三年，突厥人再度包圍維也納時，一些奧國觀察家還指出，突厥人的火槍就跟奧國人的一樣好，甚至在某些方面，例如在射程上還更加優越。但長期依賴國外的技術和專家，是要付出代價的。鄂圖曼人發現到，越來越難追趕上西洋科技的日新月異。到了十八世紀期間，身為伊斯蘭世界先進國的鄂圖曼帝國，在戰爭技術各方面便遠遠落後了歐洲⑥。

西歐海盜的助力

最清楚顯示這種變化的，就是穆斯林和歐洲戰艦之間的對照。只要鄂圖曼海軍的活動範圍還局限在地中海，他們就設法追趕歐洲人的造船和航海技術。十七世紀初，鄂圖曼的勢力和影響，拓展到地中海西部，便和大西洋的海軍武力，有了更直接的接觸。由於西歐的某個重大變化，使得鄂圖曼人在這方面得到很大的助力。一六〇三年，英國伊莉莎白女王駕崩之後，新王詹姆斯一世（James I）與西班牙媾和，一六〇四年簽訂和約，使得兩國之間的長期海戰告一段落。大約同一時期，西班牙和低地國的戰爭也結束，於一六〇九年承認了荷蘭的獨立。英國和荷蘭的許多海盜，之前在對西班牙作戰時曾扮演重要角色，如今不只變得多餘，且還有所危害。而英國、荷蘭和西方各國政府，一改之前的容忍，開始大力掃蕩本國的海盜，其中有許多人覺得，時勢不利於他們繼續操持這樣的生計，就不再堅持，而逃到（北非）柏柏里海岸，受到當地人的歡迎。西歐的海盜熟悉使用橫帆船，以及配置在船舷上的武裝，這時便向東道主們介紹了這種船隻的構造和用途。穆斯林海盜們很快就了解到，將武器配置在船舷上的優勢，並隨即精通這種新船隻的航海技術和作戰方式。於是乎，發自北非的船，開始航經直布羅陀海峽，遠達（北大西洋）馬德拉（Madeira）群島、英倫三島等海域。

穆斯林的艦隊曾經相當於、甚至優於基督徒艦隊。但這項優勢逐漸消失了，在缺少大批難民和背教者來修復和維持的情況下，他們開始落後。十七、十八世紀時，鄂圖曼和北非的造船技術，已經趕不上歐洲的進展。到了十八世紀末，以往能供應國內船隻武裝之需求的鄂圖曼人，已不得不向國外的造船廠下訂單了。這是個影響深遠的變化。

醫學——由先進到落後

除了武器和航海外，歐洲還有另一項實用技術被看成值得採納，那就是醫學。以往十字軍需要求助穆斯林、東方基督徒，或猶太的醫師等的事項，到了十五、十六世紀，出現了很大的變化。這時歐洲超前了，而伊斯蘭落後了。這項服務具有醫師親切、個人的特質，給醫學的進步增添了魅力，而這是其他較為大眾、非個人的歐洲科技部門所缺乏的。就醫學來講，病患們認為這事關重大，這不僅關乎個人的福祉，甚至還關乎生死存亡。不管古今中外，找到最有益自己的好醫師，往往勝過任何最偏激的成見。話說回來，這種心思並不是所向無敵的，它有時也會敗給傳統醫學上較為保守的業者。

說到歐洲醫學滲透到鄂圖曼國，在一開始即使不算全面的，至少也是大規模的進入非穆斯林之間——主要是猶太人，有時是基督信徒。十五世紀期間，穆罕默德大帝任用了一位來自義大利的猶太內科醫師吉阿科莫・迪・加耶塔（Giacomo di Gaeta），他後來改宗伊斯蘭，成為葉爾孤白帕夏（Yagub Pasha）。到了十六世紀，猶太醫師在鄂圖曼帝國中變得很普遍，其中多半來自西班牙、葡萄牙和義大利。不只是蘇丹們，還有很多臣民也向這些醫師求診，他們被公認為擁有較高水準的醫學知識。對於這些猶太醫師所扮演的角色，尤其是在鄂圖曼朝廷的影響力，當時來自西洋的訪問者們通常不表認同。其中有些人還取笑這些猶太醫師，說他們懂得太少拉丁文和希臘文，以及跟不上西洋的醫學，卻擁有很好的待遇⑦。有些人則指出，還是有些醫師「精通理論、經驗豐富」⑧，並熟悉希臘文、以及阿拉伯文、希伯來文的普通醫學和相關的文獻。

有些猶太醫師甚至能撰寫論文，或譯成突厥文，提供王室或一般患者使用。有一本這樣的小書，書名叫做*Asa-i Piran*，即《老者的依靠》，討論老人容易染患的疾病，提供預防和治療的建議。作者大概是位叫做曼努埃爾・布魯多（Manuel Brudo），有時叫做布魯多斯・盧西坦努斯（Brudus Lusitanus），亦即葡萄牙人布魯多，是位不願公開身分的猶太人，於一五三〇年代離開葡萄牙，先待在倫敦，之後搬到（比利時）安特衛普，後又換到義大利，最後定居在土耳其，並公開回復到猶太教信仰。

這本書除了醫療諮詢之外，還有許多觀察的結果，得自作者在歐洲各國的實地經驗。例如他指出，英國人烹調雞蛋和魚的方式，以及倫敦人在冬天燒何種木柴來除濕。他談到英國人和德國人吃鮮奶油和雞蛋當作早餐的習慣，以及飯前吃煮過的李子當作通便劑的習俗。他不同意基督信徒中午用餐的習慣，並稱讚穆斯林清晨用早餐的智慧。他的書似乎是寫給蘇萊曼大帝的⑨。

歐洲的猶太醫師在蘇丹政府擔任公職的很多，布魯多只是其中之一。後來他們變得動見觀瞻，據鄂圖曼的皇家檔案，當時御醫分成兩派，一派是穆斯林，一派是猶太人。可以說，穆斯林御醫嚴守中世紀的醫學傳統，而猶太人多多少少照著歐洲傳統，但可能還逐漸失去和先前的國家與歐洲科學的接觸。當時的猶太御醫的著作，包括了一篇有關牙科的突厥文短論文，作者是摩西·哈蒙（Moses Hamon），為安達魯西亞猶太人、蘇萊曼大帝任用的首席猶太御醫⑩。這大概是第一部有關牙科的突厥文著作，也可能是第一批普遍問世的著作之一。當時的另一本著作，是有關用藥的短論文，為一位自稱穆薩·賈利努茲·易斯拉儀（Musa Jalinus al-Isra'ili），亦即猶太的蓋倫摩西（Moses the Jewish Galen）的意思，作者以此表示，這篇論文有穆斯林、法蘭克、希臘和猶太著作為依據。

在這些猶太御醫裡頭，有好幾位扮演了具有某種重要性的政治角色。一方面他們和達官貴人的關係良好，另一方面也懂得歐洲的語言和狀況，這使得他們不管在突厥統治者或是國外使節方面，都很有用處，有些人因而獲取了極大的權勢。還有些人甚至擔任過出使國外的外交使節。

到了十七世紀，鄂圖曼醫師不得不開始留意歐洲的醫學技術。有種原先大家不知道的病，來自西方，後來散佈到許多穆斯林國家，於是有了這樣的名字——Firengi，即法蘭克病。第一篇談到梅毒的突厥文論文，出現在一六五五年，獻給穆罕默德四世（Mehmed IV）蘇丹的醫學論文集中，主要根據（義大利）維羅納的弗拉卡斯托羅（Girolamo Fracastro，一四八三—一五五三）的知名著作，也用了些讓·費內爾（Jean Fernel，一五五八年歿）有關這種病的治療方式。這部著作在談到其他疾病時，還引用了十六世紀好幾位知名歐洲醫師的資料。這本書顯示了，作者相當熟悉歐洲醫學，他甚至很可能懂得拉丁文，或至少請人為他翻譯。但其中還是有著明顯的差距。這本論文集獻給蘇丹的時間是一六五五年，但所引用的歐洲著作卻都是十六世紀的⑪。那些在十六世紀來自歐洲的猶太醫師，代表了當時歐洲醫學的最高水準。十七世紀的鄂圖曼猶太醫師所代表的，卻仍然只是十六世紀歐洲醫學的最高水準。

自十七世紀中期開始，鄂圖曼的希臘醫師，到義大利的學院受訓等等的交流，似乎並沒有使這樣的關係產生根本的改變。鄂圖曼的科學著作的緩慢步調，加大了西洋和鄂圖曼科學之間的時間差。這種差距後來更為加大（譯註：根據註釋⑪中的資料，有位叫巴哈・道拉〔Bahā al-Dawla，一五一〇年歸真〕的波斯醫師，在他《經驗的精髓》一書中以幾頁的篇幅談到了梅毒。作者認為這種病起源於歐洲，之後傳到伊斯坦堡和近東。一四九八年出現在亞塞拜然，後來蔓延到伊拉克和伊朗）。

醫學革新的步調

由這種引用資料的情況來看，鄂圖曼學界顯然沒有思考到研究的進展、觀念的變化，和知識的逐漸成長。基本概念的形成、檢驗，以及必要時放棄假說，對這樣的社會來說是很陌生的：即把知識視為永恆真理的材料，而能夠加以獲得、累積、傳授、詮釋和實踐，但卻不能加以修正和改善的社會。他們有關醫學或其他科學的著作，多半是針對伊斯蘭古典學問的編纂、改編，或詮釋，即以波斯文、尤其是阿拉伯文保存的學問。有時會以西方科學著作的材料加以補充，但只局限在以類似方法處理的題材。在此看不到跟上新發現的努力，甚至意識到這種進展的也很少。當時發生在解剖學和生理學上的大變化，在此並不受注意、不為人知。

在初期伊斯蘭裡頭，穆斯林有所謂*ijtihād*的原則，即獨立判斷的行使。藉著這個辦法，穆斯林的學者、神學家和教法學者，便得以在天經和傳統未提供明確答案之處，解決神學和教法的疑難。在穆斯林的神學和法學中，有很多部分就是這麼形成的。不過一旦所有問題得到解答，這個過程也就告一段落。根據傳統的說法，這就是「*ijtihād* 的大門關上了」，於是乎，就再也不需要、或允許這種獨立判斷的行使了。所有的答案都在那裡了，需要的只是加以順從和遵守。穆斯林科學的發展中，確實也有個平行現象，即初期獨立判斷的行使，造就了大規模的科學活動和發現，但等到後來*ijtihād*的大門關上時，穆斯林科學也就進入了一段漫長的、幾乎只有編集和重複的時期。

來自歐洲的猶太難民，在鄂圖曼醫學界似乎曾開創過新的局面。但其實他們所帶來的，是給這個知識庫增添一些新的細節和資訊，等到他們失去對歐的聯繫，成為中東社會的一份子時，這些人與其他的穆斯林之間，就不再有什麼明顯的區別了。

後來，鄂圖曼希臘人相當地取代了他們，並開始有所成長與發展。第一批在（義大利）帕多瓦大學學醫的鄂圖曼希臘人，有位叫帕拿吉歐提斯．尼古西亞斯（Panagiotis Nicoussias）的，在一六五〇年左右學成。在他回到伊斯坦堡之後，成為相當成功的醫師。後來還擔任宰相穆罕默德．柯普律呂（Mehmed Köprülü）的個人醫師。就像之前的猶太醫師受到重用一樣，這位受過西式教育的希臘醫師，他對歐洲情況的知識，也受到宰相的倚重。尼古西亞斯成為高門的通譯總領，或許還是史上第一位執掌這個重大職務的人。直到他於一六七三年歸真後，才由另一位留學帕多瓦的希臘醫師丘提．亞歷山大．馬福羅科爾達托（Chiote Alexander Mavrocordato）繼任。尼古西亞斯出過一篇論文，講肺臟在血液循環上的功能。但他是以拉丁文出版的，因此，他的著作屬於歐洲人的歷史，而非鄂圖曼人的醫學。正是身為高門的通譯總領，才使他贏得鄂圖曼史上的地位的。

十八世紀初，出現了一些變化。一七〇四年，一位叫約瑪．西發儀（Ömer Şifai）的內科醫師寫了本小書，談化學在醫療中的用途，內容像是（十六世紀瑞士醫師）帕拉切爾蘇斯（Paracelsus）的翻譯。同一時期，另一位鄂圖曼醫師，即改宗伊斯蘭的克里特島希臘人，名叫努赫．伊本．阿布杜勒曼南（Nuh ibn Abdulmennan），翻譯了另一本有關醫療的書。當時的第三位大醫師夏班．西發儀（Şaban Şifai），為蘇萊曼（Sü leymaniye）清真寺附屬醫學院的教師，他寫了篇論文，談孕婦的胎兒和接生，及其產前、產後的照護。這些著作都反映了新類型的醫學，以及醫療的新措施。

這類的革新，難免也引起極大的阻力。一七〇四年，頒佈了一項新法令，禁止「某些自大的醫師的新醫學（*Tibb-i Jedid*）」。這項法令還談到「某些法蘭克社群的假醫師，摒棄了以往醫師的方法，並藉著新醫學的名義，使用了某些藥物……」。這項法令要求突厥醫師們接受檢驗，並禁止洋醫師的執業。但這並沒有阻止約瑪·西發儀繼續他的著作，他以八卷的篇幅，寫成了所謂新醫學的論文。儘管鄂圖曼官方繼續支持蓋倫，和（伊斯蘭醫學家）阿維森納（Avicenna）的醫學，但帕拉切爾蘇斯的支持者也開始形成一股力量⑫。

看待西洋新科技的態度

在訪問過歐洲國家的大使裡頭，有好幾位對技術、甚至科學感到興趣。穆罕默德額芬迪一再談到法國的交通系統，亦即在他取道南部海岸、到達巴黎之間的運河、水閘、道路、橋樑和隧道等設施。觀測站的觀測範圍和其他儀器也使他感到驚奇，他似乎也很明瞭這些器材的用途。他談到「種種機器」，例如觀測各星體、「輕易舉起沉重的東西、預測何時會滿月、把水從低處往上抽，以及其他令人驚嘆不已的事物」。他還看到了凹透鏡「大得跟我們大馬士革的金屬大餐盤一樣」，能夠聚集熱能，來燃燒木片或融化鉛塊。他較詳細地談到了天文觀測儀器，尤其是對望遠鏡大加讚賞⑬。

其他大使就不那麼感興趣了。對於科學及其裝置的另一種態度，可以拿穆斯塔法·哈第（Mustafa Hatti）額芬迪的使節報告為例。他在一七四八年出使過維也納，當他抵達之後，一行人應邀參觀觀測站，一睹當今科學的精妙。他並沒有受到感動。

「應皇帝之邀，我們參觀了觀測站，見識一些放在那裡的陌生的裝置和奇妙的東西。幾天以後，我們應邀參觀了一棟有七、八層樓高的建築物。在頂樓有個開口的穹頂，我們看到種種的觀測儀器，和觀測太陽、月亮和行星的大大小小望遠鏡。

示範給我們的裝置之一，是這樣的：有兩個緊鄰的房間，其中一間有個轉輪，輪上有兩顆巨大的水晶球。兩球之間接著一根比竿子還細小的管子，並透過一條長鏈，連到另一間房。當轉輪被拉動時，一股強大的力量沿著長鏈進到另一間房，這條鏈子由地面升上來，要是有人碰了它，那股力量會震動他的手指，甚至整個身體。更奇妙的是，如果這個人還牽著另一個人的手，另一人再牽下個人的手，如此接成二、三十人的圓圈，每個人在手指和身體上感到的震動，會和第一個人一樣強烈。我們親自試驗過。既然他們對我們的問題給不出合理的答覆，既然整件事不過是次展示，我們就不覺得有什麼值得再進一步探問的了。

他們展示給我們的另一項裝置，有兩個銅杯，各擺在相距約三厄爾（ell，譯註：三厄爾相當於三公尺）的椅子上。在點燃其中一個杯子時，另一個杯子也會產生同樣的效果，儘管之間有著這樣的距離，它的爆炸力量相當於七、八把火槍。

第三項裝置有幾個小玻璃瓶，那些人拿去敲石頭和木頭，也敲不破。然後他們把打火石的碎粒放入瓶中，這些有著指頭厚度的、禁得起石頭撞擊的瓶子，卻裂解成像麵粉一樣的粉末。當我們問這是怎麼回事時，他們說把被火烘熱的玻璃，直接置入冷水降溫，就會變成這樣。我們認為，這個笨答案屬於他們法蘭克人的花招。另一項裝置是個盒子，裡頭有面鏡子，外邊有兩個木柄。轉動木柄時，盒子裡的紙捲，就捲出了一串紙，每張各顯示著不同的花園、宮殿，及其他畫在上頭的奇景。在展示過這些玩意兒之後，示範的天文學者獲贈了一件作為獎勵的禮服，觀測站的人員得到了禮金。」⑭

大家或許可以懷疑，十八世紀的歐洲紳士和使節，在面對科學的奇妙事物時，會比突厥同仁們來得更有反應。其中的重大區別，就是突厥人的反應，顯示了所屬社會的態度，而歐洲人則不然。

鄂圖曼人也跟其他穆斯林民族一樣，瞧不起位於他們西邊的野蠻的不信道者，但對於他們聰明的發明，鄂圖曼人倒是很樂於學習和利用，在不危害自己生活方式的情況下，用在特定用途上。出使伊斯坦堡的神聖羅馬帝國大使基斯林．德．布斯別克（Ghiselin de Busbecq），在一六五〇年的一封信中，也指出了這點：

「……在採用異族有用的發明方面，沒有哪個民族，抱持著比他們更少的反感了；例如他們為了自己的用途，採用了大大小小的火砲，和我們許多其他的發現。話說回來，他們從來就辦不到，印行書籍和設置公共的時鐘。他們守著他們的聖經，也就是所謂的天經，他們認為要是用印的，就不再是天經了；而要是他們設置了公共鐘，他們認為這樣會減損叫拜人、及其古老教儀的權威性。」⑮

鐘錶的使用和研發

後來，鄂圖曼人在這兩點上讓步了。前面說過，印刷術在十八世紀時，為突厥人和阿拉伯人採用，而引進時鐘的時間則更早，後來甚至還裝設在大帝王清真寺（Great Imperial Mosques）上。

有關計量時間的設施，在伊斯蘭並不新奇。恰恰相反，穆斯林自古就有日晷儀和水鐘，所以他們能在這方面發展出精巧的裝置。鄂圖曼人感興趣的歐洲機械鐘，在時間上很早，即十四世紀的西洋產物。到了十六世紀，歐洲的鐘、錶已在鄂圖曼帝國內流行，當地甚至出現了仿製者。其中一位最有名的是位叫做塔奇．丁（Taqī al-Dīn，一五二五—八五）的敘利亞人，他的論文談到利用重量和發條來傳動的時鐘，著作時間在十六世紀中期，在科學史上具有重要地位。

鄂圖曼帝國內的鐘、錶，不盡然都從歐洲進口。在一六三〇到一七〇〇年間，伊斯坦堡嘎拉塔（Galata）區有過鐘錶匠的行會，其成品的水準，直追瑞士和英國的專業水準。但這些人並非當地的穆斯林，而是歐洲移民。但是到了十七世紀末時，就連他們也經營不下去了。其中有好幾個因素，一是取得必要零件的日漸困難，這一點，更因西洋的政府和製造商的重商政策而惡化，亦即其鐘錶的製造，刻意迎合突厥人的品味和市場。他們的辦法是出口鐘、錶的成品；他們也不再像以前一樣，願意為當地的鐘錶匠提供可替換的零件。另一項因素，自然就是歐洲在擺鐘和發條錶上的持續改良，使得伊斯坦堡的鐘錶匠日漸落後。到了十八世紀初，土耳其的鐘錶製作，已然告一段落。來到土耳其的最後一批西洋鐘錶匠之一，是以撒．盧梭（Isaac Rousseau），即哲學家盧梭的父親，盧梭在《懺悔錄》中指出：「在我唯一的弟弟出生之後，父親就動身前往君士坦丁堡，應聘為宮廷的鐘錶師。」

事有湊巧，伏爾泰也跟土耳其的手錶市場扯上關係。他身為費爾奈（Ferney）莊園的地主，設法幫了自己領地中的人，包括了一批來自日內瓦的、大約五十位的宗教難民。這些人恰好是鐘錶匠，於是伏爾泰開始為他們找新市場。一七七一年，他在一封致（德國）腓特烈大帝的信中指出（譯註：啟蒙時期，腓特烈大帝曾延攬伏爾泰，以提昇國內文化），土耳其是最合乎條件的市場：「他們從日內瓦進口手錶已經有六十年，但他們還沒辦法自行製造，甚至加以調校。」⑯

除了鐘錶以外，能讓某些中東人覺得實用的，還有另一種歐洲產品。地點遠在伊朗，時間早在一四八〇年，某位詩人感嘆年老的開始，指出一些衰老的跡象：

「我的眼睛現在根本就派不上用場，
除非靠法蘭克眼鏡（*Firangī shīsha*）使之變成兩雙。」

這種歐洲製造的眼鏡，在此似乎一直都有少量的進口，相關的購買和使用，有時也會留下紀錄⑰。

開始採行的西法

那種把可能威脅到傳統生活方式的事物排除掉的制度，在防範觀念的滲透上，也相當有效——亦即西洋有關研究、發現、實驗和變革等的觀念，但正是這些觀念，造就了西洋的科學和技術。西方科技的產品，或許會在一定的考量下得到認同；西方科學所達到的知識，在一些情況下會得到採用；但這已經是這類制度的極限。

到了十八世紀，這個問題以迫切的型態出現，當時一連串戰場上的失利，使鄂圖曼的領導菁英認定，帝國的基督徒對手，在作戰技術上多少是佔得優勢，鄂圖曼若想整軍經武，就一定要有所改變。這種感觸，在一七七四年俄國人大敗鄂圖曼人之後，尤其顯示在亞尼克利．阿里（Janikli Ali）帕夏的備忘錄中。他講了兩個自己非常在意的問題：為何曾經如此強盛的帝國，現在變得這麼衰弱？要如何才能重振聲威呢？他指出突厥軍人仍像往常一樣勇敢，人口不曾減少，疆域不曾縮小，而帝國的資源也還是很豐富。然而，以往都是伊斯蘭軍迫使對手撤退，如今卻是對手迫使穆斯林撤退⑱。

帕夏的辦法非常保守，即回歸往常的正路。但當時也有人認為，問題出在西洋的軍事優勢，而辦法則是軍事改革。其中的重要觀點，就是建立現代軍事的培訓中心。

十八世紀時，陸、海軍工程學院的設立，促成了採行西洋科技的（至少）一些觀點。一七三四年設立的（伊斯坦堡）于斯屈達爾工程學院的一位教官，叫做穆罕默德·賽義德（Mehmed Said），為安納托利亞教法說明官之子，據說他設計了兩段式的測砲象限儀（quadrant），提供砲手使用，並有附圖的論文加以解說。當時還有其他人的著作，包括了有關三角學的突厥文論文，根據的顯然是西方的資料，即（十七世紀）偉大的義大利軍人蒙特庫科利（Montecuccoli）伯爵有關軍事科學的知名論文譯本；以及一些醫學著作⑲。

當時創立的第一所陸軍工程學院，遭到禁衛軍的極力反對，並迫使事情停擺。但在軍事上採行西法的宗旨，並未曾放棄。一七七三年，海軍工程學院設立，在這所新學校裡，有許多歐洲教官。學生群似乎以之前被停校的學生為主，以及一些現役軍人。一位促成創校的西洋砲官，還提到過他那「鬍子發白的軍官們」，「六十歲的學生們」⑳。

辦校的經過

這次，保守勢力可關不了這所學校，它反而有所成長，成為陸軍工程和醫學等其他學院，以及由謝利姆三世蘇丹及其繼位者創辦的設施的模範。一位叫吉安巴提斯塔．托德里尼（Gianbatista Toderini）的威尼斯教士，在一七八一到八六年間待過伊斯坦堡，曾詳細描述過這所學校。他看到了許多航海儀器，以及地圖和歐洲航海圖、突厥文版的《小地圖集》、有著突厥文標示的天球儀（學校教授的作品）、「巴黎製的金屬渾天儀、一些阿拉伯文的星盤、一些突厥和法蘭克的日晷儀、由約翰．哈德里（John Hadley，譯註：十八世紀英國數學家、發明家）製作得非常精良的英文八分儀、各種可調校的突厥文羅盤」，和其他航海裝置。

在第二間房間裡，人家向托德里尼展示了「一張亞洲地圖」，印在絲布上，有著「突厥文的大段說法」指出，這是在回曆一一四一年，即西元一七二八到二九年間，由易卜拉欣．穆特斐里卡翻譯的，以及三個不同大小的地球儀，一個來自巴黎、相當精良的經緯儀，古代和當代的測量工具、一個象限儀，以及各種三角法的表格。

托德里尼指出，他看不懂由托特（Tott）引進的、裝卸船上桅杆的機械模型。他在許多歐洲書中，發現了德・拉・朗德（de la Lande）先生的天文學表格，及其突厥文譯本。他對導覽人指出，這些東西不是最近的，並建議他蒐集最新的版本。導覽人也為他展示了，由西書譯過來的有關彈道學的突厥文表格，以及有關星盤、日晷儀、羅盤和幾何學等教學用的手抄本。

托德里尼的導覽人，是學校的主要教官，也是學養豐富的阿爾及利亞人，會講義大利語、法語和西班牙語，並告訴他說，來到伊斯坦堡之前，他還航行過地中海、大西洋、印度海岸，甚至到過美洲。他也是熟練的舵手和領航員，愛好英國的器材和法國的地圖。

根據這位教官所說，該校的學生數超過五十人，都是「海軍軍官和突厥士紳的子弟」，但勤奮向學的只有少數幾位㉑。

在俄國於一七八三年併吞克里米亞之後，大家變得比較用心，這個事件給鄂圖曼人歷來所遭遇到的威脅，增添了迫切性。一七八四年在宰相哈利爾・哈米特（Halil Hamid）帕夏的倡導，和法國使節團的協助下，由兩位法國工程官擔任教官，和亞美尼亞通譯合作，開始了新的培訓計畫。但在一七八七年，鄂圖曼和奧國、俄國之間發生戰爭時，這個計畫就停擺了。法國教官的存在被看成違反了中立，遭到撤職。教官的離開和戰事的持續，阻撓了計畫的推展，直到一七九二年，帝國與敵國簽訂和約時，新的蘇丹謝利姆三世才繼續推廣。蘇丹再度求助於法國，一七九三年秋，他派人送一份需求清單到巴黎，明列了他想延攬的軍官和技師。一七九五年，賴斯·額芬迪·拉提布（Reis Efendi Ratib）寄了份類似的、但較長的清單，給巴黎的公共安全委員會（Committee of Public Safety）。這時已經沒有法國國王，而是共和制，由他們接受委託、派任人員，這些事似乎完全沒有困擾到蘇丹。一七九六年，新的法國大使上任，即奧伯特·杜·巴耶特（Aubert du Bayet）將軍，他是經歷過美國和法國革命的老將，帶著一批法國的軍事專家來到伊斯坦堡㉒（譯註：根據註釋㉒，這位大使生於紐奧良，美國獨立革命期間曾擔任拉法葉〔Lafayette〕將軍的幕僚。他在法國大革命一開始就很活躍，於法國立法機構中擔任格勒諾勃〔Grenoble〕的地方代表）。這次，有好幾所學校興辦了，那些陸軍和海軍軍官，在砲術、防禦工事、航海和輔助科學方面提供訓練。法國軍官在此依約擔任教官，並教授已成為必修科目的法文。培訓用的圖書室，有著四百本左右的歐洲書，其中多半為法文。其中還有一部《大百科全書》（*Grande Encyclopédie*）。

在美國獨立革命和拿破崙戰爭期間，這些學校再度陷入困境，有些因為反動勢力而停校。當馬哈茂德二世（Mahmud II）於一八二六年開始改革時，只剩下兩所，亦即陸軍和海軍工程學院。在新的學校成立、加入之後，使這兩所學校有了新氣象，值得注意的有一八二七年的醫學院，和一八三四年的軍事科學學校，該校有心成為鄂圖曼的桑德赫斯特（Sandhurst，譯註：知名的英國陸軍軍官學校），或聖西爾學院（Saint Cyr，譯註：法國軍校，全名為聖西爾特種軍事學院）。在所有這些學校裡，洋人很受重視，而外語，通常為法語知識，成為學生們必備的條件。

譯介西學的兩位學者

就穆斯林而言，熟悉歐語確實是迫切的任務——學習西洋的科學，翻譯或撰寫土耳其文教科書等等，若要為土耳其語文增添所需的現代科技語彙，這些都是必備的條件。

在這方面，有兩人扮演了重要角色，一位是阿陶拉．穆罕默德（Ataullah Mehmed），一般稱為夏尼查德（Şanizade，一七六九—一八二六），自一八一九年到歸真這段期間，擔任帝國史家的職務。他雖是學者世家出身，卻精通至少一種歐語，並研究過歐洲醫學和其他科學。除了在職期間的官方史之外，他最重要的作品，是一本奧國醫學教科書的譯本，這有可能是由義大利文版本轉譯的。夏尼查德在書中加進了自己有關生理學和解剖學的見解，後來，在另一本奧國醫書的譯本裡，則加進了有關接種疫苗的知識。這本土耳其文教科書的出現，在土耳其醫學界標誌著新時代的開始。到目前為止，儘管有時例外地採行了西法，但鄂圖曼醫學界所遵循的，主要還是古典伊斯蘭和古希臘傳統，即蓋倫和阿維森納的醫學，哲學和科學則遵照亞里斯多德和托勒密的路線，宗教則重視先知、《古蘭經》和一般傳統。對鄂圖曼人而言，不管是帕拉切爾蘇斯、哥白尼、開普勒，或是伽利略的發現，都不過像路德或喀爾文的新教義一樣的陌生、無關緊要。

如今是史無前例地，夏尼查德在土耳其的語文裡，創立了現代醫學的語彙（直到近年來，這在語言革新運動中還很有用），也給土耳其的醫學生提供了一本綜合現代醫學的教科書，成為全新的醫學資料和實踐的起跑點。

赫亞．易斯哈格額芬迪（Hoja Ishak，一八三四年歸真）給數學和物理學帶來的貢獻，就相當於夏尼查德為醫學所做的。身為猶太裔希臘人，他曾改宗伊斯蘭，在軍事工程學院擔任教職，後來成為主要教官。據說他精通的語文有法文、拉丁文、希臘文、希伯來文以及土耳其文，還有兩種古典伊斯蘭語文，即波斯文和阿拉伯文。他有很多作品，多半是譯本，最重要的，是四卷有關數學和物理科學的概要，他首度為土耳其學生提供了西洋有關這方面的知識之梗概。他也像夏尼查德一樣，不得不創造新字，在十九世紀土耳其的科學詞彙中，他是主要的造字者，直到共和國在進行語言革新時還很受用。就像歐洲文人使用拉丁文和希臘文一樣，當時的鄂圖曼學者以阿拉伯文為主，波斯文為輔，來創造新的用語，其中有些詞彙在現代阿拉伯國家中還在使用。赫亞·易斯哈格額芬迪的其他著作，主要在軍事科學和工程方面㉓。

隨著這兩人譯述的出版，新成立的學校也都把它們用做教科書。最重要的是，派到歐洲學科學的留學生人數逐漸增加，而以往的科學如醫學、數學、物理學和化學則告一段落。這些舊式科學在伊斯蘭的偏遠國家中，還維持了一段時間，但自此之後，所謂科學指的就是現代的西洋科學，再沒別的定義了。

10

文化生活

Cultural Life

鄂圖曼藝術之受影響

在伊斯坦堡的大市集入口旁，就坐落著努魯斯曼尼葉（Nuruosmaniye）清真寺，它落成於一七五五年，由建築師伽勒比．穆斯塔法（Çelebi Mustafa）和基督徒工匠師傅西蒙（Simon）監造，它標誌著伊斯蘭文化革新的轉捩點。清真寺的穹頂和側邊，有著穆罕默德大帝以來的大帝王清真寺的傳統，為伊斯坦堡都城生色不少。但在一些細部上，卻有著明顯的變化，反映了義大利巴洛克裝飾風格的影響①。

在早期帝王宮殿（Imperial Palace）的裝飾上，已可看出這類的影響。帝王清真寺的建築，顯示了鄂圖曼伊斯蘭的重要事物受到歐洲的影響——基督教對手重挫鄂圖曼國之後，鄂圖曼人的自信開始動搖。這種缺乏自信的感受，也發生在鄂圖曼大使穆罕默德額芬迪，在巴黎看到特里阿農（Trianon）宮時的感嘆：「這個世界是信道者的牢籠，不信道者的樂園。」②

第一波文化影響的徵兆，見於十八世紀前半、努魯斯曼尼葉清真寺的巴洛克裝飾風格，即鄂圖曼史上所謂的鬱金香時期（*Lale Devri*, the Age of Tulips）。該時期始於一七一八年，與奧國簽訂帕薩洛維其和約期間，名稱則來自當時，鄂圖曼社會陷入對鬱金香的熱愛。這是段和平時期。阿赫默德三世蘇丹和宰相達馬德・易卜拉欣（Damad Ibrahim）帕夏，密切注意著帝國北方新的威脅，並藉著簽訂和約而得以安定好一段日子。他們在這段期間內有兩個目標——避免戰爭和尋求友邦。一六九九年，卡爾洛維茨和約的交涉，也是其中的辦法。在中、東歐鄰邦的威脅下，他們朝著西歐尋求支持，首度開始形成較密切的關係。

在鄂圖曼史上，該時期被視為和平、文化發達和採行新法的時期。可想而知，鄂圖曼人首度取用外來資源，以豐富自己的文化，並推行了翻譯計畫，將一些主要的阿拉伯和波斯典籍譯成突厥文。

對幾種歐洲藝術的觀感

其中更為明顯的，是興趣延伸到了西洋的著作。之前幾年，也就是一七一六年，宰相達馬德・阿里帕夏戰死在（南斯拉夫）彼得瓦甸（Peterwardein）戰役中，留下了可觀的藏書。帝國教法說明官阿布・易斯哈格・易司瑪儀（Abu Ishak Ismail）額芬迪發佈一項法令，禁止這批藏書成為宗教贈書（*waqf*），因為裡頭包含了有關哲學、歷史、天文和詩學（有些可能還是歐語）的書。於是，這些書就進了帝王宮殿③。

這種對西學的興趣，仍是有所局限、偏重實用的。興趣的用意在於鞏固帝國，有效對抗外敵。這種由西洋找來的指南，或確切地說是資訊，以軍事為主，並以可能有關的政治事務為輔。但到後來，就延伸到軍事、政治之外的事情。例如穆罕默德額芬迪於一七二一年前往法國時，上頭指示他「探訪堡壘和工廠，對其開化與教育的手段進行通盤研究，並提出加以應用的辦法」④。

穆罕默德額芬迪的出使，在雙方的文化和社會生活上造成一些波動。在巴黎突厥大使及其服飾的出現，引發了一陣土耳其風（*turquerie*），吹到婦女的服飾、建築和音樂上頭，大使訪問的其他歐洲首都，也有類似的現象。法國的時尚在伊斯坦堡造成的波動，就小了許多。其影響主要見於，鬱金香時期的君臣們所建造的宮殿，尤其是庭園。穆罕默德額芬迪在使節報告中，詳談了凡爾賽和其他地方的庭園造景，這些是他讚賞不已的事物⑤。一般的法式庭園，有著大理石的水池，以及以對稱方式設置的步道和花圃，其影響相當明顯。土耳其宮殿也引進了前所未見的西式家具，看來主要是提供西方的貴賓使用。

穆罕默德額芬迪對這些事物的感觸，頗具啟發性：

「當地人的風俗，是國王送給大使們自己的肖像，邊框鑲有鑽石，但由於穆斯林不許持有圖畫，我獲贈的是一條鑲鑽的腰帶、兩條巴黎毛皮地毯、一面大鏡子、一支長槍和幾支手槍、一個鑲黃銅的珠寶盒、鑲黃銅的桌鐘、兩支有著鑲黃銅把手的厚重瓷瓶，和一個糖缽。」⑥

穆罕默德額芬迪明顯反對肖像畫，或至少希望被看成反對。他對圖畫的缺少興趣，可以從有關的簡短記敘得到證實，人家在宮中為他展示了一批圖畫：

「然後我們開始細看，會議室中所懸掛的那些美妙的圖畫，國王親自為我們解說畫中的人們是誰。」⑦

相反地，有關掛氈這個主題，他倒是滔滔不絕：

「有個專門為國王製作掛氈的工房……由於知道有大使要來，他們已經把所有掛氈掛好在牆上。這個工房很大，掛在牆上的，應該超過了一百件。在看到這些掛氈時，我們一直讚不絕口。例如上頭的繡花，簡直栩栩如生。裡頭的人物，他們的眉毛、睫毛，尤其是頭髮和鬍子，做工極為生動自然，就連摩尼（Mani）或貝赫札德（Behzad），畫在最細緻的宣紙上，也達不到這種境界。有人顯示著喜悅，有人表現著哀愁。有人嚇得發抖，有人哭泣著，有人像生了病。每個人的心境都被刻畫得一目了然。這些作品的美，實在難以形容、超乎想像。」⑧（譯註：根據註釋⑧，貝赫札德是知名的波斯畫家；摩尼為波斯摩尼教的創始人，在穆斯林民間傳說中是位大畫家）

穆罕默德額芬迪對寫實的藝術，甚至對十八世紀歐洲寫實藝術的觀感，是震撼人心、富有教益的，就像他對肖像畫和掛氈各有不同的觀感一般。掛在牆上的油畫，新奇而陌生，完全超乎他的經驗範圍。掛氈（他稱之為*kilim*）則是熟悉的藝術型態，從而較易了解。這種差異，從他對兩者的不同反應可以得知。

採納肖像畫的經過

但話說回來，歐洲的繪畫，尤其是肖像畫，對穆斯林東方而言是全然陌生的。如巴耶塞特二世蘇丹留意達文西的作品，就是個佐證。與其說達文西被看成藝術家，不如說被看成工程師，因為蘇丹想建造一條跨越金角灣的大橋（Golden Horn，譯註：屬於伊斯坦堡的港灣，即博斯普魯斯海峽南口西岸土耳其歐洲部分的細長海灣）。這個計畫後來不了了之，但在鄂圖曼時代，到伊斯坦堡和其他城市的歐洲畫家日漸增多。

在照相術的時代之前，歐洲的大使和負擔得起的遊客，總有畫家隨行。這似乎是個有益於歐洲壁畫（wall paintings）的市場，尤其是在記錄東方見聞用的書本插圖和印刷品方面。

西洋畫家的存在，並非完全不受突厥人的注意。在蘇丹拿下君士坦丁堡之後，（十五世紀）義大利畫家簡提列．貝利尼（Gentile Bellini）來過這裡（伊斯坦堡），甚至畫過一幅蘇丹的肖像。據說他是在蘇丹的請託之下，由威尼斯總督派來的。穆罕默德二世蘇丹歸真後，他那虔誠的兒子兼繼位者巴耶塞特二世，尤其排斥繪畫和肖像，中斷了先父的這種收藏，將之賣到市場，該肖像為威尼斯商人購得，後來輾轉來到了倫敦的國家藝廊（National Gallery）⑨。

在伊斯蘭世界中，肖像確實是新奇的事物。伊斯蘭的教法，一直被詮釋為禁止描繪人的形象。這道戒律尤其適用於雕像，要到十九世紀後半，這種藝術才開始滲透到伊斯蘭世界，但一直遭到國粹派的反對。不過平面的繪畫仍很盛行，尤其在波斯和土耳其國家。這在兩個重要方面上，有別於西洋的繪畫。一方面，它主要局限在書本插圖和細密畫，有時也局限在壁畫。這種西法，要到十九世紀後半才為穆斯林採用。另一方面，在西洋繪畫中的人物，多半是具歷史性和文學性的。在古典伊斯蘭藝術中，確實有過肖像畫，但卻極為稀少，向來遭到強烈的反對。

鄂圖曼的蘇丹和畫家採用肖像畫，是歐洲初期影響力的重要表徵。穆罕默德大帝的繼位者，雖然沒有加以延續，但到了十六世紀，肖像畫形成了風氣。一五七九年，有部作品甚至包括了鄂圖曼蘇丹的肖像集。畫冊的編者，是官方史家賽義德·洛克曼（Seyyid Lokman），畫家是鄂圖曼宮廷畫家納卡須·奧斯曼（NakkaŞ Osman）；他畫下了截至當時為止的十二位鄂圖曼蘇丹。洛克曼在他的介紹中指出，要找出初期蘇丹的畫像，有過一些困難，他和他的同事求助過「法蘭克畫家」的作品。所參考的畫像，可能多半來自想像，並取材自那些有關鄂圖曼帝國的當代歐洲書籍。在力求把肖像畫得精準，和刻劃每位蘇丹的服飾上，可以看出類似的影響⑩。這個畫冊的普及度，可以從大量留存至今的副本，以及後來類似的皇室肖像集的出現，加以佐證。

到了十七世紀和十八世紀初，蘇丹和達官貴人們似乎都樂於留下畫像。當時頂尖的歐洲畫家讓—巴普提斯特・凡莫爾（Jean-Baptiste Vanmour，一六七一—一七三七），在土耳其待了將近三十年。另一位是安東尼・德・法福來（Antoine de Favray，一七〇六—九二？），為馬爾他島騎士，以法國大使陪客的身分，在伊斯坦堡待了段時間。其中有許多畫家，把蘇丹或宰相找給外國大使的陪客們也畫了下來，他們大概也收到了後者的酬勞。凡莫爾也給歐洲市場提供了印刷品，包括了蘇丹、宰相和許多顯貴的畫像，只是不清楚這是否引起過非議。至於西方畫家的這些畫像，有些確實拿到了酬勞，這可以從托普卡珀宮的典藏得到證實⑪。

但還有比伊斯蘭世界的洋畫家更令人好奇的，是伊斯蘭畫界本身的變化。穆罕默德大帝有兩幅肖像畫，目前還保存在伊斯坦堡的宮殿中，似乎是突厥畫家受義大利風影響下的作品。畫風還是以伊斯蘭為主，但顯然有西洋的影響，尤其在陰影的使用上。其中一位就是鄂圖曼首屈一指的畫家錫南（Sinan），據說他曾經做過一位叫做保利（Paoli）的威尼斯畫家的學徒。

西畫的流行和影響

到了十八世紀，尤其是該世紀末，西洋在突厥藝術的影響上越來越明顯。其中一項因素，自然是鄂圖曼宮廷延聘的洋畫家。其中有位波蘭畫家，叫做梅克第（Mecti），還改宗了伊斯蘭。一七八一到八五年間，某位歐洲訪客在宮中，看到了好幾幅由一位叫做拉菲爾（Raphael）的亞美尼亞畫家的作品（譯註：不是那個知名的、文藝復興時〔十五、十六世紀〕的義大利畫家）。到了十八世紀末，古老的繪畫傳統式微，連突厥文學作品的插畫，也首重西方的畫技。突厥繪畫的西化，比文學、甚至音樂受到的西方影響還要長久⑫。

西洋藝術的影響，不只局限在土耳其，也可見之於伊朗和更東方的國度。伊斯蘭繪畫界的頂尖人物之一，是畫家貝赫札德（Behzād），他的全盛期在十五世紀末、十六世紀初。他培養的學生遵行他的畫法，形成了知名的（阿富汗）赫拉特（Herat）

畫派。該畫派有許多畫作，包括了一些與貝赫札德本人關係良好的顯貴人物的畫像。在初期，這種畫像非常少，這樣的肖像畫，顯然受到歐洲繪畫技法和構圖的影響。這股影響力似乎已由土耳其流傳至伊朗，早在十六世紀初，就有波斯畫家以貝利尼的畫作作為藍本的仿作。這幅仿作曾被研判為貝赫札德的作品，但這個說法並沒有受到公認。重點是，貝利尼的突厥畫作不只廣為人知，而且還有波斯畫家在臨摹。

薩非（Safavid）王朝於一五〇二年在伊朗開朝之後，與鄂圖曼和西歐往來密切，從此，許多人開始來到伊朗的港都和其他城市⑬。王朝初期的一位沙王塔赫馬斯普（Tahmāsp），尤其愛好繪畫，延聘了知名的貝赫札德，來掌管大不里士（Tabriz）的御用畫坊，直到畫家於一五三七年歸真為止。在當時，外銷歐洲的絲織品和織錦是波斯國的重要外匯之一，沙王們都盡其所能發展這項貿易。阿拔斯一世遷都至（伊朗）伊斯法罕（Isfahan）後，授權給當地的天主教機構，促進了對歐的外交和通商關係。阿拔斯也很用心美化和改善這座城市。義大利人彼得羅．狄拉．瓦勒（Pietro della Valle）來到伊斯法罕，覲見了沙王。彼得羅帶著幾分鄙視，談到了波斯的細密畫（miniature，譯註：精印插圖本或彩色手稿本上的插畫，也畫在許多材料上，如象牙、金屬、羊皮紙等等）。但他指出，義大利的畫作在伊斯法罕可以買到，這是威尼斯商人開的店，生意很興隆。沙王本人到過這家店，「擺滿了各種繪畫、鏡子和其他義大利珍品」。沙王盛情款待了威尼斯商人斯居登多利（Scudendoli），並向隨行的印度大使展示這些圖畫——類似這些親王畫像的貨色，在羅馬的那沃納廣場（Piazza Navona）只賣一克朗（crown），「但帶到這裡，可賣十西昆（sequin）」——並任由他挑他想要的⑭。有關歐洲繪畫的影響的另一份史料，來自一位西班牙大使唐·加西亞·德·西爾法·費桂羅亞（Don Garcia de Silva Figueroa），他是西班牙國王菲利普三世（Philip III）於一六一七年派到沙王那兒的。他在描述他所參訪的小型皇家藝廊時，指出：「這裡的圖畫，比在波斯一般所看到的精緻得許多……我們得知畫家……叫做朱勒斯（Jules），生於希臘，在義大利長大，並在此學藝……顯而易見，這是歐洲人的作品，因為從中很容易看出義大利畫風……」⑮

阿拔斯沙王於一六二九年歸真，但繼位者們對西洋繪畫仍保持一定的興趣。尤其是阿拔斯二世，對此有著特別的愛好，他延攬了義大利和荷蘭畫家來到伊斯法罕。由於為王室所喜愛，他們大大影響了細密畫的後續發展。據說，沙王本人還曾向兩位荷蘭畫家學畫。

對歐接觸的逐漸增加，尤其是對威尼斯和低地國的接觸，助長了歐洲繪畫的影響。伊朗當地的重要歐洲族群，和該國對歐的經常性交通運輸的設施，促成了許多洋畫家的到來，並居留伊朗一段時間，因而提供了伊朗畫家參考和見習的機會。這個影響見之於伊斯法罕一些宮廷的許多壁畫，它們描繪了宮廷的場合和人物，甚至在細密畫中也可以見到。

西式的模範、甚至訓練的影響，在波斯細密畫的發展上，隨即變得明顯起來。裝飾風格退居到背景，配角們逐漸消失。主角一下變得更為凸顯、更為悅目，他那理想化的、精密定型化的特色，融入了人的輪廓中。畫家在肖像畫中發現不少好處，即光線和陰影的搭配，以及寫實的筆觸。十七世紀，波斯繪畫界吹起新的寫實風，十八世紀時更為盛行，到了十九世紀初成為主流。

伊朗和印度的採用情形

就像在土耳其一樣，幾位知名的歐洲畫家長久居留在伊朗，有些人是為沙王工作的。更值得注意的舉動，是阿拔斯二世派了位波斯畫家到義大利進修。他叫做穆罕默德．札曼（Muhammad Zamān），曾待在羅馬學習當代的畫技。據說他改宗了天主教，有時被史書以穆罕默德．保祿．札曼（Muhammad Paolo Zamān）的名字提及。當時也有好幾位波斯畫家受過歐洲的影響，甚或訓練——即使不是到歐洲，至少也是透過伊朗的歐洲畫家⑯。

同樣的過程見之於印度。蒙兀兒的幾位皇帝，是藝術的大贊助者，對於歐洲人帶來的新技法很感興趣，也開始有所影響。早在一五八八年，印度畫家為皇帝阿克巴（Akbar），以有關基督宗教的繪畫，製作了一本畫冊。根據歐洲訪客的傳聞，他的繼位者賈汗季（Jahāngīr），曾把歐洲畫作懸掛在宮中的牆上。歐洲畫風給印度帶來的影響，還強過對波斯的影響。印度不像伊朗，伊朗具排他性的文化傳統維持了千百年，而印度這個國家，具有宗教和文化的多元性。印度的畫家熟悉印度教以及伊斯蘭的藝術傳統，而且還懂得雕塑，這是其他穆斯林國家所沒有的。所有這些因素，促成了他們更容易接受和吸收歐洲藝術。但令人玩味的是，伊朗和印度似乎都不習於採納西洋繪畫實質的技法。例如居歐洲領銜地位的油畫，就沒有得到這兩國畫家的採用，他們偏好古老傳統的工具和材料。

穆斯林繪畫中的人像

其中一項有趣的特色，是伊斯蘭畫家描繪的西方男士和女士，這是後來才有的發展。例如在整個十字軍東征期間，描繪十字軍的圖畫，只有一幅保存下來。這是來自埃及的伏斯泰特（Fusṭāṭ）一幅畫在紙上的圖畫，製作於十二世紀期間。它描繪了一場城牆下的戰鬥，顯示了一位帶圓盾的戰士（所以應該是穆斯林），正和至少四位敵手搏鬥，從方形的盾牌來看，很可能是諾曼人⑰。

十三、十四世紀期間，蒙古人和歐洲人的接觸，留下了一些藝術以及文學的史料。在拉希德．丁法蘭克史的一些手抄本中，有很多皇帝和教皇的畫像。這些不消說全然是想像的，畫中的人物不管是服飾、姿態甚至外貌，都顯示了中國—蒙古的影響。但其中顯然也有中世紀歐洲服飾、尤其是官服的元素。這就顯示，波斯畫家看過歐洲人，甚至他們的圖畫⑱。歐洲畫像的影響，也見之於十三、十四世紀，在伊拉克和伊朗西部製作的一些手抄本插圖。

穆斯林畫家對在黎凡特和北非歐洲人的活動的留意程度，甚至還少於穆斯林文人。史上第二度描繪歐洲訪客，是在十六世紀末、十七世紀初的伊朗。伊斯法罕的兩個宮，即十六世紀末的離宮四十柱廳（Chihil Sutūn，即四十根柱），和十七世紀初的阿利卡普宮（`Alī Qāpū），兩者都是伊朗沙王們用來接待外賓的會場。這兩棟建築的牆上有許多畫作，包括了許多到此一遊的不同外賓的畫像。就像印度人的題材一樣，其中也包含了不少歐洲人，著裝以西班牙和葡萄牙為主。在同一時期，波斯的細密畫中也有類似的呈現。

待在蒙兀兒印度的洋人，也給印度和穆斯林繪畫帶來一些衝擊。許多遺留下來的細密畫，主要描繪了歐洲男士，有時是女士。其中還不乏知名的人士，如英國特使托馬斯．羅（Thomas Roe）爵士，出現在賈汗季皇帝繼位（一六〇五—二七）之前；以及兩位英國東印度公司的主管，知名的華倫．黑斯廷斯（Warren Hastings）著歐洲官服，和理查．約翰生（Richard Johnson）身穿紅外套、手捧三角帽坐在椅子上，後頭站著一位撐陽傘的僕役。

若從藝術的觀點來看，其中最有趣的，應該是突厥畫家阿布度列利爾．伽勒比（Abdūljelil Çelebi），一般稱為萊夫尼（Levni）的畫作。他是土生土長的埃迪爾內人，後來成為伊斯坦堡的「畫社」（NakiŞhane）的學徒。他起初擔任花飾畫家時，就其現存的作品來看，就連在這個傳統領域，也顯示了西洋洛可可風的影響。後來他開始有畫作，並被穆斯塔法二世（Mustafa II，一六九五—一七〇三在位）和阿赫默德三世（Ahmed III，一七〇三—三〇在位）任命為宮廷畫家⑲。萊夫尼製作畫冊、手抄本插畫和許多個人畫作。除了畫像之外，他也描繪宮廷的婚喪喜慶。其中有些人是外國大使，容易辨認的事實是，他們著歐洲服飾，且坐在椅子上，身邊還帶著通譯和隨扈，不同於在場其他人。另外值得注意的，是兩幅以年輕歐洲紳士為題的、英俊瀟灑的畫像。後來，有一本突厥畫冊，作畫時間約在一七九三年之後，其中涵蓋了不同國籍的歐洲貴婦和紳士的畫像，顯示了歐風的強烈影響，代表著歐人各自的時尚。不過所描繪的服飾，除了法國貴婦所戴的三色帽之外，都是之前一百年（即十七世紀）的流行樣式⑳。

西洋藝術的影響層面

歐洲藝術的影響不僅可見於繪畫，在更大程度上，或許還可見之於建築裝飾風格。在土耳其和伊朗兩國，壁畫似乎逐漸取代了傳統樣式的圖案花邊。壁畫是直接畫在灰泥牆上，通常還有巴洛克圖案的邊框。在伊朗，所描繪的一般是宮廷的場合和人物。在土耳其，所描繪的多半是風景，通常是伊斯坦堡城的景象，但也包含了其他地方和各座清真寺的景致。不管是肖像畫或風景畫，對伊斯蘭傳統來說都是新的，從而凸顯了歐式風格和品味重大的入侵。就鄂圖曼畫家而言，風景畫的採行西法，早於肖像畫。鄂圖曼繪畫自有其「風景（topographical）畫」的傳統，但這種風景和建築物的描繪，並沒有像描繪人的外貌一樣，引發宗教和道德上的疑難㉑。基於同樣的因素，就算歐洲的繪畫和建築在此曾經盛極一時，但在雕塑和浮雕方面，仍存在著極大的阻力。

出現在土耳其、伊朗和穆斯林印度的繪畫新趨勢，在阿拉伯國家中找不到平行現象，在此，細密畫早在中世紀就式微了；而建築呢，除了非洲西部的偏僻國家之外，一般只成為鄂圖曼風格的拙劣仿作。要等到十九世紀後半，西洋的繪畫和建築才在埃及，以及之後的其他阿拉伯國家產生若干影響。

對西方音樂的幾種感受

乍看之下，異族文化的音樂，大概比它的繪畫更難以滲透進來。西洋人對亞、非洲美術的興趣，遠遠大過其對音樂的興趣。同理，在穆斯林聽懂西方音樂之前，他們早就能夠欣賞、甚至製作具有西式風格的美術品。但不可諱言，直到相當晚近的時代，這兩種藝術的興趣和影響力都微乎其微。初期到過歐洲的穆斯林，很少提到他們聽了什麼音樂。易卜拉欣，伊本．葉爾孤白在談到什列斯威時，曾指出：

「就我所聽過的，沒有比什列斯威人唱得更難聽的了，那是種由喉嚨發出的唱腔，像是狗的吠叫，但更多點野獸味。」㉒

幾百年後，鄂圖曼的艾佛利亞．伽勒比去過維也納，講得稍微厚道了點。他談到他們的管弦樂，指出，這種音樂聲不同於土耳其樂器的樂音，但卻是「非常迷人、溫暖且沁人心脾的樂聲」㉓。對於維也納兒童合唱團的表演，他也有高度的讚賞。

除了簡短談到一家圖書館之外，這算是點到了歐洲文化生活的特色。穆罕默德額芬迪在逗留巴黎期間，認真地去聽歌劇，但與其說他把它看成音樂演出，不如說是一場奇觀：

「巴黎有種特殊的消遣，叫做歌劇，展示著種種驚奇。這裡總有大批觀眾，因為顯貴們都會來這裡。攝政王常去，國王有時候去，所以我也決定去走走（譯註：時值法國十八世紀二〇年代的攝政時期）……每個人照著階級入座，我坐在國王旁邊，座位鋪著紅色天鵝絨。那天攝政王也去了。我說不準到底來了多少男士和女士……

這個場地很豪華：樓梯、柱子、天花板和牆壁都是鍍金的。這種金碧輝煌，加上貴婦們金色服裝的閃閃動人，及其身上配戴的金銀珠寶，再襯托以數百支燭火的光芒，營造出美不勝收的效果。

相對於這些美景，樂手那一區隔著一道花紋布幕，等大家都就座時，布幕才拉起，出現了座宮殿，戲子們身穿戲服，約有二十位美若天仙的姑娘，身穿黃金滾邊的裙子，在劇院裡發散出新的光輝。樂聲奏起，接著是一段

舞蹈，於是歌劇就開始了……」㉔

大使接著講了歌劇的情節，描述了舞台的布景和演員的服裝。他指出，歌劇的導演是個重要人物，以及歌劇是一門昂貴的藝術。

摩洛哥大使加撒尼談了些西班牙的音樂，提到在該國使用的三種樂器。最普遍的是豎琴（*arba*），他認為「懂得彈奏的人，能讓它發出悅耳的聲響」，且可以在教會、節慶和當地一般家庭中看到。西班牙人有種樂器，叫做「吉他」，類似魯特琴（lute）。幾句話之後，在談到教會及其活動時，他談到第三種樂器，即管風琴——「一種大型樂器，有著風箱和鍍鉛的大音管，能發出出色的樂音」。訪問時間在一六九〇年，這些顯然就已是大使在談到西班牙音樂時所能發現到的㉕。大約九十年之後，鄂圖曼使節瓦須夫來到西班牙，能談的就更少了。他表示，他從土耳其帶過去的樂手和歌者，大獲西班牙人的讚賞。他對他們的東西則沒有好評：「在國王的吩咐下，所有的大人物都請我們去吃飯，他們的音樂之無聊，讓我們大受折騰。」㉖

西式樂隊之成立

由於古典伊斯蘭音樂幾乎都是口耳相傳，有關十七、十八世紀的音樂，就少了可資判斷的紀錄，不知其是否受過歐洲音樂的影響。史上首度認同西方音樂的官方活動，出現在一八二六年禁衛軍的改組之後。有心採行西法的蘇丹，解散了知名的禁衛軍（*mehter*），成立了西式的鼓號樂隊，學習簧管、小號、鈸和定音鼓等樂器。

一八二七年陸軍指揮官（Serasker）穆罕默德．霍斯瑞夫（Mehmed Hosrev）帕夏，拜託來到伊斯坦堡的薩丁尼亞大臣，幫他取得薩丁尼亞軍樂隊所使用的一批樂器。他也商請借調一位樂隊指揮，來培訓第一批樂手。雙方高層達成協議之後，作曲家蓋塔諾．董尼采第（Gaetano Donizetti）的弟弟丘塞培．董尼采第（Giuseppe Donizetti），便被派到伊斯坦堡來指揮（或指導）帝國樂隊，後來還全權負責帝國音樂學校，以提供具有鼓號樂素養的新式軍隊。當時的歐洲貴賓，描述了這些措施。一位同行的義大利人指出：「不到一年的功夫，許多之前不曾聽過西樂的年輕人，經過（義大利）貝爾加莫（Bergamo）的董尼采第教授的訓練，竟然成立了一支相當完整的軍樂

隊，每位隊員都能自由地讀譜、流利地演奏。」㉗

在一本一八三二年出版的書中，一位英國貴賓談到了對這個樂隊的印象：

「先是有關一批希臘船夫的歌曲，打開了大家的胃口，接著就輪到軍樂隊的旋律，這一下就把我帶到博斯普魯斯的海岸，我們聽到（十九世紀義大利作曲家）羅西尼的音樂，這種演奏方式要相當歸功於董尼采第教授（義大利皮埃蒙特人〔Piedmontese〕）。我們站起來，往下走到樂隊演奏的豪華檯面。樂手們年紀之輕，讓我感到驚訝……更驚訝的是，他們竟然是皇家的侍從，所以是專為蘇丹的消遣而訓練的。董尼采第告訴我，他們之擅長學習，即使在義大利，這也是令人矚目的，顯示突厥人天生的音樂素養；不過這些年輕貴族沒有時間練到純熟，因為他們還有其他的使命。他們身為帝國未來的棟樑，在結束有關的騎術、《古蘭經》和音樂的培訓之後，就準備侍在重要的職位；所以我在看著他們時，心裡想著，或許一個月後，長笛手就成了一艘快船的船長，敲大鼓的成了要塞指揮官，吹軍號的成了騎兵團團長……」

董尼采第升了官（*miralay*），並成了帕夏。據說，後來他為了阿布杜．哈米德二世（Abd al-Hamid II）蘇丹的娛樂，還訓練了由後宮嬪妃組成的管弦樂隊㉘。

儘管有這項和之後各項的措施，伊斯蘭世界對西方音樂的接受度，進展得還是很緩慢。雖然一些來自穆斯林國家，尤其是土耳其有天分的作曲家和演奏家，在西洋世界大獲成功，但他們那種音樂，在家鄉獲得的迴響還是很小。音樂就像科學，屬於西方文化的最後庇護所，也是外人必須用心參透的奧妙之一。

有關鬥牛和戲劇

另外還有個大場面，是很難當作外國人的消遣娛樂的——西班牙的鬥牛。摩洛哥大使加撒尼留下了一段記敘，當時鬥牛士顯然還是個尊貴的象徵，而非平庸的職業：

「他們的習俗之一，就是在五月中旬，選出強壯、好鬥的公牛，將之帶到掛著各色絲布和織錦的廣場上。他們坐在廣場周圍的陽台上觀賞，將鬥牛逐一放到廣場的中央，接著，有心展示自己的勇氣的人，騎著馬、握著劍過來和公牛挑戰。有的人丟了性命，有的人殺死了牛。場上有國王專屬的位子，他帶著王后和所有隨從出席。三教九流的人都來到窗戶旁，而這一天或某個慶典期間的租金，卻相當於一年的年租……」㉙

之後，待過西班牙的摩洛哥大使葛札爾（al-Ghazzāl），則大不以為然：

「如果一定要對此有所答覆的話，我們會基於禮貌，說我們喜歡他們的活動，但其實我們並不這麼想，不管是依真主的教法，或是照自然的規律，虐殺動物都是不允許的……」㉚

另一種大場面較受歡迎。例如，在一七四八年訪問過維也納的哈第（Hatti）額芬迪，他就指出：

「他們在維也納有個劇院，高四、五層樓，上演他們的戲碼，他們稱為喜劇和歌劇。男男女女除了到教會聚會之外，幾乎每天都聚集在那兒，皇帝和皇后本人也經常來到他們的包廂。最美的德國姑娘和最俊的年輕男子，身穿金黃色的服裝，演出各式舞蹈和精彩的戲碼；他們的腳頓踏著舞台，營造出奇特的場面。他們有時演出取材自《亞歷山大之書》（譯註：Book of Alexander，十二、十三世紀波斯文豪內札米〔Nizami Ganjavi〕取材自希臘時代亞力山大大帝的史詩）的史事，有時是愛情故事。在天雷勾動地火之後，是恆久忍耐但平靜祥和的安樂窩。」㉛

這種隨性的參觀所帶來的感觸，比不上猶太移民所造成的影響來得直接。早在十六、十七世紀，他們在土耳其已有嘆為觀止的戲劇演出。在他們之後，才有希臘、亞美尼亞，甚至吉普賽的巡迴劇團。猶太人、尤其是剛從歐洲過來的猶太人，在介紹戲劇之驚奇給土耳其和安排第一波演出上，似乎扮演了很重要的角色。訓練出第一批（以吉普賽人為主的）穆斯林演員的，就是他們。在穆拉德四世（Murad IV）蘇丹在位期間（一六二三—四〇年），年輕的吉普賽人被安排在每星期四於宮中演出，影響所及，大大促進了突厥民俗藝術 *orta oyunu* 的發展。這是種多半是即興的、具戲劇性的流行表演方式，有點像是義大利的即興喜劇（*Commedia dell'Arte*）。類似的戲碼之一，被描繪在一幅細密畫中，保存在阿赫默德一世（Ahmed I，一五九五—一六〇三年在位）蘇丹的畫冊裡。突厥的 *orta oyunu* 有好幾種來源：滑稽劇的古老傳統、西班牙猶太人引進的新表演方式，以及後來義大利戲劇的典範等等。透過住在伊斯坦堡的歐洲僑民，和對歐的、尤其是對義大利的接觸而逐漸出名，後來甚至到了這樣的地步：有些歐洲劇作，必須透過這種方式才能走紅。例如要像《奧瑟羅》的題材，這對穆斯林觀眾而言是淺顯易懂的，因而形成了受歡迎且普及的 *orta oyunu* 的基礎㉜。

像這種具有戲劇張力的大眾戲碼，從土耳其向東流行到伊朗。在十八世紀末、十九世紀初，這裡首度上演了一齣宗教劇，紀念（伊瑪目）侯賽因（Husayn）及其家族的殉教。

關於手抄本和譯書

但大致來講，阻隔西洋文學的障礙，卻幾乎是無法克服的。就視覺藝術和音樂藝術而言，異國人所應做的，就是去看和聽，在各個接近的辦法中，做出取捨。但這種辦法就算再難，也比不上熟悉一種外語，甚至對之產生這種欲求這樣的難度。

例如這件事：就連像是鄂圖曼和摩洛哥大使這樣受過教育的、到過歐洲的穆斯林，對歐洲人的著作仍然不感興趣。他們對自己文化的產物感興趣，這是理所當然。所以到西班牙的穆斯林特使，才會談到在埃斯科里亞爾宮（Escorial）圖書館的阿拉伯手抄本的大量典藏。然而在他們看來，並不覺得這是穆斯林文化影響力的延伸，而是將這些書看成落入不信道者手中的俘虜，與其說這些是穆斯林帶給西方的信息的載體，不如說亟須設法加以拯救。例如鄂圖曼大使瓦須夫，人家為他展示過這些典藏，給了他一份這些書的目錄，他講得很坦率：「當我們發現，圖書館還有著大約十部高貴的《古蘭經》手抄本，以及有關教法、神學和傳統的無數著作時，我們深受感動、非常欣慰。」㉝摩洛哥特使在交涉贖回穆斯林戰俘時，設法過換回這些手抄本。但戰俘更有價值，必須以高昂的代價才能贖回（譯註：即後來沒換到手抄本）。這種以阿拉伯手抄本作為代價，與其說是重視文獻，不如說是有心使它們避免流浪在外和遭到糟蹋。基於同樣的精神，十八世紀時，摩洛哥大使米克納西（al-Miknāsī）甚至想「贖回」一些穆斯林錢幣，因為上頭鐫有真主和先知的尊稱，和《古蘭經》一段經文，他不想讓它們留在不信道者手上㉞。摩洛哥特使對西書似乎不感興趣，而在鄂圖曼人裡頭，只有艾佛利亞曾經留下紀錄，敘述他參觀過的維也納聖司提凡（**St. Stephen**）大教堂的圖書館。

他訝異於圖書館的藏書量之大，大過伊斯坦堡和開羅大清真寺的圖書館，並有「以不信道者的各種語文寫成的許多書籍」，也訝異於他們在保存上的用心：「儘管他們不信道，但對於認定是神的話語的事物，卻很崇敬。他們每週要擦拭過所有的書，用了七、八十位僕役來做這項工作。」在就雙方做比較方面，這大概是最早的例證之一，即歐洲人做得比穆斯林好，因此照理來講，是值得效法的。在西法改革時期之前，這類例子就很少了。另一個例子稍嫌含糊了點，艾佛利亞指出，維也納圖書館有著大量附插圖的藏書：「但圖畫在我們這邊是不容許的，所以沒有附插圖的書。這就是為何在維也納這些寺院中有這麼多藏書。」他在實用書方面，只提到了《小地圖集》和《世界地圖》（*mappemonde*），並較為籠統地提到「地理學和天文學方面的著作」，換言之就是實用科學，即對有關歐洲的教學有實際用處者。有關西洋的藝術和文學方面，艾佛利亞沒有談到什麼㉟。

就像古代哈里發國人看待拜占庭一樣，鄂圖曼人在看待法蘭克人的歐洲上，也延續了相同的態度。政治和軍事情報是必須的，科學和武器大概是合乎實用的，其他不妨不加聞問。相對而言，十八世紀時，可觀的阿拉伯典籍，和一定的波斯、突厥的詩歌及其他文學，以多種歐語譯本的面貌問世，但卻沒有哪一本文學作品，從歐語譯成伊斯蘭語文。前文提到過，取材自西書的第一部突厥作品，是阿里·阿齊茲（Ali Aziz）改編自（法國東方學者）克魯瓦（Croix）《一千零一夜》的突厥文版。但後者本身卻是《天方夜譚》的仿作，這本書不久前才首度被譯成法文。所以這算不上是對西洋文學的發現。

第二本被翻譯的書，是（十七、十八世紀大主教兼作家）費奈隆（Fenelon）的《泰雷馬克歷險記》（*Télémaque*），一八一二年在伊斯坦堡有過阿拉伯文譯本，譯者是來自阿勒坡的基督徒阿拉伯人。它一直沒有出版，但以手抄本的型態保存在巴黎的國家圖書館（Bibliothèque Nationale）㊱。對中東的穆斯林讀者而言，這本書似乎有著獨特的魅力。它在五十年之後，成為以突厥文和阿拉伯文譯出並出版的第一本西書。

初期的另一部譯本，是《魯賓遜漂流記》的阿拉伯文版，十九世紀初於馬爾他島印行。要等到幾十年之後，才出現第一部法文譯本，後來就有英國的文學作品，譯成阿拉伯文和土耳其文。在這段期間，《魯賓遜》和《泰雷馬克》二書，在探索歐洲文學的寶藏方面，成了有一定價值的指南。

11

社交生活

Social and Personal

幾個條件限制

英國卓越的東方學者威廉‧瓊斯（William Jones，一七四六—九四）爵士，在感嘆歐洲在鄂圖曼研究上的落後狀態時，曾指出：

「這種情形很常見，即長期居留在突厥人當中的僑民，以及熟悉東方的方言、而足以為我們提供有關該民族的精確報導的人，他們若不是局限在生活的低層，便是追求利益而不太雅好文學或哲學。而有著較佳的境況和文學品味的人，既有機會、也有愛好來領略突厥人政策的奧妙，卻完全忽視了君士坦丁堡所使用的語言，因此，在少了這唯一的學習辦法的情況下，無法以多大程度的確定性，來檢視這個獨特的民族的感情和成見。至於通譯員的一般見解，我們從擁有這類條件的人身上，並不能期待有著多少深度的思考，或敏銳的觀察；要是他們懂得的只有空談，那麼其能夠誇示的，一定也只有空談。」①

威廉爵士對這種貧乏狀態精闢的說明，其實更適用於在土耳其的西洋研究更加貧乏的狀態。從伊斯蘭擴張，到法國大革命這段期間，遊歷基督教歐洲的穆斯林，人數極為稀少。除了少數人以外，絕大多數既是一竅不通，又無心學任一種歐語。他們的對外接觸，只局限在此行的政、商目的，而之間的溝通，靠的是口、筆譯員。因此，他們就歐洲的情形加以考察和談論的機會，就大受限制。這種局限，至少就阻礙了他們及其讀者，在國外不信道者的領土上，看到任何有趣或有價值的事物。

若說論述歐洲的穆斯林文人，並不是受人類學或歷史學好奇心的驅使，那麼在這之外的動機應該就是：對陌生、奇妙事物的興趣。例如文明的產物、大師之作《天方夜譚》，便是對這類事物有著莫大的需求，於是要有一種涉獵廣泛的文學，才有辦法加以滿足。

排斥歐人的刮鬍習慣

要使穆斯林遊客覺得古怪或者奇特，歐洲不乏這類合適的素材。一個例子就是歐洲人刮鬍子的習慣。對穆斯林以及其他許多民族而言，鬍子是男子氣概的自信與光榮，年老時則是智慧和歷練的具體表徵。阿拉伯人哈倫・伊本・葉赫亞（Hārūn ibn Yahyā），在八八六年左右於羅馬做過俘虜，他給這種令人好奇的習慣找到了解釋。

「住在羅馬的男人，不管老少，都把鬍子刮得精光、半根不留。我向他們請教過箇中原因，我說：『男子之美，就在他們的鬍鬚；你們做這件事是為了什麼？』他們答道：『只要是不刮鬍子的人，就不是真正的基督徒。因為當使徒西門他們來到這兒的時候，既沒有麵包，也沒有錢（原註：參閱馬太福音第十章十節）。當我們的國王身穿錦袍，安坐在黃金寶座上時，他們卻是又窮又弱。他們召喚我們信奉基督徒的宗教，但我們沒有加以理會；我們逮住他們，施加苦刑，剃去他們的頭髮和鬍鬚。後來，當我們領受他們話中的真理時，我們才開始刮掉鬍子，為自己曾剃去他們的鬍子而贖罪。』」②

之後有位文人，可能是易卜拉欣・伊本・葉爾孤白，也評論了法蘭克人的刮鬍習慣，和其他不衛生的事情。

「各位大概不會看到比他們更髒的民族了。他們是有著骯髒齷齪特性的民族。他們一年頂多洗一、兩次澡，而且是洗冷水，衣服穿到破破爛爛也不去洗。他們刮鬍子，刮得精光之後的樣子令人作嘔。其中有人被問到刮鬍子的事情時，答道：『毛髮是贅物。私處的毛都剃了，那臉上的還留著做什麼呢？』」③

洋人的髒習慣一直令穆斯林作嘔。後來到了十八世紀末，印度穆斯林訪問者阿布．塔利布．汗指出，（愛爾蘭）都柏林只有兩間澡堂，都是空間狹小、設備也差的。他為了淨身，去了其中一家，卻沒有愉快的經驗。他指出，每逢夏天，都柏林人會到海邊洗澡；冬天時，他們是完全不洗的。兩家澡堂是為病弱的人設置的，是只有這類人在用的。當他進到澡堂時，找不到按摩師或理髮師等等的服務人員。人家在找不到按摩師的情況下，給他一把馬毛製成的刷子，平常是用在清理鞋靴的。「大家都是靠自己的雙手，來清除自己的污穢的。」④

歐人無謂的穿著打扮

到過歐洲的穆斯林，有時也會評論他們的衣服。艾佛利亞談到了維也納的貴婦和其他女性：

「這裡的女性像男性一樣，穿著以各式黑色布料縫製的無袖外套，作為外衣。但除此之外，他們也穿使用絲布、織錦等等各種貴重布料的長袍；這類的長袍，在其他不信道者的國家並不短缺，而是相當盛產，以至於有拖在地上幾碼的裙尾，就像旋轉托缽僧長到拖地的裙一樣。她們不穿（長）內褲。她們穿各種顏色的鞋，皮腰帶通常鑲有寶石。這裡的已婚貴婦，可以半露雪白的酥胸，到任何場合，有別於年輕姑娘。她們在穿連衣裙時，不用像匈牙利、瓦拉幾亞（Wallachia）和摩爾達維亞的女性那樣，用腰帶繫住腰部，而是用飾帶纏住上腹部，像篩子的邊框一樣寬鬆。這是種難看的裝束，弄得看起來像駝背。她們頭上戴著平紋細布的白帽，上面飾有高級的蕾絲和繡花，最後再繫上一條有寶石、珍珠或鑲邊的頭巾。在真主的意欲下，該國女性的胸部，不像土耳其女性大如皮水袋，而是小得像橘子。儘管如此，她們餵給自己的嬰兒的，多半還是自己的母乳。」⑤

里發教長指出，歐洲服飾還有另一個令人驚訝的特點，即經常性的變換樣式這種古怪的花招：

「法國人的特色之一，是對所有新事物的強烈好奇，以及偏好在所有事情上的變化和多樣，尤其在服裝方面。他們從來沒有固定的服裝，沒有哪一種時尚或裝飾是流傳至今的。這並不是說他們會完全改變自己的服裝，而是說他們總會做出變化。舉例來講，他們不會不戴帽子而改戴頭巾，但他們會在戴某種帽子之後沒多久，又換上另一種帽子，變換另一種形狀或顏色，諸如此類。」⑥

阿布・塔利布認為，歐洲人複雜的穿著，是可笑、浪費時間的。他大談英國人的缺點，講到第六點時，指出：「他們在睡覺、打扮、整理頭髮、刮鬍子等等的事情上，浪費很多時間……」⑦他們為了跟上流行，身上穿的，從帽子到鞋子，至少有二十五個配件。還有，他們早、晚各有不同的外衣，所以一天會有兩次的著裝程序。他們在穿衣、整理頭髮或刮鬍上，要花到兩個小時，早餐至少一個小時，晚餐三個小時，陪太太出門、去音樂會或賭博等等三個小時，睡覺九個小時，所以工作不超過六個小時，貴族的話是四個小時。阿布．塔利布說，冷天說明不了之所以穿上這麼多衣服的原因。就算衣服件數減半，仍然可以保暖。捨去刮鬍、整髮這類事情的話，本來可以省下很多時間的。

相對的觀感

一些穆斯林訪問者很能設身處地，知道他們在洋人的心目中，也像洋人對他們而言那樣古怪。

瓦須夫在談到歐洲人爭相觀看他時，也像其他到歐洲的鄂圖曼人一樣，帶著幾分得意。這甚至從檢疫期就開始，檢疫站附近的人都跑到圍籬邊來注視他。

後來，當他到馬德里訪問時，「圍觀的人不計其數。從住家陽台看下來的人，擠成了五、六排。雖然原本的街道寬度，足夠容納五部馬車並行，這時卻已經擠到，連騎馬的人都很難前進。我們聽說，每扇窗戶的租金高達一百皮阿斯特（piastres）」⑧。

一位波斯貴族，出席了一八三九年倫敦到克羅伊登（Croydon）的鐵道完工典禮，談到了當時圍觀的三、四千名群眾：

「他們一看到我們，就開始發出驚訝和訕笑的呼喊。不過阿久丹—巴席（Ājūdān-Bāshī）仍然帶頭行禮如儀，他們脫帽表示回禮，所以一切順利進行。但稍一不慎，就可能亂了套。他們做了些解釋，這一定是因為，我們的服裝儀容在他們看來很奇怪——尤其是我的鬍子，像這樣的東西，在整個法蘭克國是非常少見的。」⑨

十九世紀初，穆斯林的便服和制服開始出現革新，從中可清楚看到，其統治者對伊斯蘭世界本身，及其對歐關係的觀感出現了變化。這個變化開始於君王和軍方將領採用了某些歐洲服裝，後來慢慢擴及官方各部門，最後到了一般民間。

蒙古裝束和歐洲服飾

以往出現過一次這種情形。十三世紀時，哈里發政權被推翻，大半的伊斯蘭世界，遭到來自遠東、異教的蒙古人征服。遭到推翻且落入野蠻的穆斯林，只有在軍事上還有一定的水準，他們放棄了自己傳統的服裝樣式，採用了新主子們的裝束。即使連不曾受過蒙古人征服的埃及，到了十三世紀末時，馬木路克蘇丹蓋拉溫（Qala'ūn）採用了新的服裝，規定了王公貴族的穿著。他們要穿戴上蒙古式樣的服飾，不再理成穆斯林的髮型，而是任由頭髮自然生長。基於相同的宗旨，一八二六年，鄂圖曼銳意革新的蘇丹馬哈茂德二世（Mahmud II），穿著長褲和緊身短上衣出現在人民面前，並要求這類裝束在軍中逐步推廣。軍人穿束腰短上衣，官吏穿束腰外套，兩者都依規定穿長褲。這種服裝開始從這裡，推廣到都市的受教育階層。起初在土耳其，接著在一些阿拉伯國家，最後到伊朗，歐式服裝逐漸普及。服飾的西化，有好長一段時間局限於男性，甚至限制在脖子以下。頭飾（headgear，譯註：在男子叫做

〔長〕頭巾）向來是伊斯蘭世界中的重要象徵，而且也直接牽涉到穆斯林的禮拜儀式，所以這個特色還是得到保留。但到了二十世紀，這個特點也有所折衷，至少在軍隊裡，有帽舌的、遮陽的歐洲軍帽，受到軍方、甚至許多重視軍事的伊斯蘭國家普遍採用。

十四世紀初葉，蒙古人本身變成了穆斯林，並同化於中東社會時，蒙古樣式遭到官方的捨棄。另一位埃及的馬木路克蘇丹，即蓋拉溫之子穆罕默德，在到麥加朝覲（一譯朝聖）之後，決定恢復穆斯林樣式。他和文武百官一道，捨棄蒙古裝束、理去一頭散髮。歐式的帽子、外套和長褲，仍然得以保留，但卻逐漸受到挑戰。這有著社會和宗教的因素，在貴族和平民階層皆然。

至於女性服飾的西化，就晚得許多，程度也不那麼大。這種不同，牽涉到一些基本的文化差異。

維京王后的自主性

直到十九世紀，到過歐洲並留下紀錄的穆斯林訪問者，清一色都是男的。但他們對當地的婦女及其在社會中的地位，多半有所論述。對於奇聞軼事的愛好者而言，這是個有著較多成果的題材。基督教的一夫一妻制，女性擺脫較多的社會束縛，以及連顯貴人士對之都加以尊重等等，一直都使這些訪問者大感驚訝，儘管羨慕的成分不多。

最早談到歐洲人性事的史料之一，是阿拉伯大使噶札爾（al-Ghazāl）所留下的，他在西元八四五年左右，訪問過維京宮廷。根據他自己的說法，他在逗留期間曾和維京王后有過一段打情罵俏。

「這時，維京國王的妻子聽說噶札爾來了，就派人傳他進宮，好一睹其丰采。當他來到她面前，便向她行禮致意，還凝視著她好一陣子，彷彿驚奇得不得了。她就對她的通譯說：『問他為什麼這樣看著我，是因為覺得我很美呢，還是怎樣？』他答道：『實在是因為，我沒想到世上還有這麼美的人兒。我在敝國宮中，看過許多民族的佳麗，但不曾從中見識過如此這般的美人。』她告訴通譯：『問他這是真話，還是玩笑話？』他就答道：『實在是真話。』她就對他說：『所以說，貴國沒有什麼美女囉？』噶札爾答道：『容我看看你們的婦女，這樣我就可以做個比較。』於是，王后就宣那些素有美名的女子進宮。他仔細打量了她們一番，就說：『她們是有姿色，但卻不比王后的美，因為此等國色天香，不是每個人所能領略，只有詩人才能加以表達。假使王后願意讓我以一首詩來描述這種絕色和智慧，並容我公之於敝國，在下很樂意一試。』

王后為此芳心大悅，並賞賜他一份禮物。噶札爾不肯收下，說：『不用了。』於是她對通譯說：『問他為何不收下我的禮物。他是不喜歡禮物，還是我呢？』

通譯就問了，他就答覆道：『這確實是份大禮，能收到她這份大禮，自是非常榮幸，因為她是王后，國王的女兒。但就在下而言，能見到她、受她的款待，本身就是很好的餽贈。我要的就只是這份禮，我只求她能繼續接待我。』

在通譯代為說明之後，她對他的悅慕之情更添了幾分，並說：『把禮物送到客房。只要他有意來拜訪，門就要為他而開，只要有我在，他隨時可以得到一番款待。』噶札爾向她致謝、道別之後，便離去了。」

敘述這段故事的人塔邁姆・伊本・阿凱馬（Tammām ibn ʿAlqama），在此插了段話：

「我聽噶札爾講完這段故事，就問他：『她真的是美到像你所說的那種境界了嗎？』他答覆道：『憑著令尊發誓，她是有幾分姿色，但藉著這種方式的談話，我得到了她的恩惠，和意想不到的好處。』」

敘事者還講：

「有位隨行的人告訴我說：『維京國王的妻子戀著噶札爾，不能有哪一天不宣他進宮，來和她在一起，跟她講有關穆斯林的生活、歷史，和鄰近的國家與民族。每當他離開，總帶走一份表示她的善意的禮品——衣服、美食或香水，直到這段關係受到注意，他的隨行人員都加以勸阻為止。噶札爾這時心裡有個譜，行事就更加謹慎，就每隔兩天才去拜訪她一次。她問他這麼做的緣故，他跟她講了人家的勸阻。

她笑了起來，並告訴他：『我們的宗教裡頭沒這樣的規矩，也沒這樣的嫉妒心（jealousy，譯註：指丈夫的嫉妒心，穆斯林似乎很重視、且認定為正面的心態，見以下）。敝國的女性和男性在一起，是出於自己的選擇的。妻子要和丈夫在一起多久，得看她的意願，她要是不樂意，隨時可以離開他。』在羅馬的宗教傳到這裡之前，這便是維京人的習俗，即，除非貴婦接受了位家世較差的丈夫，受到家族的指責而使兩人分開，不然沒有哪位女性，是拒絕所有男性的。

噶札爾聽她這麼說，就安下了心，恢復之前的往還。」⑩

記敘者接著講了噶札爾和王后的交往。噶札爾即興作了一些阿拉伯詩，在由通譯轉述時，卻失色了不少。最後這件事，給整個故事增添了幾分的不可盡信。

女人城和第三者的故事

西洋女性的獨立自主，經常引起一些議論。例如易卜拉欣·伊本·葉爾孤白，他在談到什列斯威人時指出：

「在這裡，女性有離婚的權利。妻子只要有意願，隨時可以提出離婚的要求。」

同一位作者，還講了個更奇怪的故事。在西方的海上有座島嶼，以「女人城」的稱號而知名：

「島上全是女人，不受任何男性的支配。她們會騎馬、會打仗，作戰時極為勇猛。她們擁有男奴，他們每到晚上，就輪流去找他的女主人。他陪她整個晚上，凌晨時起床，天亮前偷偷離去。若是有人生了男嬰，就隨即殺掉；但要是女嬰，就可以讓她活下來。」

作者曉得，這個有關亞馬遜人的古老故事，無法取信於讀者，所以又加了一句：

「女人城是個經過確認的事實……是羅馬人的國王奧圖告訴我的。」⑪

不管是中世紀，或是後來的時代，從來令穆斯林觀察家訝異的，是女人不受拘束的自由，以及男人超乎常理的不在意。十字軍佔領時期，敘利亞人烏沙邁（Usāma），在這一點上，講了好幾個故事：

「看不出法蘭克人有什麼嫉妒心或名譽感。例如丈夫帶妻子散步，他倆碰到另一位男子，那男子把他妻子拉到旁邊講悄悄話，丈夫卻安靜站著等候，讓他們講完話。要是等得太久，他就留他（她）們兩個在那兒，自行離開。這是我親眼見到的例子。我到（巴勒斯坦）納布盧斯時，通常會待在一個叫穆易茲（Mu'izz）的人的房舍裡。這是給穆斯林寄宿的地方，對著街道的窗子是開著的。隔著這條街道的對面，是一位法蘭克人的屋子，平常賣酒給生意人。他通常提著一瓶酒四處叫賣：『某某生意人，剛剛才開了一桶這樣的酒。有需要的人，請到某某地方。』他在叫賣之後，就喝了那瓶酒，犒賞自己。

有一天他回家時，發現一個男人跟他妻子在床上，就問他：『你來找我老婆，有何貴幹呢？』男人答道：『我累了，所以進來休息。』

『那你怎麼會睡到我床上呢？』

『我看到床鋪好了，所以就躺了上去。』

『可是這女人正跟你睡在一起呢。』

『那是她的床，我能否請她離開她的床呢？』

這位丈夫就說：『憑我的信仰發誓，如果你再犯一次，我就翻臉了。』

他的指責和嫉妒就到這樣。」⑫

烏沙邁的故事有著濃厚的民族色彩，卻能生動地顯示出，當時的穆斯林觀察家，是如何看待基督教的婚姻關係的。

西洋女性的地位和作為

話說回來，這些基督教婦女的外表並不令人反感。一位西班牙穆斯林伊本·祖拜爾（Jubayr），到過十字軍統治下的敘利亞和巴勒斯坦，幸運地參加了一場基督教婚禮。

「世上最美的場面之一，就是我們有一次在泰爾港附近見識到的婚禮列隊。男男女女的基督徒都來到這個場合，在準備出嫁的新娘家門前排成兩列。他們吹奏長笛、小號和各種樂器，直到她開門，兩邊各有位男子牽著手為她帶路，看來像是很親的親戚。她打扮得很美、很亮麗，穿著滾金邊的絲質洋裝，後頭跟著一隊按照禮俗排列的親人，她頭上紮著一條有金絲網眼花邊的緞帶，胸前也有著類似的高貴飾物……走在她後面的基督徒男子，是她家族裡最重要的幾位，身穿最華麗的禮服，拖曳著斗篷的尾巴，他們後頭的基督教婦女，是她的同輩和朋友，穿著上等的服飾，配戴上等的寶石，全程有著音樂伴奏……」⑬（譯註：穆斯林的婚禮則簡短之至，且基於男女有別，連新娘都不在婚宴上出現）

幾百年之後，艾佛利亞．伽勒比覺得，維也納婦女很賞心悅目。

「這個國家的水質和空氣之好，使婦女都長得很美麗、身高夠、身材好，容貌像天仙。到處都有許多姑娘，親切、優雅、漂亮得跟發金光的太陽一樣，舉手投足、一言一行莫不引男子注目……」

基督教社會有一項特點，總使穆斯林訪問者訝異不已——大家對婦女的尊重。艾佛利亞表示：

「我在這個國家看到了一件最為奇特的事情。皇帝在路上遇到一位婦女，假使他正騎著馬，就勒住馬停下，讓婦女先行。假使他徒步時遇到位婦女，就站定下來，做個禮讓的姿勢。於是婦女向皇帝致敬，他也脫下帽子表示對她的尊重，等她經過之後，他才繼續前行。這種場面太不尋常了。在這個國家以及其他不信道者的國家裡，女性都擁有主要的決定權，由於聖母馬利亞的緣故，她們都受到禮遇和尊重。」⑭

有點令人意外的是，當艾佛利亞在國內講述這類奇事時，竟被看成是胡說八道。摩洛哥大使葛札爾（al-Ghazzāl）在一七六六年遊歷西班牙時，也為婦女的自由感到震驚，他像別的穆斯林訪問者一樣，被西班牙（及歐洲）婦女的性自主感到難以置信。他的震驚開始於過境到休達港，即西班牙在摩洛哥北部海岸佔領的港口。

「她們的房子有著可以觀看街上的窗户，婦女整天耗在這裡，和行人打招呼。丈夫們非常禮遇她們，她們相當耽溺於和丈夫以外的男子談話和交際，不管是有旁人在場，或是私下的。只要她們覺得可以，不管去哪裡都不會受到干涉。常有這樣的事，即，一位基督徒回到家裡，發現他的妻子、女兒或姊妹跟另一位基督徒、陌生人一起喝飲料，兩人還靠在一起。他滿樂見這件事，而且根據我所聽到的，任何一位基督徒和人家的妻子，或家中任何一位女子在一起，男主人都看成是教友的認同……」

葛札爾有關休達的見聞和自行加入的解釋，似乎都稍嫌偏頗。這就難怪，在為他而舉辦的舞會和歡迎會中，他跟之前的其他穆斯林訪問者一樣，為會中舞伴們的舉止大感震驚。同樣令他震驚的，是上流家庭的姑娘大膽的服裝和展示的行為，以及男子們的默許甚至稱讚，他們本來是應該守護她們的名譽的。在結束其中一場歡迎會之後，葛札爾表示：

「宴會結束，我們回到住宿處，祈禱真主讓我們解脱出這些不信道者的可悲狀態，他們沒有半點男子漢的嫉妒之情，沉淪在偽信之中，我們祈求大能者的佑助，在需要和他們交往的時候，不至於有所冒犯……」⑮

法國女性的獨立性和強勢，也同樣使穆罕默德額芬迪印象深刻：

「在法國，女性的地位高於男性，因此可以隨心所欲、四處遊走；最高位的君主面對最卑微的婦女，也表示出無限的尊重和禮遇。在這樣的國家裡，女性居於主導地位。據説法國是女性的樂園，她們在此沒有煩惱或憂愁，想要什麼就可以輕易擁有。」⑯

看待英、法婦女的觀感

不過，十八世紀末阿布．塔利布．汗訪問英國時，卻看到了前人所未見的一面，認為英國的女性境況不比穆斯林婦女。她們在商店等等的職場，忙於各式各樣的工作——阿布．塔利布將這個情形，歸功於英國立法者和哲學家的智慧，他們找出最好的辦法，防止女性惹禍——並進而接受許多限制。例如除非有丈夫陪同，否則她們不得在晚上出門和在別人家裡過夜。她們一旦結了婚，就沒有財產權，全讓丈夫拿主意，他們可以任意剝奪她們。相較之下，穆斯林女性的情形就好得許多。她們的法律地位和財產權，即使牴觸了自己的丈夫，仍然受到法律的認定和保護。她們還有其他的優勢。阿布．塔利布有點不快地指出，她們隱藏在蓋頭後面，儘可以胡鬧和使壞，範圍極為廣泛。只要自己決定，就可以出門找父親、親戚甚或女性友人，一次離家可以長達好幾天。對於這些自由所帶來的機緣，阿布．塔利布顯然有所疑慮⑰。

他從英國來到了法國，這裡明顯牴觸了普遍接受的觀念，他發現這裡不管是烹調或女性，都比不上他在英國的愛好。他偏好樸實的英國菜色，甚過精緻的法國美食，至於對這兩國的婦女，他也有類似的觀感。他說：「法國女人比英國女人來得高大、豐滿，但很不漂亮，這或許是由於，她們少了英國姑娘的純真樸素和優雅的舉止。」他對法國女性的髮型很反感，這讓他聯想到印度妓女的一般打扮。有鑑於她們的彩妝、珠寶和幾近全裸的乳房，他覺得法國女人有著淫邪的外觀。講得更露骨一點，她們「沒分寸、愛講話、大嗓門且好頂嘴」，她們高腰的裙服，與其說是好看，不如說是好笑。他下了結論指出，人雖然天生容易受到美色的影響，這是他在倫敦常有的觀感，但在巴黎卻沒有類似的感覺。他在法國的王宮廣場（Palais Royal），白天、晚上接連看過上千位女性，卻沒有人曾經稍稍引起他幾分美的感覺⑱。

法國的農婦、甚至鄉下的所有事物，情況還更糟。村鎮相當令人反感，與市鎮大有不同。女人粗俗到連只看一眼都覺得噁心，她們穿著便服的樣子，相較於印度的鄉下姑娘，真有天壤之別⑲。

歐洲人的性

同時期的一位突厥詩人，較明顯地訴諸情色。法佐・貝伊（Fazil Bey），一般叫做法佐—易・恩德魯尼（Fazil-i Enderuni，一七五七—一八一〇），他的爺爺是有名的巴勒斯坦阿拉伯領袖，曾在十八世紀七〇年代起義，同鄂圖曼人抗爭。他自小在伊斯坦堡長大，後來以情色詩，尤其是以兩首長詩知名，一首寫少女們，另一首寫少男們，從個人身上的民族性著眼，細數其優劣點，呈現了詩人心目中各種不同的族群。除了鄂圖曼帝國境內，和邊境上的不同種族外，還涵蓋了伊斯坦堡的法蘭克人、多瑙河流域的居民、法國人、波蘭人、德國人、西班牙人、英國人、俄國人、荷蘭人，甚至美洲人，詩人在此指的，顯然是印地安人。並沒有證據顯示，詩人曾出過國，但身為在伊斯坦堡皇宮中長大的人，他一定見識過各個種族的年輕男女。他為少男做的描繪，傾向於隱約、含蓄，有關少女的描繪則明確得多，有著大量實地的細節。但他有時也會兼顧文化的背景。詩人覺得，法國女性有項令人反感的風俗，就是寵愛小狗，並緊抱在胸部上。他也注意到西班牙女性唱歌、彈吉他，和回國時總經過摩洛哥（譯註：前面提過的找樂子）。英國女性很純潔，有著紅臉頰，且本身是握有部分印度的一份子。荷蘭女性操的是一種難懂的語言，難以激起性慾，這是詩人較令人驚訝的結論⑳。

哈萊特額芬迪於一八〇三到一八一六年間待過巴黎，所描繪的大致是負面的景象，呈現了有關歐洲人性事的另一個層面。他憤慨地提到，有人對穆斯林提出不實的指責：

「他們說：眾所周知，世上的亞美尼亞人和希臘人再多，穆斯林仍是同性戀者（譯註：意謂即使是與穆斯林關係密切的基督教民族，也影響不了他們的性癖好）。這是見不得人的事情。天主保祐，在法蘭克國不會發生這類事情，但要是真的發生的話，人們就會有重罰和大加譴責之類的作為，以至於（聽好了）一般人認為我們都是那類人，彷彿沒別的事好關心似的。

巴黎有一個市集地，叫王宮廣場，有著販賣南北雜貨的許多商店，上頭的房間裡，有著一千五百位女人和一千五百位孌童，提供雞姦的服務。晚上去這種地方是有失體面的，但既然白天去無妨，我就過去見識一番。一走近這裡，馬上就有男男女女各遞上一張卡片，上頭印著：『我有這麼多女人，我的場所在某某處，價錢是多少』，或『我有這麼多男生，年紀是多小，公定價是多少』，都是特別印製的卡片。裡頭要是有哪位男童或女人得到梅毒，會有官派的大夫加以診療。男子會被女人和男童團團圍住，她們會問：『先生喜歡哪一位呢？』甚至當地的顯貴還會自豪地問：『閣下去過我們的王宮廣場了沒？喜不喜歡這些女人和男童呢？』感謝真主，在伊斯蘭的國度裡，沒有那麼多男童和孌童（譯註：Catamites，孌童為性成熟的成年男子）。」㉑

另一個觀感

後來，一位訪問巴黎的埃及教長里發，在同性戀的議題上有著稍微不同的觀點。他語帶興趣和認同地表示，在法國，同性戀被視為令人噁心和反感，甚至連法國學者在翻譯同性戀的阿拉伯文情詩時，將陽性的字詞改成了陰性。

他對於法國的婦女，就較不那麼認同。他覺得巴黎女人缺乏樸素，男人沒有男子氣概：

「這裡的男人是女人的奴隸，不管她們漂亮與否，都聽命於她們。其中有人說……東方的婦女像是家當，而法蘭克女人則像是被寵壞的小孩。法蘭克人並不掩飾他們對女人的邪念，而女人犯的過錯也相當多。」

里發接著說明，即使妻子的外遇被丈夫知道，有著證人的證實，並被趕出夫家，分開了一段時間，丈夫仍必須上法庭指證，才能順利離婚。

「他們的缺點之一，是像前面所說的，許多妻子不守婦道，以及丈夫在特定情況下缺乏嫉妒心，如妻子對外的交際、親密和調情，這些情況卻是會引起穆斯林丈夫的嫉妒的……私通對他們來說，是次要的而非主要的罪，尤其是在未婚的情況下。」

不過，教長卻承認，法國女性的外表、風度，甚至談吐都令他印象深刻：

「法國女性有過人的姿色、體面、談吐和禮貌。她們擅於打扮和表現，在娛樂場所很能和男士們打成一片。」

歐洲女性的自主

教長也像別的穆斯林訪問者一樣參加了舞會，見識到西洋世界的古怪行徑。他跟前人一樣覺得陌生、奇特，但不像他們那樣大驚小怪。他說明道：「舞會總是有男也有女，還有強烈的燈光和供人落座的椅子。但這些座位主要是給女性的，除非她們都就座了，男士才能入座。如果女士來到會場卻沒有空位時，就會有位男士站起來並幫她入座，女士們不必讓座給她。」他驚訝地指出：「在這些聚會中，女士總是被招待得比男士更為周到。」

這些西洋舞會還有個奇怪的特色：「舞蹈對她們而言是種藝術……相當普及……屬於風雅男子和紳士的技藝，沒有不合道德，不會逾越禮儀的範圍」。教長常拿西洋的事情和埃及做比較，對前者也常有所認同。他比較了法國劇場的女演員和埃及的舞孃，拿戲劇對照穆斯林的皮影戲，他還指出，在這兩件事情上，西方的較為優良。他的有關舞蹈的看法，頗具啟發性。

「在埃及，舞蹈只有女性才能從事，以引人遐思；相較之下，在巴黎，舞蹈僅僅是種手舞足蹈，沒有絲毫的不道德。」

更值得注意的是，里發教長也像之前到過這類舞會的穆斯林一樣，驚訝於交換舞伴這種奇怪的習俗。

「男子可以向女子邀舞，這樣就可以和她一起跳舞。這一段結束之後，另一位男子向她邀下一段舞，以此類推。這裡有種特別的舞蹈，男子一手搭著舞伴的腰，通常還摟得很緊。基督徒一般認為，觸碰女子上半身的任一處，都不算是侵犯。男士越懂得和女士交談，並討她們歡心，就越容易被看成具備好的教養。」㉒

最後一個評論，來自一八三八年由（土耳其）伊茲米爾（Izmir）搭船的波斯人，談的是一些同船的遊客。

「四位英國姑娘登上了船，相當聰明、擅於交際，但相貌不好，又有病容。既然她們在本國顯然找不到合適的對象，就只好出國，四處尋訪了一段時間，以覓得如意郎君。但她們沒有找著，現在要回家了。星期日中午時分，我們在希拉（Sira）島靠岸，這是我們踏上的第一塊希臘領土。我們在他們的檢疫站待了十天，受到有如火獄般的煎熬。這四位處女（根據她們的說法），是檢疫站宿舍的樓友，阿久丹—巴席（Ājūdān-Bāshī，譯註：即之前提過的波斯將軍兼特使）一行人曾經在此喪命。其中一位姑娘運氣不錯，找到了位精壯的希臘青年，他是同一條船上的旅客。當時早已眉來眼去，現在已變得很要好，同住一間房。」㉓

有好幾位外交人員，會記敘他們到過的城市，有時也會拿來和自己的家鄉做比較，穆罕默德額芬迪的觀察是：

「巴黎不比伊斯坦堡大，但建築物通常有三、四層，甚至七層樓高，每層住著一整户人家。街道上可以看到眾多的人，因為女人們從不待在家裡，而是走在路上，準備到下一家串門子。由於這樣的男、女混雜，城中區的人口，顯得比實際數字還來得多。女士們坐在店裡面做生意。」㉔

來自北非、印度，以及中東的穆斯林訪問者，常會談到西方城市中女士擔任店家老闆的角色，及其普遍的存在。但言而總之，即使到了十八世紀末、十九世紀初，這些穆斯林對於歐洲的國內事務，還是沒有太大的興趣。就連一七九〇年訪問普魯士的阿茲米，對於任務之外的事情，只有少許的好奇。他還氣憤地談到「歐洲人的奇風異俗之一」，是向外國遊客展示值得一遊的景點，藉此分散他們的注意力，耽擱其時間，並讓他們花下多留幾天的冤枉錢云云。直到十九世紀初，在走過西方的穆斯林訪問者裡頭，只有一位，即米爾札．阿布．塔利布．汗對各國情勢有所詳談㉕（譯註：根據註釋㉕，阿布．塔利布遊記的波斯文原版，發行於一八一二年的加爾各達。在一〇年代，即有譯成多國語文〔英文、法文、德文〕的盛況，直到二十世紀，仍有新的外文譯本〔印度、巴基斯坦的烏爾都文，和伊朗文〕問世）。顯而易見，他所出身的國家，已經擺脫了西方的直接影響。在十九世紀期間，來自中東國家的穆斯林訪問者，也開始找到理由多留幾天、擴大其興趣範圍。

12

結論

Conclusions

歐人的東方學

十八世紀末，法軍佔領埃及期間，埃及史家賈巴爾蒂參觀了在開羅的圖書館和研究中心，這是法國人在馬木路克宮設立的。他指出圖書館的藏書量大、保存完善。就連一般的法國軍人也可以來閱覽，更值得注意的是，還更歡迎穆斯林：

「假使穆斯林讀者與趣科學的話，法國人是特別樂見的。他們會隨即與他交談，展示各種印刷書，上頭有著地球儀各部分的分圖和動、植物的圖片。他們還有關於古代史的藏書……」①

賈巴爾蒂參觀了很多次圖書館。人家向他展示有關伊斯蘭史及一般學問的書籍，他很訝異地發現，法國人有阿拉伯文的藏書，以及許多由阿拉伯文譯成法文的穆斯林著作。他觀察到法國人「花很大功夫學習阿拉伯文字和口語。他們在這方面夜以繼日地用功。他們還有專攻各類語文的書、一般詞型變化、動詞詞型變化，及字詞來源研究等等」。他認為：「這些著作有助於他們，把任一種外文迅速譯成自己的文字。」②

賈巴爾蒂還發現到歐洲人東方學的存在。他的訝異是可以理解的。十八世紀末，近代歐洲人首度涉獵阿拉伯東方，想研究中東的歐洲學生，已經有廣泛的資料可以參考。在歐洲發行的阿拉伯文法書約有七十本，波斯文的約有十本，土耳其文的也約有十本。在辭典方面，阿拉伯文的有十本，波斯文的有四本，土耳其文的有七本。其中有許多不單以在地的著作為基礎的手冊和補充教材，對學界也有原創的、顯著的貢獻。

兩方不同的關切程度

另一方則缺乏可資比較的東西。不管是阿拉伯人、波斯人或是土耳其人，不管是手抄本或印行本，不管是任一種西洋語文，都是連一本文法書或辭典都沒有。要等到十九世紀，才有人為中東人製作歐語的文法書或辭典。這類最早的工具書，主要是出於帝國主義和傳教的需求。由阿拉伯當地人編的、第一部阿拉伯文，和另一歐語的雙語辭典，在一八二八年發行。這是某位基督信徒，即埃及科普特人的作品，由一位法國東方學者「加以增訂」，而且，根據編者的序言，這部書與其說是提供給阿拉伯人，不如說是給西洋人使用③。似乎要到很晚之後，需要辭典的這個想法，才出現在阿拉伯人的腦海裡。

研習中東的歐洲學生，除了語言工具書之外，其他方面的狀況，也比中東學生的來得好。到了十八世紀末，他在有關穆斯林民族的歷史、宗教和文化方面，已經擁有相當豐富的資料，這包括各種經典的版本和譯本，以及嚴謹的學術論文。就許多方面而言，研究中東的西洋學界，確實比中東學界本身更為先進。歐洲的遊歷者和考古學家著手的工作，促成了古代中東碑文的發掘和解讀，對當地人而言且恢復了失落已久的、偉大光榮的過去。英國第一個阿拉伯文教席，是一六三三年劍橋大學的托瑪斯．亞當斯（Thomas Adams）爵士設立的。於是乎，其他西歐國家也開始出現類似的研究重鎮，學界用心研究起該地區古代的、中世紀的語言、文學和文化；至於有關新近的、當時的事務投入得較少。相較於中東人在歐洲語言、文化和宗教上的興趣缺缺，顯然有天壤之別。之間只有鄂圖曼國基於國防和外交，亦即與歐洲國家的交涉，才覺得有必要不時蒐集、編纂一些有關的情報。一直到十八世紀後半，從他們的資料紀錄來看，所得的資訊通常是膚淺、不精確且過時的。

感覺不出時事的變化，是穆斯林有關歐洲的文章的特色，儘管這些文章也談了其他的時間和地點。醫師和科學家翻譯的書，常常是五十或一百年前的著作。阿提布·伽勒比於一六五五年論述基督教時，用的是中世紀時的辯教資料，忽略了最近五百年來在這方面可能出現的變化，也不考慮宗教改革、宗教戰爭，甚至羅馬和君士坦丁堡之間的宗派之爭。基於同樣的精神，十八世紀初的鄂圖曼史家奈馬（Naima），將當時的歐洲國家等同於中世紀的十字軍，且不覺有必要加以詳談。還有十八世紀後半的一位突厥畫家，在描繪歐洲婦女的時裝時，用的卻是十七世紀的版本。

導致兩方不同態度的因素

在這兩個社會面對對方的態度上，為何會有這種差異呢？這當然不能歸因於歐洲人這邊較大的宗教寬容。恰恰相反，基督徒對伊斯蘭的宗教態度，較之於穆斯林對基督教要來得更為偏執、不寬容。穆斯林這種較大的寬容，箇中因素部分是在神學和歷史上的，部分是出於實際考量。先知穆罕默德的生存年代，比耶穌基督晚了六百多年。基督徒、穆斯林都一樣的認為，他們自己的宗教和啟示，代表了神對人類最後的話語。但種種的歷史事件，造成了他們對彼此觀感的不同。對穆斯林而言，基督是先驅；在基督信徒看來，穆罕默德是江湖術士。在穆斯林心目中，基督教是個真實宗教初期的、不完整且老舊的型態，只能說包含著以真實啟示為基礎的真理的成分。於是基督信徒也就像猶太人一樣，理所當然成為穆斯林國的包容對象。在基督信徒來看，面對這麼個後進的宗教，在神學上是不可能給予這樣的地位的。基督信徒覺得很難容忍猶太教，這種看待方式，或許就類似於穆斯林看待基督教。包容伊斯蘭對他們來講，就意謂著要承認基督之後的啟示，和晚於《福音書》的經文，他們是無心做出這樣的承認的。

還有就是一些實際的考量。伊斯蘭進到了以基督教為主的世界，長期以來，穆斯林在他們所統治的國家裡屬於少數族群，於是對多數人民的宗教採取一些寬待的措施，成為行政上與經濟上的必需，穆斯林統治者多半都明智地承認這個事實。歐洲的話，一般來講是不做這樣的妥協的。有個歐洲國家曾經面對過類似的問題，即西班牙人在收復失土之後，將摩爾人和猶太人驅逐出境，使得國力大為減弱，可說是付出了慘痛的代價。

兩大文明之間還有重大的差異，即對對方的興趣和好奇。中世紀時，相較於伊斯蘭世界的多種民族和多種文化，法蘭克人的歐洲大概被看成單調無聊的地方。大致來講，這是個單一宗教、單一種族，且在大半的區域是單一文化的地方。對於主要的社會階級而言，服裝只有一種。相較於伊斯蘭世界萬花筒般的民族、信條和服裝而言，這是個明顯的對照。法蘭克人的基督教界，甚至還珍視這種一致性；或者退一步來說，他們很難容忍或適應任何一種偏離，並大費周章在追究異端、巫師、猶太人等等的離經叛道。

歐洲在某一方面有著巨大的多樣性，即語文。在操阿拉伯語的世界，阿拉伯文是宗教、商業和文化的單一語文，它是讓人通曉過去的寶庫，熟悉現今事務的工具；相較於此，歐洲不管是在宗教、學術以及日常用途方面，使用的卻是彼此差異極大的語文。歐洲的古典和基督教的《聖經》用了三種語文，即拉丁文、希臘文和希伯來文，如果留意到《舊約》文字的話，還可以加上第四種，即阿拉米文。所以歐洲人自古就習慣於熟練和研究不同的外語，甚至還承認，外頭有著以外文寫成的、蘊含智慧的資料，想有所掌握就要先加以學習。阿拉伯人的情形則很不一樣，他們自己的語文既是日常的、也是天經和古典的語文，所以沒有人覺得有必要再另外學一種。

在歐洲，人們講的是許多不同的語言，不管是哪一種，其適用性都有一定的限度。所以歐洲人從小就知道，要學習不同的語言，才能和鄰人們相通，或是用在出國深造和出差。最重要的是，他必須學習外語，才能在宗教或其他方面得到透徹的知識。即使到了今天，地中海南岸的人只懂得一種書寫語文，北岸的人卻懂得不下十種。

雙方的不同：極度好奇和漠不關心

在穆斯林國家，尤其是阿拉伯國家，城市裡有著形形色色的人，還多了旅行者、參訪者、奴隸，和遠道來自亞洲、非洲甚至歐洲的商人。那些著外國服裝、有著陌生臉孔的人，在中東的大都會中乃是稀鬆平常、不引起好奇。而來自摩洛哥、鄂圖曼、波斯和其他外地的人，在歐洲各個單調首都的人民身上激起的好奇，卻是無與倫比的。

許多訪問過歐洲的穆斯林，留意過這種急切的、甚至病態的好奇心。穆罕默德額芬迪曾對歐洲人的這種特殊行為感到訝異，有些人不辭遠路、等待數個小時、忍耐種種不便，只為了滿足看一眼突厥人的好奇心。形容這種好奇心的阿拉伯字是 *hirs*，其本意較為接近需求、企求或渴望④。阿茲米額芬迪在一七九〇年逗留科佩尼克（Cöpenick）、準備前往柏林時，觀察到：「由於三十年來天朝不曾派遣使節到柏林，柏林人耐不住性子靜候我們抵達他們的城市。男男女女不顧寒冬和風雪，或搭馬車、騎馬或步行，為的是看看、端詳我們，之後隨即回到柏林。」⑤阿茲米說，從科佩尼克到柏林，沿路兩旁都是圍觀的群眾。首都的圍觀人數就更多了。瓦須夫描述過在他進入馬德里時的類似場面⑥。對於人們不嫌麻煩，甚至不惜花大錢，只為了好好觀看他們，這件事令大半的訪問者印象深刻，且多少有些得意。這樣的好奇，顯然非比尋常、難以形容。

若在初期階段，大家或許可以歸因於，兩大文化在面對這樣的事實時的不同態度，即，一個是還有很多要學的，另一個是還有很多要提供的。不過，到了十字軍東征結束時，這種解釋就不再管用。到了中世紀末，我們所研究到的，顯然是兩種社會之間更為基本的差異。

世界地位的消長與觀點、態度的改變

在一開始，歐洲在關於陌生民族方面，一般而言是缺乏好奇心的。其中當然有例外。學界公認的史學之父希羅多德（Herodotus），他既寫希臘人也寫蠻族，既寫當代也寫古代。他雖然讀不懂東方文字，卻靠著到當地遊歷和考察來蒐集資料。幾百年之後，另一位歐洲人，即在耶路撒冷拉丁王國的泰爾（Tyre）的大主教威廉（William，一一九〇年歿），寫了一部有關鄰近君主國的穆斯林的歷史。他也是到東方找資料，也懂得阿拉伯文，甚至能夠閱讀原文的經典。

不過，像這種有志於異國歷史的學者很是稀少。不管是古代或是中世紀的歐洲史家，其研究多半局限在自己國家，甚至自己時代中的人、事。這似乎正是他們的讀者想要的。古典史學有過幾位希羅多德的仿效者，但所得的評價大半是貶多過於褒。泰爾的威廉所寫、有關東方十字軍的歷史，得到廣泛的閱讀，甚至被譯成法文；但就目前所知，他的有關穆斯林的歷史，卻連個手抄本都沒有被保存下來。

似乎有點奇怪的是，儘管古典伊斯蘭文明起初大受希臘和亞洲的影響，卻斷然排斥了西洋文明。在此不妨提出個可能的解釋。當伊斯蘭處於擴張和包容的時期，西歐文化顯然較為遜色，其值得採納的很少，這助長了穆斯林的自豪。甚至，不可諱言的，基督徒本身還敗壞了文化。穆斯林有關啟示的教義，認定了穆罕默德的最後使命，使得這位穆斯林，把基督教看成某種事物先前的、有瑕疵的型態，而他自己則握有其最終的、完美的型態，於是便貶損了基督教思想和文明的價值。在初期，東方基督教開始衝擊伊斯蘭之後，基督教的影響，即使是源於拜占庭高度文明的影響，也被降至最低。後來到了基督教擴張、伊斯蘭敗退的時代，出現了新的關係。伊斯蘭在思想和行為的方式上僵化了，在面對外來的刺激時變得無動於衷，尤其是針對來自西方的千年死敵的刺激。在鄂圖曼帝國軍事力量的屏障下，即使到了衰弱時期，仍存在著一道難以跨越的障礙。直到現代初期，伊斯蘭民族仍然維持著睥睨群倫、不可動搖的文化優越感，就像今日西方的某些人一樣。在中世紀穆斯林看來，從安達魯西亞到波斯的基督教歐洲，不過是無知異教徒的落後地方。這個觀點在某一時期或許是有道理的；但到了中世紀末期，該觀點開始變得過時而有危險性。

在此期間，歐洲本身大大改變了自己對外部世界的態度。歐洲人智識上的好奇和合乎科學的探討，在相當程度上要歸因於三種主要發展的因緣際會。其一是發現了全新的世界，當中陌生的民族有野蠻的，也有開化的，他們的文化，相對於歐洲的聖經、古典和歷史而言都是陌生的。如許新奇的現象，難免激起相當的好奇。其二則是文藝復興，即古典事物的重新發現，這既為這種好奇提供了範示，也提供了加以滿足的方法。其三是宗教改革的啟動，及教會權威在思想和表述上的衰微，以及把人類心智，從古雅典以降的先例和成見解脫出來。

穆斯林世界有它自己的發現，即在阿拉伯的穆斯林軍向外擴張期間，將之傳到久遠且迥異的各大文明，如歐洲、印度和中國。它也有它的文藝復興，即恢復希臘的學問，和初期伊斯蘭世紀期間部分的波斯學問。但這些事件並沒有互相銜接，也未曾同時出現神學束縛之鬆綁。伊斯蘭復興運動的時間，是在伊斯蘭的擴張告一段落、基督教的反攻開始時。崇古派與現代派、神學家與哲學家兩方的知識之爭，最後以前者壓倒性與持續性的勝利告終。這就鞏固了穆斯林世界在信仰上的故步自封與唯我獨尊，自視為真實的信仰與開化的生活方式（這兩者在穆斯林而言是同一回事）之唯一寶庫。經過了數百年的失敗與撤退，穆斯林才開始修正他們對自身與世界的觀點，以不同於鄙視的眼光，來看待基督宗教的西洋。

由漠不關心到密切注意

伊斯蘭與西方之間關係重大的差別，在於通商的範圍和規模，及其有關事務帶來的衝擊。中東的歐洲貿易商人數眾多，通常很富有，後來逐漸能夠施加影響，有時甚至還掌控了政策和教育。歐洲的穆斯林貿易商人數少、重要性小，其商人階層無法形成並維持一個中產階級社會，也無法毅然挑戰軍方、官方，和宗教菁英在國家和學校方面的把持。這種差異的結果，見之於穆斯林社會和知識史的各個層面。

面對西方挑戰時的不同回應，有時可以拿伊斯蘭世界和日本兩者來做對照。兩者的處境很不一樣。日本人有項顯著的優勢，他們生活在遙遠的島國，不受西方強國的攻擊和干涉。此外還有另一個不同，即穆斯林對歐洲的觀感，受到宗教的影響、甚至主導。這個因素在日本人身上幾乎不起作用。穆斯林主要是從宗教觀點來看待歐洲的，這跟世界其他各地一樣，換句話說，不是看成西洋人、歐洲人或白種人，而是看成基督徒。而且，基督教在中東是為人所知、且受到貶抑的，不像在遠東。基督宗教既然是個分裂的、被替代的宗教，那麼從它的信徒那兒，能學到什麼有價值的教訓呢？

另一方面，講得露骨一點，伊斯蘭被看成不只較為低劣，而且還來者不善。自從它在七世紀首度出現在阿拉伯之後，和基督教之間幾乎是衝突不斷，經歷了穆斯林的征服和基督徒的收復失土，聖戰和十字軍東征，突厥人的攻克和歐洲人的擴張。儘管伊斯蘭在許多邊疆打了許多仗，這全是為對抗基督教的戰爭，極為漫長且深具破壞性，並在穆斯林心目中蔚為真正偉大的吉哈德。當然，從戰場敵人的身上可以學到某些教訓，但這些教訓的價值和影響相當有限，而其衝擊，也被伊斯蘭在社會和知識上的守勢給緩衝下來。

有些訪問歐洲的穆斯林，有心蒐集有用的資訊。起初，這幾乎清一色是軍事情報，適用於防範或準備新的武裝衝突。於是乎，突厥和摩洛哥有關歐洲的使節報告，通常涵蓋了全程的詳盡報導，描述道路狀況、經過的驛站，以及行經地點的防禦工事等等。後來由於研判可能派得上用場，還增加了若干政治情報，但這顯然出現得很晚。在中世紀期間，這點幾乎是付之闕如，後來到了十八世紀末，就連鄂圖曼有關歐洲的政治報導，也是相當不完整、不成熟到令人啞然失笑。

接近十八世紀末時，穆斯林開始密切注意歐洲，顯示出他們感到有必要，對這個如今已有危險性的社會進行了解。這是史上頭一遭，穆斯林用心遊歷歐洲，甚至還待上一段時間。他們設置了常駐使節，鄂圖曼的大小官吏居留歐洲，有時長達數年。接著是留學生，起初只有一些，後來是成批，這是由中東統治者派到歐洲獲取必要的技藝，以維持其政權、保衛其版圖的。儘管他們的用意仍然首重軍事，但這次的影響深遠得多，留學生在歐洲的大學、甚至軍事學院所學得的，遠超乎其領袖的企盼或意圖。到了十九世紀三〇、四〇年代，讀得懂歐洲某一語文的土耳其人、穆斯林阿拉伯人，或波斯人的人數仍然極少，當中許多人是改宗伊斯蘭的人，或是改宗者的子輩或孫輩。不過，他們已開始形成重要的團體，閱覽教科書之外的資料，而以通譯員、後來逐漸以筆譯者的身分，發揮重要的影響力。

在十九世紀的進程中，穆斯林在發現歐洲的步調、規模和範圍上，顯示劇烈的變化——起初在一些國家，後來在其他國家，視歐洲的衝擊和頻率之發生而有所不同——使得這種發現獲得了全新的性質。

伊斯蘭的初期報刊

促成變化的主要動力，是歐洲截至當時為止在世界上顯著的優勢。但這個發現過程還受到幾個事件的強力加速，即新管道的開放，以及尤其是印刷機的引進，和報紙、雜誌與書籍發行的設施。透過這些措施，歐洲的實況和觀念，得以傳遞給穆斯林讀者。

最有效的新管道之一是報紙。歐洲這個新事物，在伊斯蘭東方並非完全沒人知道。早在一六九〇年，摩洛哥大使加撒尼就報導過這種他稱作「文字機器」的東西，亦即印刷機，他還提到當時流行在西班牙的新聞信札（newsletter）⑦。他觀察道：「這些東西都充斥著訴諸情緒的謊言」。十八世紀時，鄂圖曼的觀察家首先留意到歐洲的報刊，史料顯示，歐洲報紙的一些選文被譯成土耳其文，用做帝國顧問委員會（Imperial Council）的資料。這一開始是間歇性的例行公務，後來自十九世紀開始，成為鄂圖曼政府的新聞機構。開羅的哈蒂夫宮（Khedivial Palace）檔案室顯示，穆罕默德．阿里帕夏之後的接任者，也同樣密切注意西洋的報刊。

在這裡發行的第一份報紙，並不是由當地人，而是洋人開辦的。這是以法文發行、法國人贊助，作為法國革命政府的宣傳機關。一七九〇年代，法國人在伊斯坦堡的大使館設置了印刷機，以發行公報和其他佈告。到了一七九五年，大使館印行了雙週刊，有六到八頁不等的新聞版面，顯然是提供給法國僑民的。刊物派送到鄂圖曼國各地，次年成為報紙，即《君士坦丁堡法文報》（*La Gazette Française de Constantinople*），為首度出現在中東的報紙⑧。

拿破崙在攻佔埃及時，暫停了伊斯坦堡報紙的發行，卻在開羅辦了一份新的，他配置了兩部印刷機，備有法文、阿拉伯文和希臘文字版。共和國六年果月十二日，相當於西元一七九八年八月二十九日，法國人印製並發行了《埃及信使報》（*Courier de l'Egypte*）創刊號，之後每五天發行一期，提供當地、甚至歐洲新聞的報導。總計下來，發行了一百一十六期。

這種新聞期刊，以及更有抱負的評論雜誌《埃及旬刊》（*La Décade d'Égypte*），清一色都是法文。但是在一八〇〇年六月十八日、（法國）克萊貝爾將軍的暗殺事件之後，繼位者阿布杜拉・孟諾（Abdullah Menou）發行了第一份阿拉伯文報紙。報紙名字叫 *Al-Tanbīh*，為期甚短。

報社和期刊的創辦

下個時期是中東報社的創辦，始於一八二四年（土耳其）的伊茲米爾，以及月刊的創辦。這份刊物雖然是法文，主要訴諸洋人團體，但在輿論界卻有一定的地位，報刊主筆有時還涉入國際事務，例如，他為了維護鄂圖曼的利益，指責希臘的造反。這件事凸顯了兩個新的要點——報刊的力量和言論檢查制的威脅。俄國人對該報主筆的路線很反感，便設法要求土耳其當局加以查禁。當時的鄂圖曼史家路特菲（Lûtfi）引述了俄國大使的話：

「不容諱言，英國和法國的報紙撰稿人可以自由表達意見，甚至反對他們的國王；之前在好幾次情況下，甚至到了為這些撰稿人發生英、法之間的戰爭。讚美真主，受到祂佑助的（鄂圖曼）國度免卻了這些事情，直到不久前，有人出現在伊茲米爾，開始發行他的報紙。最好制止他一下……」⑨

儘管有這個嚴重警告，報紙仍繼續發行，後來還有其他報紙的支援。埃及的里發教長於一八二六年去過巴黎，隨即承認了新聞報刊的價值。

「若想得知他人心中的想法，可以藉由所謂的期刊（*Journal*）或時事報（*Gazette*），即一定的日常刊物。大家可以從這些東西上頭，得知發生在國內和國外的新事情。雖然他可能看出，裡頭的謊話多過可靠的話，但大家還是可以拿裡面的新聞來獲取知識；裡頭會討論最近考察過的科學問題，或有趣的訊息、實用的建議，不管是得自當朝或在野的人——因為在野者有時也會有當朝者意想不到的構思……這些刊物的最大優點是：如果有人行善或作惡，且該事具有重要性，期刊的人就會加以撰述，使得不管在朝或在野者都知道這件事，好讓行善的人得到讚揚，作惡的人受到譴責。同樣地，如果有人受到冤屈，他可以在報上寫他的冤屈，於是在朝或在野的人都知道了這件事，了解受害者及其加害者的事情，一如事情的實際經過，沒有隱瞞或歪曲，使案情來到足夠以公道裁決的地步，根據常規的法律做下評斷，使得這件事堪為眾人的警惕和範例。」⑩

以中東語文發行的第一份定期刊物，是埃及的穆罕默德．阿里帕夏創辦的。這是埃及的官方刊物，創刊號出現在一八二八年十一月二十日的開羅。鄂圖曼同等的官方報刊出現在幾年之後，即一八三二年。當中有篇社論表示，官方的監督機制，是古代鄂圖曼帝國史學制度的自然發展，其特具的功能，是把「事件的真正性質跟政府法令的宗旨」公諸大眾，以避免誤解、防止不明內情的指責。社論還指出另一項目的，即提供商業、科學和藝術方面的實用知識。一八三四年，鄂圖曼郵政機構的開辦，大大促成了這份期刊的流通，成為唯一使用土耳其文的報紙。後來才有第一份非官方的期刊，這是一八四〇年由英國人威廉．邱吉爾（William Churchill）創辦的週刊。在伊朗，某種官方性質的報刊，是在一八三五年由米爾札．穆罕默德．撒利赫（Mīrzā Muhammad Sālih）開辦的，他曾是第一批派往英國的伊朗留學生之一。

從現代讀者的觀點來看，這些官辦的報刊，包括開羅、伊斯坦堡和德黑蘭的報刊，稍嫌貧乏、枯燥，其興趣和訴求都有所局限。但不管怎樣，它們一定扮演過某種重要的角色，使土耳其、埃及或波斯各自的讀者，至少形成了有關外部世界的大致輪廓，同時也有助於新聞用語的造字，以指稱尚未為人所知的制度和觀念，並加以討論。因此在詞彙方面出現的革新，使發現的過程有了重大的進展。至於之後的報紙和期刊，也為譯本數量的持續成長，提供了載體和媒介，這些譯本帶來了有關歐洲的資訊，其中有許多是由歐洲人寫給穆斯林讀者的。

翻譯西書的活動

在十九世紀初葉，西法革新方面有兩個重鎮，即土耳其和埃及。兩大重鎮都首重西書譯本的製作和出版。尤其在埃及，這裡有有組織的、國家贊助的翻譯計畫。在過去，阿拔斯（Abbasid）哈里發曾推行過，把希臘的哲學、科學著作譯成阿拉伯文，如今埃及的計畫更勝一籌。在一八二二到四二年間，開羅出版了兩百四十三本書，其中絕大部分是譯書。儘管是在埃及，也就是在操阿拉伯語的國家發行，但譯本多半是土耳其文。在穆罕默德．阿里帕夏的埃及，土耳其文仍是領導菁英的語文，所以有關陸軍和海軍方面的著作，包括理論數學和應用數學，幾乎全是土耳其文。帕夏派到歐洲的留學生，多半是埃及境外的、操土耳其語的鄂圖曼人。另一方面，有關醫學、獸醫學和農業方面的著作，主要是阿拉伯文，這些著作並沒有針對操土耳其語的領導菁英。史學在當時被認定為實用的科學，似乎也是專屬菁英的東西，因為早期在穆罕默德·阿里名下發行的少許歷史書，全都是土耳其文。在一八二九到三四年間，有四本西洋的史書被譯出，一本談俄國的凱薩琳大帝（Catherine the Great，譯註：即十八世紀俄國女皇凱薩琳二世），其他三本談的則是拿破崙及其時代。後來隔了好幾年，才出現下一本史學譯本，即伏爾泰的《查理十二世傳》（*Histoire de Charles XII*，譯註：查理十二世為十七世紀末、十八世紀初葉的瑞典國王），一八四一年出版。這次不再是土耳其文，而是阿拉伯文了，但還是屬於後續在埃及出版的史學著作譯本⑪。

在埃及出版的土耳其文譯本，不消說也發行到土耳其，有些還在那兒再版。但伊斯坦堡的翻譯運動，長期以來局限在科學著作，要等到十九世紀中期，史學方面的西書譯本才開始出現在伊斯坦堡。這個轉捩點出現在一八六六年，一本英文的世界通史被譯成土耳其文譯本，並在此出版。

在伊朗，對西洋史的興趣，在拉希德·丁卓越的編年史之後，似乎就消失了。他的著作有不少仿效者，但對偏遠地帶的處理方式變得制式化，沒有增添什麼引起興趣的新事物。一直要到十九世紀初葉，我們才看到幾本有關西洋史的著作，其中多半仍是手抄本。值得注意的是，這些書主要引自土耳其文的資料來源，而較少直接從西文。有一部沒有記載時間的手抄本，研判大概是在十九世紀初，一位匿名的作者，以二十八章的篇幅，談了從凱撒到查理一世的英國史⑫。除此之外，用波斯文寫的西歐史，要到十九世紀後半才出現。到了當時，不管是土耳其文或阿拉伯文，都已經有很豐富的資料，這一點，連同成長迅速的報紙和期刊，想必改變了穆斯林讀者的世界觀。

在十九世紀前半葉期間，發現的過程到達遼闊的境界。歐洲不再是等著穆斯林讀者來加以發現，而是自己就侵入了穆斯林國度，造成了嶄新的關係，使得穆斯林世界要好一段時間才能加以適應，而其中也有再怎樣都接納不了的部分。

各方面的轉變

在十九世紀前半，從許多方面都可看出這個變化。其中一個方面是對外語，亦即對歐語的態度。歐語知識頭一次被看成可容許的東西，接著被看作是值得學習的，最後則成為非學不可的東西。穆斯林青年必須向洋夫子求教，起初在他們自己的國家，後來甚至去到歐洲留學。這樣的舉動，在不久之前還被看成是荒誕不經、不可告人的。如今外語知識成為重要的條件，外語學校和翻譯機構，成為直通軍方和朝中地位的康莊大道。境遇上的同樣變化，使得基督信徒少數族群，得以扮演新的重要角色，尤其是在阿拉伯國家，其情況大大好過在土耳其或波斯，這裡的少數族群，必須和穆斯林多數族群共用其語言和文化。

去到歐洲的穆斯林人數開始成長，起初是使節，接著是留學生，再來是其他各色人等，後來有一陣子甚至涵蓋了政治難民。歐洲的知識和觀念向著中東的流動，過去曾透過種種類似的管道，如今是前所未有的寬廣。除了規模大上許多的人潮之外，還有很多新的接觸層面。像是學校和部隊、書籍和報刊、政府機關和財政機構，這些全都有助於加深、加廣穆斯林對歐洲的注意。一股逐漸被看成無比強大且迅速增長的力量，威脅著伊斯蘭的生存，要求著人們加以了解，以及一定程度的仿效。

而舊有的鄙視和缺乏興趣的態度，一時已有所改變，至少是在領導階層中的一些菁英份子。到後來，穆斯林開始轉向歐洲，就算不是帶著欽佩，多少也是有著尊敬，甚是懼怕的成分，並以仿效作為最大的恭維。在發現方面，新的階段開始了，且幾乎持續到我們這個時代。

註釋

二〇〇一年平裝版序

1. James, Boswell, *The Life of Samuel Johnson L.L.D.* (New York, The Modern Library) pp. 45, 1039.
2. See below, p. 57.

第一章

1. Edward Gibbon, *The Decline and Fall of the Roman Empire,* ed. J.B. Bury (London, 1909/1914), vol. 6, chap. 52:16.
2. Zuhrī, *Kitāb al-Dju'rāfiya.* Mappemonde du Calife al-Ma'mun réproduite par Fazàri (III/IX s.) rééditée et commentée par Zuhrī (VIe/XIIe s.), ed. M. Hadj-Sadok in *Bulletin d'études orientales* 21 (1968): 77/230; cf. French transl., p. 39.
3. Ibn 'Abd al-Ḥakam, *Futūḥ Miṣr wa-akhbāruhā,* ed. C. C. Torrey (New Haven, 1922), pp. 216–217.
4. Ibn al-Qalānisī, *Dhayl ta'rīkh Dimashq (History of Damascus 365–555 A.H.),* ed. H. F. Amedroz (Beirut, 1908), p. 134; cf. English transl., H. A. R. Gibb, *The Damascus Chronicles of the Crusades,* (London, 1932), p. 41.
5. Ibn al-Athīr, *al-Kāmil fi'l-ta'rīkh,* ed. C. J. Thornberg (Leiden, 1851–1876), 10:185, year 491.
6. *Ibid.,* 10: 192–193, year 492.
7. E. Ashtor, "The Social Isolation of the *Ahl adh-Dhimma," Pal Hirschler Memorial Book* (Budapest, 1949), pp. 73–94.
8. Abū Shāma, *Kitāb al-Rawḍatayn fī akhbār al-dawlatayn,* 2nd edition, ed. M. Ḥilmī Aḥmad (Cairo, 1962), 1 pt. 2: 621–622.

9. Ahmedi in *Osmanli Tarihleri,* ed. N. Atsiz (Istanbul, 1949), p. 7; cf. Paul Wittek, *The Rise of the Ottoman Empire* (London, 1938), p. 14.
10. Oruç, *Die frühosmanischen Jahrbücher des Urudsch,* ed. F. C. H. Babinger (Hanover, 1925), p. 124; *Oruç Beğ Tarihi,* ed. N. Atsiz (Istanbul, 1972), pp. 108–9.
11. English transl., E. J. W. Gibb, *The Capture of Constantinople* (London, 1879) pp. 33–34 (slightly revised); cf. Sa'd al-Din, *Taj al-tavarih* (Istanbul, 1279 A.H.), 1:419ff.
12. Tursun, *The History of Mehmed the Conqueror,* ed. and trans. H. Inalcik and R. Murphy (Minneapolis and Chicago, 1978), fols. 156a–156b.
13. Neşri, *Gihānnümā, die Altosmanische Chronik des Mevlānā Meḥemmed Neschrī,* ed. F. Taeschner (Leipzig, 1951), 2:307–8; *Kitab-i Cihan Nüma, Neşri Tarihi,* ed. F.R. Unat and M.A. Köymen (Ankara, 1949), 2: 838–39.
14. R. Knolles, *The generall historie of the Turkes, from the first beginning of that nation to the rising of the Othoman families* (London, 1603), p.1.
15. Eskandar Monshi, *History of Shah Abbas the Great,* trans. R. M. Savory, (Boulder, 1978), 2:1202–3.
16. *Tarih al-Hind al-Garbi* (Istanbul, 1729), fol. 6bff.
17. On this project, see the article of H. Inalcik, "Osmanli-Rus rekabetinin menşei ve Don Volga Kanali teşebbüsü (1569)," *Belleten* 46 (1948): 349–402; English version, "The Origins of the Ottoman-Russian Rivalry and the Don Volga Canal, 1569," *Annals of the University of Ankara* 1 (1946–47): 47–107.
18. Ogier Ghiselin de Busbecq, *The Turkish Letters . . . ,* trans. C. T. Forster and F. H. B. Daniell (London, 1881), 1: 129–30; cf. *The Turkish Letters . . . ,* trans. W. S. Forster (Oxford, 1927), pp. 40–41.
19. *Silihdar tarihi* (Istanbul, 1928), 2:80.
20. *Ibid.,* 2:87; cf. German transl., R. F. Kreutel, *Kara Mustafa vor Wien* (Graz, 1955), pp. 160 and 166.
21. Cited in Ahmet Refik, *Ahmet Refik hayati seçme şiir ve yazilari,* ed. R. E. Koçu (Istanbul, 1938), p. 101.
22. F. von Kraelitz-Greifenhorst, "Bericht über den Zug des Gross-Botschafters Ibrahim Pascha nach Wien im Jahre 1719," *Akademie der Wiss. Wien: Phil. Hist. Kl. Sitzungsberichte* 158 (1909): 26–77.
23. *Das Asafname des Lutfi Pascha,* ed. and trans. R. Tschudi (Berlin, 1910), p. 34.
24. *Mühimme defteri,* vol. 16, no. 139: "Donanma-i hümayun küffar-i ḫaksar donanmasi ile mülaki olup iradet Allah nev'-i aḫire müte-'allik oldu . . ." Cf. M. Lesure, *Lepante: la crise de l'empire Ottoman* (Paris, 1972), p. 180.
25. *Tarih-i Peçevi* (Istanbul, 1283 A.H.), 1: 498–99; cf. A. C. Hess, "The

Battle of Lepanto and its Place in Mediterranean History," *Past and Present* 57 (1972): 54.

26. Kemalpaşazade, *Histoire de la campagne de Mohacz . . .*, ed. and trans. M. Pavet de Courteille (Paris, 1859), pp. 24–27.
27. Qur'ān, 60.1; cf. Qur'ān 5.51.
28. *Tarih-i Cevdet* (Istanbul, 1301–1309 A.H.) 5:14.
29. Vasif in Cevdet, 4:357–58; cf. French transl., Barbier de Meynard, "Ambassade de l'historien Turc Vaçif-Efendi en Espagne (1787–1788)," *Journal Asiatique* 5 (1862): 521–23.
30. V. L. Ménage, "The English Capitulations of 1580: A Review Article," *International Journal of Middle Eastern Studies* 12 (1980): 375.
31. Ibrahim Müteferrika, *Uṣūl al-ḥikem fī niẓām al-umem* (Istanbul, 1144 A.H.); *idem*, French version, *Traité de la Tactique* (Vienna, 1769).
32. T. Öz, ed., "Selim III ün Sirkatibi tarafindan tutulan Ruzname," *Tarih Vesikalari* 3 (May, 1949): 184; cf. Cevdet, 6:130; cf. B. Lewis, "The Impact of the French Revolution on Turkey," in *The New Asia: Readings in the History of Mankind*, ed. G.S. Metraux and F. Crouzet (1965), p. 119, n. 37.
33. Cevdet, 6: 118–19; see further B. Lewis, "The Impact of the French Revolution . . . ," p. 57, n. 12.
34. E. Z. Karal, "Yunan Adalarinin Fransizlar tarafindan işgali," *Tarih Semineri Dergisi*, (1937), p. 113 ff; Cevdet, 6: 280–81.
35. Cevdet, 6: 311; cf. Bernard Lewis, *The Emergence of Modern Turkey* (London, 1968), pp. 66–67.
36. Jabartī, *ʿAjā'ib al-athār fī al-tarājim wa'l-akhbār* (Būlāq, 1297 A.H.), 3:2–3.
37. Nicola Turk, *Chronique d'Egypte 1798–1804*, ed. and trans. Gaston Wiet (Cairo, 1950), text pp. 2–3; cf. French transl., pp. 3–4. See also George M. Haddad, "The historical work of Niqula el-Turk, 1763–1828," *Journal of the American Oriental Society*, 81 (1961), pp. 247–51.
38. *Ibid.*, p. 173; cf. French translation, p. 223.
39. E. Ziya Karal, *Halet Efendinin Paris Büyük Elçiligi 1802–1806* (Istanbul, 1940), pp. 32–34, 35, and 62; cf. B. Lewis, "The Impact of the French Revolution . . . ," p. 54.
40. *Asim Tarihi* (Istanbul, n.d.), 1:374–76; cf. Cevdet, 8:147–48 and Bernard Lewis, *The Emergence of Modern Turkey*, p. 72.

第二章

1. H. R. Idris, "Commerce maritime et ḳirāḍ en Berberie orientale," *JESHO*, 14 (1961), pp. 228–29.

2. W. Cantwell Smith, *The Meaning and End of Religion* (New York, 1964), pp. 58ff, 75ff; cf Marcel Simon, *Verus Israel* (Paris, 1948), p. 136 ff.
3. Qur'ān, 112.
4. *Ibid.*, 16.115.
5. *Ibid.*, 109.
6. See D. Santillana, *Instituzioni di Diritto Musulmano*, 1 (Rome, 1926): 69–71; L. P. Harvey, "Crypto-Islam in Sixteenth Century Spain," *Actas del Primer Congreso de Estudios Árabes e Islámicos* (Madrid, 1964), pp. 163–178; al-Wansharīshī, *Asnā al-matājir fī bayān aḥkām man ghalaba ʿala waṭanihi al-naṣārā wa-lam yuhājir*, ed. Ḥusayn Mu'nis, in *Revista del Instituto Egipcio de Estudios Islámicos en Madrid* 5 (1957): 129–191.
7. Ṣāʿid b. Aḥmad al-Andalūsī, *Kitāb Ṭabaqāt al-Umam*, (Cairo, n.d.), p. 11; cf. French transl., R. Blachère, *Livre des catégories des nations, Publications de l'Institut des Hautes Études Marocaines* 28 (Paris, 1935): 36–37.

第三章

1. Rashīd al-Dīn, *Histoire universelle . . . , I, Histoire des Franks*, ed. and trans. K. Jahn (Leiden, 1951), text p. 11; cf. French transl., p. 24; cf. German transl., K. Jahn, *Die Frankengeschichte des Rašīd ad-Dīn* (Vienna, 1977), p. 54.
2. G.S. Colin, "Un petit glossaire hispanique arabo-allemand de début du XVIe siècle," *al-Andalus* 11 (1946): 275–81.
3. On the translation movement and its accomplishments, see F. Rosenthal, *The Classical Heritage in Islam* (London, 1975).
4. On the Orosius version, see G. Levi Della Vida, "La traduzione araba delle storie di Orosio," *al-Andalus* 19 (1954): 257–93.
5. Awḥadī, ed. M. Hamidullah, "Embassy of Queen Bertha to Caliph al-Muktafi billah in Baghdad 293/906," *Journal of the Pakistan Historical Society* 1 (1953): 272–300. See further, G. Levi Della Vida, "La corrispondenza di Berta di Toscano col Califfo Muktafi," *Rivista Storica Italiana* 66 (1954): 21–38; C. Inostrancev, "Notes sur les rapports de Rome et du califat abbaside au commencement du Xe siècle," *Rivista degli Studi Orientali* 6 (1911–1912): 81–86.
6. Ibn al-Nadīm, *Kitāb al-Fihrist*, ed. G. Flügel (Leipzig, 1871), 1: 15–16; cf. English transl., B. Dodge (New York, 1970), 1: 28–31.
7. Both volumes of Osman Ağa's memoirs were first published in German translation: see R. F. Kreutel and O. Spies, *Leben und Abenteuer des Dolmetschers ʿOsman Ağa* (Bonn, 1954), and R. F. Kreutel, *Zwischen Paschas und Generalen* (Graz, 1966). The Turkish text of one

volume has been edited by R. F. Kreutel, *Die Autobiographie des Dolmetschers ʿOsman Ağa aus Temeschwar* (Cambridge, 1980).

8. Ö. L. Barkan, *XV ve XVlinci asirlarda Osmanli Imparatorluğunda zirai ekonominin hukuki ve mali esaslari,* vol. 1, *Kanunlar* (Istanbul, 1943), p. 213.

9. See J. Wansbrough, "A Mamluk Ambassador to Venice in 913/1507," *Bulletin of the School of Oriental and African Studies* 26, pt. 3 (1963): 503–30.

10. F. Babinger, "Der Pfortendolmetscher Murad und seine Schriften," in *Literaturdenkmäler aus Ungarns Türkenzeit,* ed. F. Babinger et al. (Berlin and Leipzig, 1927) pp. 33–54.

11. Evliya, *Seyahatname* (Istanbul, 1314 A.H.), 7: 322; cf. German translation, R. F. Kreutel, *Im Reiche des Goldenen Apfels* (Graz, 1957), p. 199.

12. Evliya, 7: 323; cf. Kreutel, p. 200.

13. Evliya, 3: 120–21.

14. Muḥammad b. ʿAbd al-Wahhāb, al-Wazīr al-Ghassānī, *Riḥlat al-wazīr fī iftikāk al-asīr,* ed. Alfredo Bustānī (Tangier, 1940), p. 96; cf. French transl. by H. Sauvaire, *Voyage en Espagne d'un Ambassadeur Marocain* (Paris, 1884), pp. 225–26.

15. Kâtib Çelebi, *Irşad al-hayara ila tarih al-Yunan wa'l-Rum wa'l-Nasara,* manuscript in Türk Tarih Kurumu Library, no. 19 (no pagination). Kâtib Çelebi is also known as Hajji Khalifa, in Turkish orthography Haci Halife. The ms. is briefly described by V.L. Ménage in "Three Ottoman Treatises on Europe," *Iran and Islam,* ed. C.E. Bosworth (Edinburgh, 1971), pp. 421–23.

16. Arnold of Lübeck, *Chronicon Slavorum,* ed. W. Wattenbach, *Deutschlands Geschichtsquellen* (Stuttgart-Berlin, 1907) bk. vii, chap. 8.

17. A. Bombaci, "Nuovi firmani greci di Maometto II," *Byzantinische Zeitschrift* 47 (1954): 238–319; *idem,* "Il 'Liber Graecus,' un cartolario veneziano comprendente inediti documenti Ottomani in Greco (1481–1504)," *Westöstliche Abhandlungen,* ed. F. Meier, (Wiesbaden, 1954), pp. 288–303. See further Christos G. Patrinelis, "Mehmed II the Conqueror and his presumed knowledge of Greek and Latin," *Viator,* 2 (1971): 349–54.

18. See H. and R. Kahane and A. Tietze, *The Lingua Franca in the Levant* (Urbana, 1958).

19. L. Bonelli, "Elementi italiani nel turco ed elementi turchi nell italiano," *L'Oriente* 1 (1894): 178–96.

20. Şem'danizade, *Şem'dani-zade Findiklili Süleyman Efendi tarihi mür'it-tevarih,* ed. M. M. Aktepe (Istanbul, 1978), p. 107. See preface to *Relation de l'ambassade de Méhmet Effendi à la cour de France en 1721 écrite*

par lui même et traduite du turc par Julién Galland (Constantinople and Paris, 1757).

21. Cited in C. Issawi, "The Struggle for Linguistic Hegemony," *The American Scholar* (summer, 1981), pp. 382–87.
22. Seid Mustafa, *Diatribe de l'ingénieur sur l'état actuel de l'art militaire, du génie et des sciences à Constantinople* (Scutari, 1803; reprinted by L. Langlès, Paris, 1810), pp. 16–17. According to Langlès, Seid Mustafa was a graduate and later a teacher of engineering. Hammer-Purgstall, however, says that "Seid Mustafa" was a fiction and that the tract was written at the request of the Reis Efendi by the Greek dragoman Yakovaki Argyropoulo. On Y. Argyropoulo, a key figure in the early translation movement, see "Jacques Argyropoulos," *Magasin Pittoresque* (1865), pp. 127–28.
23. Şanizade, *Tarih* (Istanbul, 1290–1291 A.H.), 4: 33–35; cf. Cevdet, 11: 43 and [J. E. de Kay] *Sketches of Turkey in 1831 and 1832* (New York, 1833).
24. B. Lewis, *The Emergence of Modern Turkey,* pp. 88–89.
25. S. Ünver, *Tanzimat,* 1, Turkish Ministry of Education (Istanbul, 1940), pp. 940–41.

第四章

1. For contrasting views on the significance of the Hellenistic element in Islamic civilization and of the resulting affinities with Christendom, see C.H. Becker, *Islamstudien,* vol. 1 (Leipzig, 1924), especially chapters 1, 2, 3, and 14; and also Jörg Kraemer, *Das Problem der Islamischen Kulturgeschichte* (Tübingen, 1959).
2. Ibn al-Faqīh, cited in Yāqūt, *Muʿjam al-buldān,* s.v. "Rūmiya."
3. Part of his account is preserved and quoted in Ibn Rusteh, *Kitāb al-Aʿlāq al-nafīsa,* ed. M. J. De Goeje (Leiden, 1892), pp. 119–130. See further, *Encyclopedia of Islam,* 2nd ed., s.v. 'Hārūn b. Yaḥyā' (M. Izzedin). The *Encyclopedia of Islam* will hereafter be cited as EI1. or EI2. .
4. The Kadi's memoirs were published by I. Parmaksizoğlu, "Bir Türk kadisinin esaret hatiralari," *Tarih Dergisi* 5 (1953): 77–84.
5. On Osman Ağa, see above Chap. 3, n. 7. On other prisoners, see O. Spies, "Schicksale Türkischer Kriegsgefangener in Deutschland nach den Türkenkrieg," *Festschrift Werner Caskel,* ed. E. Graf (Leiden, 1968), pp. 316–35.
6. Usāma, *Kitāb al-Iʿtibār,* ed. P.K. Hitti (Princeton, 1930), p. 132; cf. English transl., P.K. Hitti, *An Arab-Syrian Gentleman and Warrior in the Period of the Crusades* (New York, 1929), p. 161.

7. On this story, see V. Barthold, "Karl Veliki i Harun ar-Rashid," *Sočineniya* 6 (Moscow, 1966): 342–64; Arabic transl. in V. V. Barthold, *Dirāsāt fī ta'rīkh Filasṭīn fi'l-ʿuṣūr al-wusṭā,* trans. A. Haddād (Baghdad, 1973): 53–103. Also see S. Runciman, "Charlemagne and Palestine," *English Historical Review* 50 (1935): 606–19.
8. See above, chap. 3, n. 5.
9. Arabic text, R. Dozy, ed., *Recherches sur l'histoire et la litterature de l'Espagne pendant le moyen âge,* 3rd ed. (Paris-Leiden, 1881), 2: 81–88; reprinted by A. Seippel, *Rerum Normannicarum Fontes Arabici* (Oslo, 1946), pp. 13–20. Cf. German translation, G. Jacob, *Arabische Berichte von Gesandten an germanische Fürstenhöfe aus dem 9. und 10. Jahrhundert* (Berlin-Leipzig, 1927), pp. 38–39; French transl. in R. Dozy, *Recherches,* 3rd ed., 2: 269–78. For discussions, see W. E. D. Allen, *The Poet and the Spae-Wife* (Dublin, 1960), and E. Lévi-Provençal, "Un échange d'ambassades entre Cordoue et Byzance au IXe siècle," *Byzantion* 12 (1937): 1–24, who dismisses the story as a literary fabrication based on a genuine embassy to Constantinople. See further, EI2. , s.v. "Ghazāl" (A. Huici Miranda). Also see A. A. el-Hajji, "The Andalusian Diplomatic Relations with the Vikings during the Umayyad Period," *Hesperis Tamuda,* 8 (1967): 67–110.
10. The surviving fragments of Ibrāhīm ibn Yaʿqūb's travels have formed the subject of an extensive literature. Both texts, the ʿUdhrī version as preserved by Qazvīnī and the Bakrī passages are available in print: Qazvīnī, in the *editio princeps* by F. Wüstenfeld, *Zakarija ben Muhammed ben Mahmud al-Cazwini's Kosmographie,* II, *Kitāb Athār al-bilād. Die Denkmäler der Länder* (Göttingen, 1848); the Bakrī excerpt was first edited by A. Kunik and V. Rosen, *Izvestiya al-Bekri i drugikh' autorov' o Rusi i Slavyanakh* (St. Petersburg, 1878–1903), reprinted with a critical commentary by T. Kowalski, *Relatio Ibrāhīm Ibn Jaʿḳūb de itinere slavico,* in *Monumenta Poloniae Historica* 1 (Cracow, 1946): 139ff., and now conveniently accessible in an edition of Bakrī's book by A.A. el-Hajjī, ed., *Jughrāfiya al-Andalus wa-Urūba* (Beirut, 1968). Translations include G. Jacob in *Arabische Berichte . . . ,* pp. 11–33; and most recently, A. Miquel, "L'Europe occidentale dans la relation arabe de Ibrāhīm b. Yaʿqūb," *Annales ESC* 21 (1966): 1048–1064. Other studies include, B. Spuler, "Ibrāhīm ibn Jaʿqūb Orientalistische Bemerkungen," *Jahrbücher für Geschichte Osteuropas,* 3 (1938): 1–10; E. Ashtor, *The Jews of Moslem Spain,* vol. 1 (Philadelphia, 1973), pp. 344–49; A.A. el-Hajji, "Ibrāhīm ibn Yaʿqūb at-Tartūshī and his diplomatic activity," *The Islamic Quarterly* 14 (1970): 22–40. See further EI2. , s.v. "Ibrāhīm b. Yaʿqūb," (A. Miquel).
11. G. Jacob, *Arabische Berichte,* p. 31, n. 1: "Es ist charakteristisch, dass der arabische Diplomat den Kaiser als Gewährsmann nicht nennt,

wahrend der jüdische Handelsmann sich mit dieser Beziehung brüstet."

12. Mentioned in the biography of John of Gorze, see R. W. Southern, *The Making of the Middle Ages* (London, 1953), p. 36ff.
13. Ibn Wāṣil, *Mufarrij al-kurūb fī akhbār banī Ayyūb,* ed. H. M. Rabie (Cairo, 1979), 4: 248.
14. Ibn Khaldūn, *Al-Taʿrīf bi-ibn Khaldūn wa-riḥlatuh gharban wa-sharqan,* ed. Muḥammad ibn Ta'wīt al-Tanjī (Cairo 1951), pp. 84–85; cf. French transl. by A. Cheddadi, *Le Voyage d'Occident en Orient* (Paris, 1980), pp. 91–92.
15. Usāma, pp. 140–141; cf. Hitti, pp. 169–76.
16. *Abū Ḥāmid al Granadino y su relación de viaje por tierras eurasiáticas,* ed. and trans. C.E. Dubler (Madrid, 1953). See further, I. Hrbek, "Ein arabischer Bericht über Ungarn," *Acta Orientalia* 5 (1955): 205–30.
17. Ibn Jubayr, *Riḥla (The Travels of Ibn Jubayr)* ed. W. Wright (Leiden, 1907), p. 303; cf. English transl. R. C. J. Broadhurst, *The Travels of Ibn Jubayr* (London, 1953), p. 318.
18. Ibn Jubayr, pp. 305–6; cf. Broadhurst, p. 321.
19. *Ibid.,* p. 301; cf. Broadhurst, pp. 316–17. The concluding quotation is from Qur'ān, 7.154.
20. Ibn Shāhīn al-Ẓāhirī, *Zubdat kashf al-mamālik,* ed. P. Ravaisse (Paris, 1894) p. 41; cf. French translation, J. Gaulmier, *La zubda kachf al-mamālik* (Beirut, 1950), p. 60. Cf. M. A. Alarcón and R. Garcia, *Los documentos árabes diplomáticos del Archivo de la corona de Aragón* (Madrid and Granada, 1940).
21. See P. Pelliot, "Les Mongols et la Papauté," *Revue de l'Orient Chrétien* 3rd ser., 23 (1922–23): 3–30, 24 (1924): 225–335, and 28 (1931); V. Minorsky, "The Middle East in Western Politics in the thirteenth, fifteenth, and seventeenth Centuries," *Royal Central Asian Society Journal* 4 (1940): 427–61; J. A. Boyle, "The Il-Khans of Persia and the Princes of Europe," *Central Asian Journal* 20 (1976): 28–40; D. Sinor, "Les Relations entre les Mongols et l'Europe jusqu'à la Mort d'Arghoun et de Bela IV," *Cahiers d'Histoire Mondiale* 3 (1956): 37–92.
22. ʿUmarī, *al-Taʿrīf bil-muṣṭalaḥt al-sharīf* (Cairo, 1312 A.H.).
23. Qalqashandī, *Ṣubḥ al-aʿshā fī ṣināʿat al-inshā'* (Cairo, 1913ff), 8: 25ff; cf. M. Amari, "Dei titoli che usava la cancelleria di Egitto," *Mem. del. R. Acc. Linc.* (1883–84): 507–34; H. Lammens, "Correspondence diplomatiques entre les sultans mamlouks d'Égypte et les puissances chrétiennes," *Revue de l'Orient Chrétien* 9 (1904): 151–87 and 10 (1905): 359–92.
24. Qalqashandī, 7: 42ff.

25. Juvaynī, *Ta'rīkh-i jihān gushā,* ed. M. M. Qazvīnī, vol. 1 (London, 1912), pp. 38–39. Cf. English transl., J. A. Boyle, *The History of the World Conqueror* (Manchester, 1958), 1: 53.
26. Nicholas de Nicolay, *Les navigations . . .* (Antwerp, 1576), p. 246.
27. B. Lewis, *Notes and Documents from the Turkish Archives* (Jerusalem, 1952), pp. 32 and 34.
28. A. Arce, "Espionaje y última aventura de Jose Nasi (1569–1574)" *Sefarad* 13 (1953): 257–86.
29. C.D. Rouillard, *The Turk in French History, Thought, and Literature 1520–1660* (Paris, 1938), pt. 1, chap. 2.
30. M. Herbette, *Une Ambassade Persane sous Louis XIV* (Paris, 1907).
31. A. A. De Groot, *The Ottoman Empire and the Dutch Republic: A History of the Earliest Diplomatic Relations 1610–1670* (Leiden, 1978), pp. 125–29.
32. On the reports of Ottoman embassies to Europe and elsewhere, see F. Babinger, *Die Geschichtsschreiber der Osmanen und ihre Werke* (Leipzig, 1927), pp. 322–37, hereafter cited as *GOW;* and for a much fuller account, F. R. Unat, *Osmanli Sefirleri ve Sefaretnameleri* (Ankara, 1968). A few of these texts have been translated (see Babinger, *loc. cit.*); the best and most recent are the annotated German versions published by R. F. Kreutel in his series, *Osmanische Geschichtsschreiber* (Graz, 1955ff). On European diplomacy in Istanbul, see B. Spuler, "Die europäische Diplomatie in Konstantinopel bis zum Frieden von Belgrad (1739)," *Jahrbücher für Kultur und Geschichte der Slaven,* 11 (1935): 53–115, 171–222, 313–366; idem, "Europäische Diplomaten in Konstantinopel bis zum Frieden von Belgrad (1739)," *Jahrbücher für Geschichte Osteuropas* 1 (1936): 229–62, 383–440.
33. See Babinger, *GOW,* p. 325.
34. See K. Teply, "Evliyā Çelebī in Wien," *Der Islam* 52 (1975): 125–31.
35. Evliya, 7: 398–99; cf. Kreutel, p. 160–61.
36. There are several editions of the embassy report of Mehmed Efendi with some variations in the text. The book was first published in Paris and Istanbul with a French translation as *Relation de l'embassade de Méhmet Effendi à la cour de France en 1721 écrite par lui même et traduit par Julién Galland* (Constantinople and Paris, 1757). I have used the Turkish edition of Ebuzziya, ed., *Paris Sefaretnamesi* (Istanbul, 1306). When this book was already in proof a new edition of Galland's version appeared—Mehmed Efendi, *Le paradis des infidèles,* ed. Gilles Veinstein, (Paris, 1981).
37. Mehmed Efendi, p. 345; cf. French transl., pp. 34ff.
38. *Ibid.,* p. 43; cf. French transl., p. 49.
39. *Ibid.,* p. 64; cf. French transl., pp. 62–63.
40. Duc de St. Simon, cited in N. Berkes, *The Development of Secularism in*

Turkey (Montreal, 1964), p. 35. For a brief but illuminating appreciation of Mehmed Efendi and his role see A. H. Tanpinar, *XIX Asir Türk edebiyati tarihi,* vol. 1 (Istanbul, 1956), pp. 9ff.

41. Resmi, *Viyana Sefaretnamesi* (Istanbul, 1304), p. 33.
42. Azmi, *Sefaretname 1205 senesinde Prusya Kirali Ikinci Fredrik Guillaum'in nezdine memur olan Ahmed Azmi Efendinin'dir* (Istanbul, 1303 A.H.), p. 52; Resmi, *Berlin Sefaretnamesi* (Istanbul, 1303), p. 47.
43. Vasif's report is printed in Cevdet, 4: 348–58.
44. Vasif in Cevdet, 4: 349–50.
45. On Ratib, see Cevdet, 5: 232ff; F. R. Unat, *Osmanli Sefirleri,* pp. 154–62; C. V. Findley, *Bureaucratic Reform in the Ottoman Empire: The Sublime Porte, 1789–1922* (Princeton, 1980), pp. 118 and 372; S. J. Shaw, *Between Old and New, The Ottoman Empire Under Sultan Selim III* (Cambridge, Mass., 1971), pp. 95–98.
46. On Moroccan ambassadors and other Muslim travelers to Spain, see H. Pérès, *L'Espagne vue par les Voyaguers Musulmans de 1610 a 1930* (Paris, 1937).
47. See above chapter 3, note 14.
48. S.C. Chew, *The Crescent and the Rose* (Oxford, 1937), pp. 327–33.
49. M. Herbette, *Une Ambassade Persane,* passim.
50. On Shīrāzī, see C. A. Storey, *Persian Literature,* vol. 1, pt. 2 (London, 1953) pp. 1067–8.
51. Parts of this narrative were translated from a manuscript by A. Bausani, "Un manoscritto Persiano inedito sulla Ambasceria di Ḥusein Ḫān Moqaddam Āğūdānbāšī in Europa negli anni 1254–1255 H. (1838–39 A.D.)," *Oriente Moderno* 33 (1953). The original was published in Iran but from a different manuscript, *Sharḥ-i ma'mūriyat-i Ājūdān bāshī (Ḥusayn Khān Niẓām ad-Dawla) dar Safārat-i Otrīsh, Farānsa, Inglistān* (Tehran (?), 1347 S.).
52. A. Bausani, "Un manoscritto Persiano . . . ," p. 488. This paragraph is missing from the Tehran edition.
53. Ilyās b. Ḥannā, *Le plus ancien voyage d'un Oriental en Amerique (1668–1683),* ed. A. Rabbath, S. J. (Beirut, 1906). This edition first appeared in the Beirut review *al-Mashriq,* nos. 18 (Sept. 1905) through 23 (Dec. 1905) as "Premier voyage d'un oriental en Amerique."
54. Azulay, *Maʿgal ṭōḇ ha-shalem,* ed. A. Freimann (Jerusalem, 1934); English transl. in E. Adler, *Jewish Travellers,* pp. 345–68.
55. P. Preto, *Venezia e i Turchi* (Padua, 1975), p. 128 citing P. Paruta, *Historia della gūerra di Cipro* (Venice, 1615), p. 35. On the Turkish colony in Venice, see also A. Sagrado and F. Berchet, *Il Fondacho dei Turchi in Venezia* (Milan, 1860), pp. 23–28 and G. Verecellin, "Mercanti Turchi a Venezia alla fine del cinquecento," *Il Veltro:*

Rivista della Civiltà Italiana, 23, nos. 2–4 (Mar.–Aug., 1979): 243–75. On the role of Venice as intermediary between Turkey and Europe, see W. H. McNeill, *Venice, the Hinge of Europe 1081–1797* (Chicago, 1974).

56. Preto, p. 129.
57. *Ibid.,* p. 132.
58. *Ibid.,* p. 139.
59. Sir Joshua Hassan, *The Treaty of Utrecht and the Jews of Gibraltar* (London, 1970).
60. For an early example, see F. Babinger, " 'Bajezid Osman' (Calixtus Ottomanus), ein Vorläufer und Gegenspieler Dschem-Sultans," *La Nouvelle Clio* 3 (1951): 349–88.
61. There is a considerable literature on Jem and his adventures in Europe, notably L. Thuasne, *Djem-Sultan: Etude sur la question d'Orient a la fin du XVe siècle* (Paris, 1892); and I.H. Ertaylan, *Sultan Cem* (Istanbul, 1951). The Turkish memoirs were published under the title, *Vakiat-i Sultan Cem* (Istanbul, 1330 A.H.). See further, *EI2.* , s.v. "Djem," (H. Inalcik). For a collection of letters addressed to the sultan on this subject, see J. Lefort, *Documents grecs dans les Archives de Topkapi Sarayi, Contribution à l'histoire de Cem Sultan* (Ankara, 1981).
62. *Vakiat,* pp. 10–11.
63. Ahmad ibn Muhammad al-Khālidī, *Lubnān fī ʿahd al-Amīr Fakhr al-Dīn al-Ma ʿnī al-Thānī,* eds. Asad Rustum and Fu'ād Bustānī (Beirut, 1936, reprinted 1969), pp. 208–41, Mr. Arnon Gross, to whose unpublished study of this text I am indebted, has shown that the text is not, as the editors suggest, a "fake" but is an interpolation based on an authentic narrative.
64. Şerafettin Turan, "Barak Reis'in, Şehzade Cem mes'elesiyle ilgili olarak Savoie 'ya gönderilmesi," *Belleten* 26, no. 103 (1962): 539–55; V.L. Ménage, "The Mission of an Ottoman Secret Agent in France in 1486," *Journal of the Royal Asiatic Society* (1965): 112–32.
65. S. Skilliter, "The Sultan's Messenger, Gabriel Defrens: An Ottoman Master-Spy of the Sixteenth Century," *Wiener Zeitschrift für die Kunde des Morgenlandes,* ed. A. Tietze, vol. 68 (Vienna, 1976), pp. 47–59.
66. ʿUmarī, ed. M. Amari, "Al-ʿUmarī, Condizioni degli stati Cristiani dell' Occidente secondo una relazione di Domenichino Doria da Genova", *Atti R. Acad. Linc. Mem.,* 11 (1883): text p. 15, trans. p. 87. Hereafter cited as ʿUmarī (Amari).
67. Mehmed Efendi, p. 25; French transl., pp. 34–35.
68. Vasif, in Cevdet, 4: 349.
69. Azmi, p. 12.

70. A.W. Kinglake, *Eothen* (London, n.d.), pp. 9–11.
71. Iʿtiṣām al-Dīn, see C. A. Storey, *Persian Literature,* vol. 1, pt. 2, p. 1142. Cf. English transl., J. E. Alexander, *Mirza Itesa Modeen* (London, 1827).
72. *Masīr-i Ṭālibī ya Sefarnāma-i Mīrzā Abū Ṭālib Khān,* ed. H. Khadīv-Jam (Tehran, 1974); cf. English trans., C. Stewart, *Travels of Mirza Abu Talib Khan . . .* (London, 1814). Also see Storey, *Persian Literature,* 1, pt. 2, pp. 878–79.
73. Seyyid Ali's report was published by Ahmed Refik in *Tarih-i Osmani Encümeni Mecmuasi,* 4 (1329/1911): 1246ff, 1332ff, 1378ff, 1458ff, 1548ff. See further M. Herbette, *Une ambassade Turque sous le Directoire,* Paris, 1902.
74. On Ali Aziz, see A. Tietze, "ʿAzīz Efendis Muhayyelat," *Oriens* 1 (1948): 248–329; E. Kuran, "Osmanli daimi elçisi Ali Aziz Efendi'-nin Alman şarkiyatçisi Friedrich von Diez ile Berlin'de ilmi ve felsefi muhaberati (1797)" *Belleten* 27 (1963): 45–58; and *EI2.,* s.v. "ʿAlī ʿAzīz" (A. Tietze).
75. On these embassies, see T. Naff "Reform and the conduct of Ottoman Diplomacy in the Reign of Selim III, 1789–1807," *Journal of the American Oriental Society* 83 (1963): 295–315; E. Kuran, *Avrupa'da Osmanlı Ikamet Elçiliklerinin Kuruluş ve Ilk Elçilerin Siyasi Faaliyetleri 1793–1821* (Ankara, 1968); S. J. Shaw, *Between Old and New* pp. 180ff.
76. On Mehmed Raif see S. J. Shaw, *Between Old and New,* index.
77. On the Egyptian student missions, see J. Heyworth-Dunne, *An Introduction to the History of Education in Modern Egypt* (London, 1938), pp. 104ff, 221ff, and *passim.*

    There is an extensive literature on Sheikh Rifāʿa in Arabic and in Western languages. See *EI1.*, s.v. 'Rifāʿa Bey' (Chemoul); further, J. Heyworth-Dunne, "Rifāʿah Badawī Rāfiʿ aṭ-Ṭahtāwī: The Egyptian Revivalist", *BSOAS* 9 (1937–39): 961–67, 10 (1940–42): 399–415. The fullest treatment is that of Gilbert Delanoue, *Moralistes et politiques musulmans dans l'Egypte du XIXème siècle (1798–1882)* (Service de reproduction des theses, Lille, 1980), 1, chap. 5. Sheikh Rifāʿa's travels in France, entitled *Takhlīṣ al-ibrīz fī talkhīṣ Barīz* (usually known as *al-Rihla*) has been printed a number of times. References are to the (Cairo, 1958) edition.
78. Published in I. Raʿin, *Safarname-i Mīrzā Ṣāliḥ Shīrāzī,* (Tehran, 1347s). See further Storey, *Persian Literature,* I, pt 2, pp. 1148–50, and Hafez Farman Farmayan, "The Forces of modernization in nineteenth century Iran: a historical survey," in W. R. Polk and R. L. Chambers (editors), *Beginnings of Modernization in the Middle East* (Chicago 1968), pp. 122ff.

第五章

1. *Irşad.* See above chapter 3, n. 15.
2. See C.A. Nallino, "al-Khuwarizmi e il suo rifacimento della Geografia di Tolomeo" in *Raccolta di Scritti,* vol. 5 (Rome, 1944), pp. 458–532; D. M. Dunlop, "Muḥammad b. Mūsā al-Khwārizmī," *Journal of the Royal Asiatic Society* (1943): 248–50; and R. Wieber, *Nordwesteuropa nach der arabischen Bearbeitung der Ptolemäischen Geographie von Muḥammad b. Mūsā al-Ḫwārizmī* (Walldorf-Hessen, 1974).
3. The Muslim geographical literature of the Middle Ages is examined in two major works, one by A. Miquel, *La géographie humaine du monde musulman jusqu'au milieu du lle siècle,* 3 vols. (Paris, 1967–80), especially vol. 2, *Géographie arabe et représentation du monde: la terre et l'étranger,* chapters 6 and 7 on eastern and western Europe; the other by I.J. Kračkovsky, *Istoriya Arabskoy Geografičeskoy Literatury, Izbranniye Sočineniya,* vol. 5 (Moscow-Leningrad, 1957), Arabic transl. by S.U. Hāshim, *Ta'rīkh al-adab al-djughrāfī al-'arabī* (Cairo, 1963). For a briefer survey, see *EI*2. , s.v. "Djughrāfiya," (S. Maqbul Aḥmad). On medieval Muslim geographers' knowledge of Europe, see I. Guidi, "L'Europa occidentale negli antichi geografi arabi," *Florilegium M. de Vogüe* (1909): 263–69; E. Ashtor, "Che cosa sapevano i geografi Arabi dell'Europa occidentale?," *Rivista Storica Italiana* 81 (1969): 453–79; K. Jahn, "Das Christliche Abendland in der islamischen *Geschichtsschreibung* des Mittelalters," *Anzeiger der phil.-hist. Klasse der Österreichischen Akademie der Wissenschaften* 113 (1976): 1–19; Y.Q. al-Khūrī, "al-Jughrāfiyūn al-ʿArab wa-Urūba," *al-Abḥāth* 20 (1967): 357–92.
4. Ibn Khurradādhbeh, *Kitāb al-masālik wa'l-mamālik,* ed. M. J. de Goeje (Leiden, 1889), p. 155.
5. *Ibid.,* pp. 92–93.
6. *Ibid.*, p. 153. For an important recent study see M. Gil., "The Rādhā nite Merchants and the Land of Rādhān," JESHO 18 (1974): 299–328.
7. Ibn al-Faqīh, *Mukhtaṣar Kitāb al-Buldān,* ed. M. J. de Goeje (Leiden, 1885); cf. French transl., H. Massé, *Abrégé des Livre des Pays* (Damascus, 1973) p. 8.
8. Ibn Rusteh, *Kitāb al-aʿlāq al-nafīsa,* ed. M. J. de Goeje (Leiden, 1892), p. 85; cf. French transl., G. Wiet, *Les Atours Precieux* (Cairo, 1958), p. 94.
9. Masʿūdī, *Kitāb al-tanbīh wa'l-ishrāf* (Beirut, 1965), pp. 23–24; cf. French transl., Carra de Vaux, *Macoudi, le livre de l'avertissement et de la révision* (Paris, 1897), pp. 38–39.
10. Masʿūdī, *Murūj al-dhahab,* ed. and transl. F. Barbier de Meynard and

Pavet du Courteille (Paris, 1861–77) 3: 66–67; *ibid.,* 2nd ed., C. Pellat (Beirut, 1966–70) 2: 145–46; cf. revised French transl., C. Pellat (Paris, 1962–71) 2: 342.

11. On Arabic accounts of the Vikings, see A. Melvinger, *Les premières incursions des Vikings en Occident d'après les sources arabes* (Uppsala, 1955); A. A. el-Hajji, "The Andalusian diplomatic relations with the Vikings . . ." The sources were collected by A. Seippel, *Rerum Normannicarum,* and translated into Norwegian by H. Birkeland, *Nordens Historie i Middelalderen etter Arabiske Kilder* (Oslo, 1954).
12. See *EI*2. , s.v. *"Asfar,"* (I. Goldziher) and *idem, Muslim Studies* vol. 1, transl. C.R. Barber and S.M. Stern (London, 1967), pp. 268–69.
13. Masʿūdī, *Murūj,* ed. Barbier de Meynard, 3: 69–72; C. Pellat ed., 2: 147–48; cf. Pellat transl. 2: 344–45. For an English translation and discussion, see B. Lewis, "Masʿūdī on the Kings of the 'Franks,'" *Al-Masʿūdī Millenary Commemoration Volume* (Aligarh, 1960), pp. 7–10.
14. Ibn Rusteh, p. 130; cf. Wiet transl., p. 146.
15. Yāqūt, s.v. "Rūmiya." On the Arabic accounts of Rome, see I. Guidi, "La descrizione di Roma nei geografi arabi," *Archivio della Società Romana di Storia Patria* 1 (1877): 173–218.
16. *Ibid.*
17. Qazvīnī, pp. 388–89; cf. Jacob, pp. 26–27; cf. Miquel, pp. 1057–58. For a later account of catching a "large fish," probably a whale, see *Vakiat-i Sultan Cem,* pp. 9–10.
18. A. Kunik and V. Rosen, *Izvestiya al-Bekri,* pp. 34–35; T. Kowalski, *Relatio Ibrāhīm ibn Jaʿḳūb,* pp. 2–3; Bakri, *Jughrāfiya,* ed. A. A. el-Hajji, pp. 160–63; G. Jacob, *Arabische Berichte,* pp. 12–13.
19. Qazvīnī, pp. 334–35; cf. Jacob, pp. 31–32; cf. Miquel, pp. 1052–53.
20. Zuhrī, pp. 229–30/77–78; cf. French transl., p. 93.
21. Idrīsī, *Opus Geographicum,* ed. A. Bombaci *et.al.,* fasc. 8 (Naples, 1978), p. 944; cf. A. F. L. Beeston, "Idrisi's Account of the British Isles," *BSOAS* 13 (1950): 267.
22. Idrīsī, *Opus,* fasc. 8, p. 946.
23. *Ibid.,* pp. 947–48.
24. Ibn Saʿid, *Kitāb Basṭ al-arḍ fi'l-ṭūl wa'l-ʿarḍ,* ed. J.V. Gines (Tetuan, 1958), p. 134. Cf. Abū'l-Fida, *Taqwīm al-buldān,* ed. J.S. Reinaud and M. de Slane (Paris, 1840), p. 187; and Seippel, *Rerum Normannicarum,* p. 23.
25. Ibn Khaldūn, *al-Muqaddima,* ed. Quatremère (Paris, 1858) 3: 93; cf. French transl., M. de Slane, *Les Prolégomènes* (Paris, 1863–68) 3: 129; cf. English transl., F. Rosenthal, *The Muqaddima* (New York-London, 1958) 3: 117–18.
26. Ibn Khaldūn, *Kitāb al-ʿIbar* 6 (Cairo, 1867): 290–91.
27. See K. Jahn's partial edition with French translation of Rashīd al-

Dīn's section on Europe, *Histoire universelle de Rasīd ad-Dīn,* and his later German translation, *Die Frankengeschichte . . .* See further, K. Jahn, "Die Erweiterung unseres Geschichtbildes durch Rašīd al-Dīn," *Anzeiger der phil.-hist. Klasse der Österreichischen Akad. der Wiss.* (1970): 139–49 and J. A. Boyle, "Rashīd al-Dīn and the Franks," *Central Asian Journal* 14 (1970): 62–67.

28. Rashīd al-Dīn, *Histoire,* pp. 5–18; Frankengeschichte, p. 49.
29. On Piri Reis and his map, see P. Kahle, *Die verschollene Columbus-Karte von Amerika vom Jahre 1498 in einer türkischen Weltkarte von 1513* (Berlin-Leipzig, 1932); R. Almagia, "Il mappamondo di Piri Reis la carte di Colombo del 1498," *Societa Geografica Italiana, Bolletino* 17 (1934): 442–49; E. Braunlich, "Zwei türkische Weltkarten aus dem Zeitalter der grossen Entdeckungen," *Berichte . . . Verhandl. Sächs. Ak. Wiss. Leipzig, Phil. Hist. Kl.* 89, pt. 1 (1939); Afetinan, *Piri Reis'in Amerika haritasi 1513–1528* (Ankara, 1954). On Ottoman geographical literature in general, see *EI*2. , s.v. *"Djughrāfiyā,"* vi, the article by F. Taeschner; *idem,* "Die geographische Literatur der Osmanen," *Zeitschrift der Deutschen Morgenländischen Gesellschaft* 77 (1923): 31–80; A. Adnan-Adivar, *La science chez les Turcs Ottomans* (Paris, 1939); *idem, Osmanli Turklerinde Ilim* (Istanbul, 1943)—a fuller Turkish version of *La science.*
30. *Tarih al-Hind al-Garbi.*
31. Adnan-Adivar, *Ilim,* p. 73, citing d'Avezac, "Mappemonde Turque de 1559," *Acad. Inscr. et Belles Lettres* (Paris, 1865).
32. Kâtib Çelebi, *Mīzān al-ḥaqq fī ikhtiyār al-aḥaqq* (Istanbul, 1268 A.H.), p. 136; cf. English translation, G. L. Lewis, *The Balance of Truth* (London, 1957), p. 136.
33. Adnan-Adivar, *Science,* p. 121; *Ilim,* p. 134.
34. *Ibid.,* p. 122; *Ilim,* p. 135.
35. *Ibid.,* p. 135; *Ilim,* p. 153.
36. Vasif, *Tarih,* 2: 70; cited in J. von Hammer, *Geschichte des Osmanischen Reiches,* 2nd. ed. (Pest, 1834–36) 4: 602 and *idem,* French transl. by J. J. Hellert, *Histoire de l'Empire Ottoman* (Paris, 1835ff) 16: 248–49.
37. Hammer, *Histoire,* 16: 249 note.
38. Âli, *Künh al-ahbar* (Istanbul, 1869) 5: 9–14; *idem, Meva'iddü'n-Nefa'is fi kava'idi'l-mecalis* (Istanbul, 1956) facs. 152–53.
39. Evliya, 7: 224–25; cf. Kreutel, p. 39.
40. Oruç, ed. Babinger, p. 67. On Mehmed's alleged interest in Western scholarship, see F. Babinger, *Mehmed the Conqueror and His Time,* transl. R. Mannheim (Princeton, 1978), pp. 494ff.
41. On these works, see B. Lewis, "The Use by Muslim Historians of Non-Muslim Sources" in *Islam in History* (London, 1973), pp. 101–14.
42. V. L. Ménage, "Three Ottoman Treatises . . ." p. 423.
43. On Huseyn Hezārfenn, see H. Wurm, *Der osmanische Historiker Ḥūseyn*

b. Ǧaʿfer, genannt Hezārfenn . . . (Freiburg im Breisgau, 1971), esp. pp. 122–49. The mss. of the *Tenkih* are listed in Babinger *GOW*, pp. 229–30. The ms. used here is in the Hunterian Museum in Glasgow (cf. JRAS, 1906, pp. 602ff).

44. Müneccimbaşi, *Saha'if al-ahbar* (Istanbul, 1285/1868–69) 2: 652.
45. Oruç, Kreutel transl., p. 95, (from ms.; the Turkish original of this section of Oruç's book is still unpublished).
46. Firdevsi-i Rumi, *Kutb-Name*, eds. I. Olgun and I. Parmaksizoğlu (Ankara, 1980), p. 74.
47. *Ibid.*, p. 93.
48. Selaniki, ms. Nuruosmaniye 184, cited by A. Refik, *Türkler ve Kraliçe Elizabet* (Istanbul, 1932), p. 9.
49. Kâtib Çelebi, *Fezleke* (Istanbul, 1276 A.H.), 2: 234, cf. Naima, *Tarih* (Istanbul, n.d.), 4: 94.
50. *Fezleke*, 2: 134–35; cf. Naima, 3: 69–70.
51. *Ibid.*, 1: 331–33; cf. Naima 2: 80–82.
52. *Ibid.*, 2: 382; cf. Naima 5: 267. For a detailed and documented life of Cappello, see G. Benzoni in *Dizionario Biografico degli Italiani*, XVIII (Rome, 1975), pp. 786-89.
53. Peçevi, 1: 106.
54. B. Lewis, "The Use by Muslim Historians. . . ." pp. 107–8, p. 314, n. 20, citing F. V. Kraelitz, "Der osmanische Historiker Ibrāhīm Pečewi" *Der Islam* 7 (1918): 252–60.
55. Peçevi, 1: 184 (on expedition in 1552); *idem*, 1: 255 (Morisco rising in 1568–70); *idem*, 1: 343–48 (expedition against Spain); *idem*, 1: 485 (the Moriscos); *idem*, 1: 106–8 (on gunpowder and printing).
56. Naima, 1: 40ff.
57. *Ibid.*, 1: 12.
58. Silihdar, *Nusretname*, fols. 257–58. I owe this reference to Dr. C. J. Heywood.
59. Şem'danizade, 3: 21–22.
60. *Ibid.*, 1: 42–43.
61. *Icmal-i ahval-i Avrupa.* Süleymaniye Library, Esat Efendi Kismi, no. 2062. See V. L. Ménage, "Three Ottoman Treatises. . . ." pp. 425ff.
62. V. L. Ménage, "Three Ottoman Treatises. . . ." p. 428.
63. For details, see B. Lewis, *Islam in History*, p. 314 n. 26.

第六章

1. F. Kraelitz, "Bericht über den Zug . . . ," p. 17.
2. Thus, the Tatar may be rhymed as *ṣabā-raftâr aduw-shikâr*, "moving

like the east wind, hunting the enemy," or simply as *bad-raftâr,* "of bad demeanour."

3. E. Prokosch, *Molla und Diplomat* (Graz, 1972), p. 19, translated from an unpublished Turkish manuscript.
4. *Irşad.* See above chapt. 3, n. 15.
5. R. Kreutel, *Kara Mustafa vor Wien* (Graz, 1955), pp. 140–41, translated from an unpublished Turkish manuscript.
6. Evliya, 6:224–25; cf. Kreutel, p. 39.
7. A. Hess, "The Moriscos: An Ottoman Fifth Column in Sixteenth Century Spain," *American Historical Review* 74 (1968): 19, citing Feridun, *Münşa'at al-salatin,* 2nd ed., (Istanbul, 1275 A.H.), 2: 542; Feridun, *Münşa'āt,* 1st ed. (Istanbul, 1265), 2: 458. On Moriscos, see also above p. 180.
8. S. Skilliter, *William Harborne and the Trade with Turkey 1578–1582: A Documentary Study of the First Anglo-Ottoman Relations* (Oxford, 1977), p. 37, citing Feridun, *Münşa'at,* 2nd ed., 2: 543; Feridun, *Münşa'āt,* 1st ed., 2: 450.
9. Yāqūt, s.v. "Rūmiya."
10. N. V. Khanikov reads this as a reference to the anti-Pope, Cardinal Peter, who had adopted the style of Anacletus II; see Khanikov in *Journal Asiatique* 4 (1864): 152 and text p. 161 of commentary.
11. Ibn Wāṣil, 4: 249.
12. Qalqashandī, 8: 42ff. The odd title "protector of bridges" may be an echo of *Pontifex Maximus.*
13. *Irşād,* see above, chap. 3, n. 15.
14. Ghassānī, pp. 52ff, 67ff; cf. Sauvaire, pp. 152ff, 162ff. The editor of the Arabic text omits some of the anti-Christian comments.
15. Ibn Wāṣil, 4: 248–49.
16. Ghazzāl, p. 24; cf. H. Pérès, *L'Espagne revue par les voyageurs Musulmans de 1610 à 1930* (Paris, 1937), pp. 29–30.
17. Azmi, p. 16.
18. F. Kraelitz, "Bericht . . . ," pp. 26ff.
19. Resmi, *Sefaretname-i Ahmet Resmi Prusya Kirali̊ Büyük Fredrik nezdine sefaretle giden Giridi Ahmet Resmi Efindi'nin takriridir* (Istanbul, 1303 A.H.), p. 18.
20. Miknāsī, *al-Iksīr fi fikāk al-asīr,* ed. M. al-Fāsī (Rabat, 1965), *passim.*
21. Cevdet, 6: 394ff.
22. Turkish text in E. Z. Karal, *Fransa-Misir ve Osmanli Imparatorlugu (1797–1802)* (Istanbul, 1938), p. 108; Arabic in Shihāb, *Ta'rīkh Aḥmad Bāshā al-Jazzār,* ed. A. Chibli and J. A. Khalife (Beirut, 1955), p. 125.

第七章

1. B. Lewis, *Islam: from the Prophet Muḥammad to the Capture of Constantinople* (New York, 1974), 2:154, citing Jāḥiẓ (attrib.), *Al-Tabaṣṣur bi'l-tijāra,* ed. H. H. 'Abd al-Wahhāb (Cairo, 1354/1935).
2. Qazvīnī, p. 388; cf. Jacob, pp. 25–26; cf. Miquel, pp. 1058–59.
3. Ibn Saʿīd, p. 134.
4. Rashīd al-Dīn, *Histoire,* pp. 4–5/17–18; *Frankengeschichte,* pp. 48–49.
5. Ibn Ḥawqal, *Kitāb Ṣūrat al-arḍ,* ed. J. H. Kraemer (Leiden, 1938), p. 110; cf. French translation, J. H. Kramers and G. Wiet, *Configuration de la terre* (Beirut and Paris, 1964), p. 109; cf. C. Verlinden, *L'Esclavage dans l'Europe médiévale,* I, *Péninsule Ibérique—France* (Bruges, 1955), p. 217; on the Ṣaqāliba, see R. Dozy, *Histoire des Musulmans d'Espagne,* 2nd ed., revised by E. Lévi-Provençal (Leiden, 1932), 2: 154, citing Liudprand, *Antapodosis,* bk. 6, chap. 6.
6. On the Slavs under the Fatimids, see I. Hrbek, "Die Slaven im Dienste der Fatimiden," *Archiv Orientalni* 21 (1953): 543–81.
7. W. Heyd, *Histoire du Commerce du Levant au Moyen-Age,* trans. F. Raynaud (Amsterdam, 1967) 1: 95; I. Hrbek, "Die Slaven . . . ," p. 548.
8. On the Tatars and their activities, see A. Fisher, *The Crimean Tatars* (Stanford, 1978); *idem,* "Muscovy and the Black Sea Slave Trade," *Canadian American Slavic Studies* 6 (1972):575–94; and *idem, The Russian Annexation of the Crimea 1772–1783* (Cambridge, 1970).
9. E. J. W. Gibb, *A History of Ottoman Poetry,* Vol. 3 (London, 1904), p. 217.
10. On these works, see H. Müller, *Die Kunst des Sklavenkaufs* (Freiburg, 1980).
11. On these and other stories, see A. D. Alderson, *The Structure of the Ottoman Dynasty* (Oxford, 1956), pp. 85ff; Çağatay Uluçay, *Harem* II (Ankara, 1971); *idem, Padişahlarin Kadinlari ve Kizlari* (Ankara, 1980); E. Rossi, "La Sultana Nūr Bānū (Cecilia Venier-Baffo) moglie di Selim II (1566–1574) e madre di Murad III (1574–1595)," *Oriente Moderno* 33 (1953): 433–41; S. A. Skilliter, "Three Letters from the Ottoman 'Sultana' Ṣāfiye to Queen Elizabeth I" in *Documents from Islamic Chanceries,* ed. S. M. Stern (Oxford, 1965), pp. 119–57.
12. Ibn al-Ṭuwayr, cited by al-Maqrīzī, *al-Mawāʿiẓ wa'l-iʿtibār bi-dhikr al-khiṭaṭ wa'l-āthār* (Būlāq, 1270/1853) 1: 444.
13. J. Richard, "An account of the Battle of Hattin," *Speculum,* 27 (1952): 168–77.
14. *Bulla in Cena Domini,* Clement VII *anno* 1527, Urban VIII *anno* 1627. Cited in K. Pfaff, "Beiträge zur Geschichte der Abendmahlsbulle vom 16. bis 18. Jahrhundert," *Römische Quartalschrift für christliche Altertumskunde* 38 (1930): 38–39.

15. *CSP* Spanish (1568–79) London 1894 (n. 609), p. 706, Spanish ambassador in London to Phillip II (28 Nov. 1579); *CSP* Venetian (1603–07), p. 326; letter dated 28 Feb. 1605 o.s. from Venetian consul in Melos to Bailo in Istanbul. I owe the references in this and the preceding note to the late V. J. Parry.
16. Qazvīnī, p. 362; cf. Jacob, p. 32.
17. Ibn Saʿīd, p. 134.
18. Rashīd al-Dīn, *Histoire,* pp. 4–5/18; *Frankengeschichte,* p. 49.
19. N. Beldiceanu, *Les actes des premiers Sultans* vol. 1 (Paris, 1960), p. 127.
20. Peçevi, 1:365; translated in B. Lewis, *Istanbul and the Civilization of the Ottoman Empire* (Norman, 1963), pp. 133–35.
21. Ghassānī, pp. 44–45; cf. Sauvaire, pp. 97–99.
22. Vasif, in Cevdet, 4:357; cf. Barbier de Meynard, pp. 520–21.
23. Mehmed Efendi, p. 109; cf. French transl., p. 163.
24. Resmi, *Sefaretname-i . . . Prusya . . . ,* pp. 27–28, 33, and 36.
25. Azmi, *passim.*
26. Hashmet, *Intisāb al-mulūk,* appended to *Divān* (Būlāq, 1842), pp. 8–9.
27. *Masīr-i Ṭālibī yā Safarnāma-i Mīrzā Abū Ṭālib Khān,* ed. H. Khadīv-Jam (Tehran, 1974), p. 201ff; cf. English transl., C. Stewart, *Travels of Mirza Abu Taleb Khan . . . ,* (London, 1814), vol. 2, chap. 13:1ff.
28. Karal, *Halet,* pp. 32–33.

第八章

1. Cited in *EI*2. , s.v. "Ḳaysar" (R. Paret and I. Shahid).
2. Ṭabarī, *Ta'rīkh al-rusul wa'l-mulūk,* ed. M. J. De Goeje (Leiden, 1879–1901), 3: 695. Hārūn may have been insulted because Nikephoras had previously addressed him as "King of the Arabs"—a demeaning title in Muslim terms.
3. Ghassānī, p. 41; cf. Sauvaire, pp. 90–91. *Vakiat-i Sultan Cem,* p. 21.
4. S. M. Stern, "An Embassy of the Byzantine Emperor to the Fatimid Caliph al-Muʿizz", *Byzantion* 20 (1950): 239–58.
5. Many examples are preserved in the Public Records Office in London. For further references, see *EI*2. , s.v. "Diplomatic."
6. F. Kraelitz, "Bericht . . . ," pp. 24–25. Kraelitz's German translation of this expression is based on a misunderstanding of the Turkish text.
7. Public Record Office SP 102/61/14.
8. Ghassānī, pp. 80ff.; cf. Sauvaire, pp. 181ff.
9. Mehmed Efendi, p. 65; cf. French transl. p. 97.

10. Azmī, pp. 46ff and *passim.*
11. Abū 'l-Faraj al-Iṣfahānī, *Kitāb al-Aghānī* (Bulāq, 1285) 17: 14; English translation in B. Lewis, *Islam,* 1: 27.
12. Qalqashandī, 8: 53.
13. Rashīd al-Dīn, *Histoire,* pp. 2–3/15–16; *Frankengeschichte,* pp. 46–47.
14. ʿUmarī, (Amari) text pp. 96–97; translation, p. 80.
15. Qalqashandī, 8: 46–48.
16. Rashīd al-Dīn, *Histoire,* pp. 7–8/21; *Frankengeschichte,* pp. 51–52.
17. *Irşād.* See above, chap. 3, n. 15.
18. *Icmāl-i ahval-i Avrupa.* See above, chap. 5, n. 59.
19. Mehmed Efendi, pp. 33–36.
20. Şem'danizade, 2: 22.
21. Karal, *Halet,* pp. 32–44, and 62. On Halet's audience with Napoleon, see B. Flemming "Ḥālet Efendis zweite Audienz bei Napoleon," *Rocznik Orientalistyczny* 37 (1976): 129–36.
22. Asim, 1: 62, 76, 78, 175, 265, and 374–376.
23. Abu Ṭālib, *Masir,* p. 242; cf. Stewart, 2:55.
24. *Ibid.,* pp. 250–51; cf. Stewart, 2:81.
25. Qazvīnī, ed. Wüstenfeld, p. 410; cf. Jacob, pp. 21–22.
26. Usāma, pp. 138–39; cf. Hitti, pp. 167–68.
27. Jabartī, 3:117ff.
28. Abū Ṭālib, *Masīr,* pp. 278–79; cf. Stewart, pp. 101–4.
29. Rifāʿa, pp. 120 and 148.

第九章

1. B. Goldstein, "The Survival of Arabic Astronomy in Hebrew," *Journal for the History of Arab Science* 3 (Spring, 1979): 31–45.
2. Usāma, pp. 132–33; cf. Hitti, p. 162.
3. U. Heyd, "The Ottoman *'Ulema'* and Westernization in the Time of Selim III and Mahmud II," *Scripta Hierosolymitana,* Vol. IX: *Studies in Islamic History and Civilization,* ed. U. Heyd (Jerusalem, 1961), pp. 74–77.
4. Qur'ān, 9.36.
5. On mining in the Ottoman Empire, see R. Anhegger, *Beitraege zur Geschichte des Bergbaus im Osmanischen Reich* (Istanbul, 1943).
6. On these matters I have profited from a paper by Dr. Rhoads Murphey, "The Ottomans and Technology," presented to the Second International Congress on the Social and Economic History of Turkey, Strasbourg, 1980. The Ottoman use of firearms was extensively discussed by V. J. Parry in *EI*2. , s.v. "Bārūd" and in "Materi-

als of War in the Ottoman Empire," *Studies in the Economic History of the Middle East,* ed. M. A. Cook (London, 1970), pp. 219–29.

7. U. Heyd, "Moses Hamon, Chief Jewish Physician to Sultan Suleyman the Magnificent," *Oriens* 16 (1963): 153, citing Nicholas de Nicolay, bk. 3, chap. 12.
8. *Ibid.,* Nicholas de Nicolay, *loc. cit.,* "bien sçavants en la Theórique et experimentez en pratique."
9. U. Heyd, "An Unknown Turkish Treatise by a Jewish Physician under Suleyman the Magnificent," *Eretz-Israel* 7 (1963): 48–53.
10. U. Heyd, "Moses Hamon . . . ," pp. 168–69.
11. Adnan-Adivar, *Science,* pp. 97–98; *Ilim,* pp. 112–13. A Persian physican called Bahā al-Dawla (d. ca. 1510), in a work entitled *Khulāsat al-Tajārib,* the quintessence of experience, wrote a few pages on syphilis, which he calls "the Armenian sore" or "the Frankish pox." According to this author, the disease originated in Europe, from which it was brought to Istanbul and the Near East. It appeared in Azerbayjan in 1498, and spread from thence to Iraq and Iran (Haskell Isaacs, "European influences in Islamic medicine," *Mashriq: Proceedings of the Eastern Mediterranean Seminar, University of Manchester 1977–1978* [Manchester, 1981, pp. 25–26]). The same article also discusses a work produced in the Ottoman lands in the second half of the seventeenth century, by the Syrian physician of Sultan Mehmed IV.
12. *Idem, Science,* pp. 128–29; *Ilim,* pp. 141–43.
13. Mehmed Efendi, pp. 26ff and 122; cf. French transl. pp. 36–40, 186–90.
14. *Tarih-i 'Izzi* (Istanbul, 1199 A.H.), pp. 190a–190b.
15. Busbecq, pp. 213–14; cf. E. G. Forster, p. 135; cf. Forster and Daniell, 1: 125.
16. O. Kurz, *European Clocks and Watches in the Near East* (London, 1975), pp. 70–71, citing Rousseau, *Confessions,* English transl. (1891), p. 3; Voltaire, *Correspondence,* ed. T. Bestermann, vol. 78 (Geneva 1962), p. 127; and S. Tekeli, *16'inci Asirda Osmanlilarda saat ve Takiyuddin'in "Mekanik saat konstruksuyonouna dair en parlak yildizlar" adli eseri* (Ankara, 1966).
17. Jāmī, *Salāmān va-Absāl* (Tehran, 1306s), p. 36; English translation by A. J. Arberry, *Fitzgerald's Salaman and Absal* (Cambridge, 1956), p. 146; cit. Lynn White Jr., *Medicine, Religion and Technology* (Berkeley and Los Angeles, 1978), p. 88.
18. Janikli Ali Pasha's memorandum survives in a ms. in the Upsala University Library.
19. Adnan-Adivar, *Science,* pp. 142ff; *Ilim,* pp. 161–63.
20. Baron F. de Tott, *Memoires* (Maestricht, 1785) 3: 149.
21. G. Toderini, *Letteratura turchesca* (Venice, 1787) 1: 177ff.

第十一章

1. Sir William Jones, "A Prefatory Discussion to an Essay on the History of the Turks," in *The Works of Sir William Jones,* vol. 2 (London, 1807), pp. 456–57.
2. Ibn Rusteh, pp. 129–30.
3. Qazvīnī, pp. 334–35; cf. Jacob, p. 32; cf. Miquel, p. 1053.
4. Abū Ṭālib, *Masīr,* p. 74; cf. Stewart, pp. 135–37.
5. Evliya, 7: 318–19; cf. Kreutel, pp. 194–95.
6. Rifāʿa, pp. 119–20.
7. Abū Ṭālib, *Masīr,* p. 268; cf. Stewart, pp. 135–37.
8. Vasif, pp. 349, 351; cf. Barbier de Meynard, pp. 508, 512.
9. *Sharḥ-i ma'mūriyat-i Ājūdān bāshī* . . . , p. 385; Bausani, "Un manoscritto persiano . . . ," pp. 502–3.
10. On al-Ghazāl, see above, chap. 4, note 9.
11. Qazvīnī, pp. 404 and 408; cf. Jacob, pp. 29, 30–31; cf. Miquel, p. 1062. Also cf. Jacob p. 14 and Kunik-Rosen, p. 37.
12. Usāma, pp. 135–36; cf. Hitti, pp. 164–65.
13. Ibn Jubayr, pp. 305–6; cf. Broadhurst, pp. 320–21.
14. Evliya, 7: 318–19; cf. Kreutel, pp. 194–95.
15. Ghazāl, pp. 12 and 23.
16. Mehmed Efendi, p. 25; cf. French transl., pp. 34–35.
17. Abū Ṭālib, *Masīr,* pp. 225–26; cf. Stewart, 2:27–31.
18. *Ibid.,* pp. 315–16; cf. Stewart, 2:254–55.
19. *Ibid.,* p. 305; cf. Stewart, 2:255.
20. On Fazil see E. J. W. Gibb, *Ottoman Poetry,* 4:220 ff. On illustrated mss. of his poem, see above Chapter X, n. 20.
21. Karal, *Halet,* pp. 33–34.
22. Rifāʿa, pp. 123ff.
23. Ājūdānbāshī, p. 281; Bausani, "Un manoscritto persiano . . . ," pp. 496–97.
24. Mehmed Efendi, p. 112; cf. French transl. p. 169.
25. The original Persian text was edited and published by his son and another person in Calcutta in 1812. An Urdu version appeared in Muradabad in India in 1904. A scholarly edition of the text—the first in Iran—was published in Tehran a few years ago. In contrast, an English version published in London in 1810 enjoyed considerable success. It was republished in a second edition, with some additional matter, in 1812. A French translation from the English appeared in Paris in 1811 and another in 1819. A German translation from the French was published in Vienna in 1813. The English version is, to put it charitably, remarkably free and is

probably the result of some form of oral translation through an intermediary.

第十二章

1. S. Moreh, ed. and trans., *Al-Jabartī's Chronicle of the First Seven Months of the French Occupation of Egypt* (Leiden, 1975), p. 117.
2. Jabartī, *ʿAjā'ib,* 3: 34–35.
3. *Dictionnaire français-arabe d'Ellious Bochtor Egyptien . . . revu et augmenté par Caussin de Perceval* (Paris, 1828–29).
4. Mehmed Efendi, p. 43.
5. Azmi, pp. 30–31.
6. See above ch. XI note 8.
7. Ghassānī, p. 67; cf. Sauvaire, p. 150.
8. On this and other publications, see L. Lagarde, "Note sur les journaux français de Constantinople à l'époque révolutionnaire," *Journal Asiatique* 236 (1948): 271–76; R. Clogg, "A Further Note on the French Newspapers of Istanbul during the Revolutionary Period," *Belleten* 39 (1975): 483–90; and *EI*2., s.v. "Djarīda."
9. Lûtfi, *Tarih* 3: 100; cf. A. Emin, *The Development of Modern Turkey as Measured by its Press* (New York, 1914), p. 28.
10. Rifāʿa, p. 50.
11. On the first translation movement in Egypt, see Jamal al-Dīn al-Shayyāl, *Tarīkh al-tarjama wa'l-ḥaraka al-thaqāfiyya fī ʿaṣr Muḥammad ʿAlī* (Cairo, 1951), and J. Heyworth-Dunne, "Printing and Translation under Muḥammad ʿAlī," *JRAS* (1940), pp. 325–49.
12. Details in the amplified Russian translation of Storey, *Persian Literature* by Y.E. Bregel, *Persidskaya Literatura* (Moscow, 1972), pt. 2, p. 1298, where other Persian works on American and European history are listed.

薩依德精選Edward W. Said

當代最傑出的文化評論家
西方學術界卓然特立的知識份子典型
以東方學論述開啓二十世紀末葉後殖民思潮

文化與抵抗

沒有種族能獨占美、智與力，
在勝利的集合點上，
所有種族都會有一席之地。

聯合報讀書人最佳書獎
讀書人版、誠品好讀書評推薦
ISBN: 978-986-360-195-1
定價：350元

鄉關何處

薩依德的流離告白

美國紐約客雜誌年度最佳書獎
2000年紐約書獎
安尼斯菲爾德一伍夫書獎。

聯合報讀書人最佳書獎、中時開卷版、誠品好讀、自由時報副刊書評推薦
ISBN: 978-986-360-032-9
定價：420元

遮蔽的伊斯蘭

西方媒體眼中的穆斯林世界

任何人若想要知道西方與去殖民化世界之關係，就不能不讀本書。
──《紐約時報書評》

聯合報讀書人最佳書獎、讀書人版、開卷版、誠品好讀書評推薦
ISBN: 978-986-360-160-9
定價：380元

文化與帝國主義

這本百科全書式的作品，極實際地觸及歐洲現代史的每件重大帝國冒險行動，以史無前例的細膩探討19世紀法國、英國殖民系統的謀略，橫跨小說、詩歌、歌劇至當代大眾媒體的文化生產領域。
──London Review of Books

聯合報讀書人最佳書獎
中時開卷版書評推薦
ISBN: 978-986-360-209-5
定價：520元

東方主義

後殖民主義是20、21世紀之交影，
全球的社會人文領域裡，
最普遍與最深遠的一股思潮
本書是知識份子與一般讀者必讀的經典。

聯合報讀書人最佳書獎、中時開卷版、誠品好讀書評推薦
ISBN: 978-986-360-205-7
定價：500元

大師作品

21世紀重要知識份子

杭士基Noam Chomsky

我有一艘小船，所以被稱為海盜；
你有一支海軍，所以被稱為皇帝。

海盜與皇帝

中時開卷版、誠品好讀書評推薦
ISBN: 978-986-6513-35-0
定價：350元

世界上有許多恐怖主義國家，
但是美國特殊之處在於，
官方正式地從事國際恐怖主義，
規模之大讓對手相形見絀。

宗教與靈修

強勢宗教
宗教基要主義已展現全球格局

Gabriel A. Almond、
R. Scott Appleby、
Emmanuel Sivan◎著

ISBN:978-986-7416-70-4
定價：390元

上帝一直在搬家
下一個基督王國
基督宗教全球化的來臨
下一波十字軍
基督徒、穆斯林、猶太人
Philip Jenkins◎著

ISBN:978-986-360-154-8
定價：380元

耶穌在西藏：耶穌行蹤成謎的歲月
追尋耶穌失蹤的十七年
Elizabeth Clare Prophet◎編著

開卷版本周書評
ISBN:978-986-6513-69-5
定價：320元

近代日本人的宗教意識
宗教亂象之深層省思
山折哲雄◎著
誠品好讀書評推薦

ISBN:957-8453-39-6
定價：250元

德蕾莎修女：一條簡單的道路
和別人一起分享，
和一無所有的人一起分享，
檢視自己實際的需要，毋須多求。

ISBN:978-986-360-204-0
定價：280元

沒有敵人的生活
世界各大宗教的對話
Michael Tobias等◎編

ISBN:978-986-7416-93-3
定價：350元

全球倫理與宗教對話
沒有宗教之間的和平
就不會有世界的和平

ISBN:957-0411-22-8
定價：250元

年度好書在立緒

文化與抵抗
- 2004年聯合報讀書人最佳書獎

威瑪文化
- 2003年聯合報讀書人最佳書獎

在文學徬徨的年代
- 2002年中央日報十大好書獎

上癮五百年
- 2002年中央日報十大好書獎

遮蔽的伊斯蘭
- 2002年聯合報讀書人最佳書獎
- News98張大春泡新聞2002年好書推薦

弗洛依德傳
（弗洛依德傳共三冊）
- 2002年聯合報讀書人最佳書獎

以撒・柏林傳
- 2001年中央日報十大好書獎

宗教經驗之種種
- 2001年博客來網路書店年度十大選書

文化與帝國主義
- 2001年聯合報讀書人最佳書獎

鄉關何處
- 2000年聯合報讀書人最佳書獎
- 2000年中央日報十大好書獎

東方主義
- 1999年聯合報讀書人最佳書獎

航向愛爾蘭
- 1999年聯合報讀書人最佳書獎
- 1999年中央日報十大好書獎

深河(第二版)
- 1999年中國時報開卷十大好書獎

田野圖像
- 1999年聯合報讀書人最佳書獎
- 1999年中央日報十大好書獎

西方正典(全二冊)
- 1998年聯合報讀書人最佳書獎

神話的力量
- 1995年聯合報讀書人最佳書獎

國家圖書館出版品預行編目(CIP) 資料

曾經，穆斯林雄視歐洲/柏納・路易斯(Bernard Lewis)著；
李中文譯 -- 三版 -- 新北市：立緒文化事業有限公司, 民113.01
520 面；14.8×21 公分. --（新世紀叢書）
譯自：The Muslim discovery of Europe

ISBN 978-986-360-221-7（平裝）

1. 外交 2. 中東 3. 歐洲

578.35 112022805

曾經，穆斯林雄視歐洲（原書名：穆斯林發現歐洲）

The Muslim Discovery of Europe

出版 —— 立緒文化事業有限公司（於中華民國 84 年元月由郝碧蓮、鍾惠民創辦）
作者 —— 柏納・路易斯（Bernard Lewis）
譯者 —— 李中文

發行人 —— 郝碧蓮
顧問 —— 鍾惠民

地址 —— 新北市新店區中央六街 62 號 1 樓
電話 —— (02) 2219-2173
傳真 —— (02) 2219-4998
E-mail Address —— service@ncp.com.tw
劃撥帳號 —— 1839142-0 號 立緒文化事業有限公司帳戶
行政院新聞局局版臺業字第 6426 號

總經銷 —— 大和書報圖書股份有限公司
電話 —— (02) 8990-2588
傳真 —— (02) 2290-1658
地址 —— 新北市新莊區五工五路 2 號
排版 —— 伊甸社會福利基金會附設電腦排版
印刷 —— 尖端數位印刷股份有限公司

法律顧問 —— 敦旭法律事務所吳展旭律師

分類號碼 ——578.35
ISBN—— 978-986-360-221-7
出版日期 —— 中華民國 96 年 1 月初版 一刷（1 ～ 3,000）
中華民國 104 年 3 月～ 104 年 11 月二版 一～二刷（1 ～ 1,000）
中華民國 113 年 1 月三版 一刷（1 ～ 500）

定價◎ 480 元（平裝）

大緒文化 閱讀卡

姓　名：

地　址：□□□

電　話：(　　)　　　　傳 眞：(　　)

E-mail:

您購買的書名：____________________

購書書店：__________市（縣）__________書店

■您習慣以何種方式購書？

□逛書店 □劃撥郵購 □電話訂購 □傳真訂購 □銷售人員推薦

□團體訂購 □網路訂購 □讀書會 □演講活動 □其他________

■您從何處得知本書消息？

□書店 □報章雜誌 □廣播節目 □電視節目 □銷售人員推薦

□師友介紹 □廣告信函 □書訊 □網路 □其他________

■您的基本資料：

性別：□男 □女　婚姻：□已婚 □未婚　年齡：民國______年次

職業：□製造業 □銷售業 □金融業 □資訊業 □學生

□大眾傳播 □自由業 □服務業 □軍警 □公 □教 □家管

□其他________

教育程度：□高中以下 □專科 □大學 □研究所及以上

建議事項：

立緒文化事業有限公司 收

新北市 2 3 1

新店區中央六街62號一樓

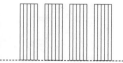

請沿虛線摺下裝訂，謝謝！

立緒文化 閱讀卡

感謝您購買立緒文化的書籍

為提供讀者更好的服務，現在填妥各項資訊，寄回閱讀卡（免貼郵票），或者歡迎上網http://www.facebook.com/ncp231即可收到最新書訊及不定期優惠訊息。

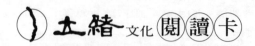